2021 年江苏省教育科学"十四五"规划课题
"初中语文言语思维教学方法研究"（编号：D/2021/02/218）

改变大脑的
语文课

基于言语思维的教学实践

徐德湖　陈莹莹　　著

贵 州 出 版 集 团
贵 州 人 民 出 版 社

图书在版编目（CIP）数据

改变大脑的语文课 / 徐德湖，陈莹莹著. -- 贵阳：
贵州人民出版社，2024. 12. -- ISBN 978-7-221-18874
-8

Ⅰ. G633.302

中国国家版本馆 CIP 数据核字第 2024T4D340 号

改变大脑的语文课

GAIBIAN DANAO DE YUWENKE

徐德湖　陈莹莹　著

出 版 人	朱文迅
策划编辑	冯应清
责任编辑	左依祎
装帧设计	壹品尚唐
责任印制	蔡继磊
出版发行	贵州出版集团 贵州人民出版社
地　　址	贵州省贵阳市观山湖区中天会展城会展东路 SOHO 公寓 A 座
印　　刷	北京虎彩文化传播有限公司
版　　次	2024 年 12 月第 1 版
印　　次	2024 年 12 月第 1 次印刷
开　　本	710 毫米 ×1000 毫米　1/16
印　　张	15
字　　数	252 千字
书　　号	ISBN 978-7-221-18874-8
定　　价	68.00 元

语文教师中的"思想者"

（代序）

　　《改变大脑的语文课：基于言语思维的教学实践》是一部由理论指导进行的教改实践，再由教改实践走向教学反思（准理论）的原创之作，更是一部促使语文学人持续思考"中小学为什么开设语文课"这个古老教育哲学命题的力作。

　　我与德湖老师因文结缘。虽然与他仅浅浅地见过一面，但每每与他聊起，也都是语文教学那些闲情杂事。

　　2016年4月，我在《中学语文教学》上发表《言语思维：语文课程的核心价值》；2018年1月，在《课程教材教法》上发表《语文课程核心价值审辨》。德湖老师通过《中学语文教学》的编辑辗转找到我，希望能再多获得些资料，最好能给他一套可在教学中操作的现成方案。当得知我给不出任何方案之后，他退而求其次地问能否给他些资料，他想研读一下，自己设计一套能在教学中落地的可行性方案。当时，我手上除了一本《维果茨基教育论著选》之外，也没其他可参考的资料。我就把这本书推荐给了他，并告诉他这本书不太好读，我已经读了36遍，也不能说全领悟了，有看不懂的地方，咱俩一起头脑风暴吧。

　　2016年6月的一天，德湖老师打电话给我，希望我能去他任教的昆山开发区青阳港学校，给他和他的团队，以及学校的语文老师讲讲如何进行"面向言语思维发展"的教学。闻听此言，我被他的执着所打动，但是，我对"言语思维"这个概念也才有那么一点点的领悟，只是对语文教学新概念层出的乱象有感而发，根本谈不上精通，更没有做过任何课堂教学研究，如何去做指导呢？因心中发虚，就找了个时间对接不上的理由，婉拒了他的请求。可是，没多久，他又拜托我的一个挚友向我发出邀请，在这位挚友的劝说下，我勉为其难

1

地去了他的学校。一见面，就被他对语文研究、语文教学的挚爱给折服了。结果，一天的行程改为了三天，我将自己能理解到的维果茨基（Lev Vygotsky）的理论精髓，与他进行了三天两夜的讨论，这场讨论拼的不仅是智力，还有体力。讨论中，他一个个的追问激活了我这些年的阅读积累，碰到我也回答不了的问题时，我们就沿着问题的线索一起查资料、搜文献，据此初步形成了一个可在教学中实践的方案，并约定随时跟踪他的课堂教学。

2023年国庆节期间，德湖老师在微信中问我"神经回路""阅读回路"这两个概念怎么理解，是不是一个概念。我回复了他的问题后，他告诉我，想把这些年的阅读思考和教学实践整理成一本书，我鼓励说：那就搞起来。他说：不知道会弄成个啥样子。我说：别想那么多，弄成个啥，就是个啥。你至少迈出了第一步，是从0到1的突破，就当是爱因斯坦的第一个小板凳吧。

真的没想到，2024年3月9日，德湖老师就将《改变大脑的语文课》书稿发给了我，请我给出一些修改意见；过了10多天后他又将《言语思维语文课》发给了我，我当时吃惊地问他：你弄了两本吗？他回复说：我觉得书稿内容难以承担《改变大脑的语文课》这个书名，出版社建议改为《言语思维语文课》。为此，我详尽地阐释了不能用《言语思维语文课》这样的表述，建议他与出版社沟通仍用《改变大脑的语文课》，可以加个副标题。德湖老师听取了我的建议，在阅读了我推荐的几本书，与我多次讨论后，将书名确定为现名：《改变大脑的语文课：基于言语思维的教学实践》。

"言语思维"是认知发展心理学家维果茨基批判地继承皮亚杰、柯勒和沃森等人有关儿童认知和语言发展的研究，通过大量还原前人的心理学实验，以及为验证研究假设而开创的无数可供后人验证的实验基础上提出来的一个描述"思想"是如何运动到"词"的理论。我在《语文学科课程核心价值的审辨》《言语思维：语文学科课程的核心价值》两文中均做出过阐释和定义：言语思维是居于"思想"与"词"之间的媒介，起着将"思想"摆渡到"词"的作用。思想"隐蔽"在头脑之中，人们要想认识、理解和接受这种思想，就需要把它"提取"出来，使之变成他人可以听到、看到或感觉到的刺激物。能够将思想从头脑中提取出来的刺激物有很多，言语只是其中的一种，不是唯一的。运用言语从头脑中提取"思想"是语文学科的专责，也是语文之所以成为语文的特有属性。同时，我在两篇文章中明确指出：语文学科的本质特征是基于言语思维，透过语言符号，借助语法规则及意义去寻找与确证言说者附着于语法意义之上的心理意义，是运用言语提出思想，表达情感的"语言—言语智能"。

德湖老师把他的八年研究分成了理论思考和实践探索两部分。第一部分是理论思考，从这一部分呈现的文字来看，他所言的理论还称不上真正的理论，只能是一种准理论，一种将他人的理论应用于实践之中的一些零星反思。尽管他用维果茨基的言语思维理论来阐释自己对理论的理解时有些概念不甚准确，但仍可以看出他在努力用自己的阅读积累与教学思考消化这一深奥的认知心理学理论，这一点就足够令那些专门从事语文教育教学研究的人汗颜了，他做了本该吃专业饭的人做却没有做的事情。他是真正在实践中把科研论文写在课堂教学中的躬身者，是努力在用真理论引领和修正语文教学乱象的孤行者。这一部分值得拜读的文章有《言语思维的基本规律》《改变大脑的语文课》《发展言语思维的基本策略》《习得言语思维的基本方法》《习得言语思维的基本路径》《从"为读者"的角度理解文本》《时间语词运用的基本规律》《动词运用的基本规律》等。这些研究虽为初探，但都体现着德湖老师在这个领域的深耕已远超我这个理论的初创者。在这些文章中，德湖老师结合大量的教学实践论述了他对发展言语思维的教学思考，后辈学人完全可循着他所开拓的教学路径继续向前。阅读时，也要注意"这里是言语思维工作室，专司书面的阅读和写作"这类不太准确的表述，言语思维是大脑中专司思想至词或由词至思想的语言神经网络，是口语与书面语的共享机制，如果没有这个机制的成熟与发展，那么"人"就失去了语言能力。本书刊印时从尊重德湖老师最初的理解出发，对这类不太准确的表述未做纠正与更改，敬请各位读者在阅读的过程中能运用批判性思维进行独立的审思。或许现在看来不精准的表述，再过数年之后就变成了最佳的选择。

第二部分用17个教学案例呈现了实践探索中的"语境言语思维、渲染言语思维、相似言语思维、具象言语思维、体式言语思维、张力言语思维、路径言语思维、分析综合言语思维"。就呈现出来的"创造性"表述而言，无论是从视觉感知，还是从概念感知，抑或从语言感知来看，都会给人一种难以言表的怪异感，然而通读完这17个教学案例，又隐隐地触摸到德湖老师对这个问题的构建已显露出了体系的雏形。

德湖老师在本书的后记中写道：教育者首先必须是一个思想者，要在思想中学会思想，在思想中拥有思想。就这八年而言，他绝对能担得起"思想者"这个称呼。

　　德湖，你就是语文教师中的"思想者"。

北京师范大学　张秋玲

2024年8月31日　于北京

目　录

第一部分　言语思维的基本理论与教学方法

第二部分　言语思维的基本规律与教学课例

第一部分　言语思维的基本理论与教学方法

言语思维是人的心理机能，它专门负责思想和言语之间的转换和翻译。思想到言语或言语到思想，是一个复杂的运动过程。因为思想与语言没有天然的联系，言语不能像照镜子一样反映思想的结构，也不能像件成衣一样穿到思想的身上。言语思维在其运动的各个层次上，发挥机能作用，把人们由言不尽意的苦恼摆渡到意已言尽的理想境界。科学研究发现，人脑左侧枕颞区有一块区域，专司书面的阅读与写作，这块区域叫作"视觉词形区"，也叫"文字盒子区"。它是后天通过阅读发展起来的。语文教学要着力发展学生的视觉词形区，占有该区域原来用来识别脸形、物体、形态的神经元；促进文字神经元之间的连接，建立阅读的神经网络，形成阅读神经图式，促进其成熟，促进大脑改变。其中，根据言语思维规律进行教学最为重要。为了便于教学研究，我们所说的教学方法是广义的，大致分为以下并无严格界限的四个层面：①观点（原理）层面，如培养语境言语思维；②策略层面，如从读者的角度理解文本；③操作层面，如相似联想的迁移运用；④技巧（艺术）层面，如绘制思维导图、学习文本路径言语思维。

言语思维的基本理论与启示

一、言语思维的基本理论

言语思维是维果茨基最重要的研究发现。20世纪30年代，他花费数年时间，站在发生学的立场上，厘清了言语与思想、与词的关系。言语与思维分属于两个不同的范畴，具有完全不同的发生根源和发展路径，但它们会多次相遇，多次交叉，经常在某些部分重合。这就好比各有源头的两条河流，它们流经的途中时而交叉、时而重合。维果茨基把言语与思维的关系形象地描述成两个相交的圆，而这个相交、重合的部分就是言语思维。这个时候，"思维成为言语的，而言语则成为理智的"[①]，所谓言语智慧、言语智能，其实就是言语思维的智慧、智能。在《维果茨基教育论著选》"思维和言语的发生根源"这一章中，维果茨基把儿童语言的发展分为四个阶段，有学者概括为"原始或自然、幼稚心理、外部符号、自我生长"四个阶段。"当儿童的语言发展到第三个阶段时，言语和思维就紧密联系起来"[②]，儿童自此产生了言语思维的心理机能。维果茨基在词义这个单元，找到了以最简单的形式反映言语和思维的统一体。从内部看词义就是词本身，它是一种言语现象。但是从心理方面看，词义恰恰就是概括或者概念。因此，词义又是一种思维现象。"词语的心理本质中的最主要的、基本的和中心的、使词成为词的、没有它词就不成其为词的东西：蕴含在词中的概括，它作为在意识中反映现实的完全独特的方法。"[③]这样就可以说，思想运动到词的过程也就是言语思维的过程。

中国古典诗话方面的很多故事，都能让人形象地感受到言语思维的机能作用。如传说宋代王安石写"春风又绿江南岸"一句，在推敲"绿"这个意象时，曾颇费了一番周折。起先想到"过""入""满"等十几个字，都不如

---

① 余震球. 维果茨基教育论著选 [M]. 北京：人民教育出版社，2013：101.
② 梅培军，黄伟. 言语思维：语文核心素养之核心 [J]. 教学研究，2021（6）：69.
③ 余震球. 维果茨基教育论著选 [M]. 北京：人民教育出版社，2013：300.

意，直至寻到"绿"字，才觉得境界全出。因为"到""入"等字，相比于"绿"，都显得有些抽象，并且感觉言不尽意。而"绿"字，既富于色彩形象，且化静为动，仿佛春风把江南大地染成新绿，一派生机，从而真切传递出春回江南之大美景象。这就是言语思维的过程，典型地表现出了言语智慧。这表明，思想与词确实并不具有天然的直接联系，它们的联系是在思想与词语发展的进程中——思想走向言语，或言语走向思想——发生、改变和发展的。当思维提取不到适宜的语言，思想就难以传递。这方面，我们只要内省一下，就都会感悟到。"善为文者，富于万篇，贫于一字"（《文心雕龙》），才思可写万篇文章而不枯竭，也会常常为斟酌一字颇费踌躇，产生这种现象就是因为言语思维提取不到契合心意的词语。正如维果茨基所说："我忘记了我想说的词，无形的思想也将返回阴影的殿堂。"[1]所以朱光潜也说，"思想就是使用语言"。

思想和词隐约位于言语思维的两端，言语思维在思想向词运动的真实进程中总是以词义发挥着机能作用。"在言语思维的生动戏剧中"，思想生成，总是"从产生任何一个思想的动机到思想本身的形成，到以间接的方式用内部词语表达出来，然后用外部词语的意义表达出来，最终用词语表达出来"。在这个复杂途径的任何一个点上中止运动都是可能的：从动因经由思想到内部言语；从内部言语到思想；从内部言语到外部言语等。这方面只要留意我们自身的言语表达，也经常可以体会到：有时想不清楚，其实就是思想无法运动到内部言语；有时无法表达内心世界，那么思想只能停留在内部言语。

维果茨基研究的基本结论是："思想和词语之间并不是由最初的联系相连接的。这一联系是在思想与词语发展的进程中发生、改变和发展的。"[2]"思想与词语的关系首先不是一件物品，而是一个过程：这个关系是从思想到词语的运动，反之也是从词语到思想的运动。"写作中的反复修改，阅读中的揣摩品味现象，都可以让我们感受到这一结论。

为了证明这一结论，维果茨基沿着思想生成相反的方向，由外而内，逐步深入地研究了内部语义和外部形态层次、内部言语层次、最隐秘的思想层次。言语思维主要就在这三个层次中，发挥着把思想摆渡到词语，或者把词语摆渡到思想的作用。

---

① 余震球. 维果茨基教育论著选 [M]. 北京：人民教育出版社，2013：292.
② 余震球. 维果茨基教育论著选 [M]. 北京：人民教育出版社，2013：292.

（一）言语思维的内部语义与外部形态层次

维果茨基通过对几个事实的研究，区别了言语的两个层次，即言语的内部语义方面和外部形态方面的差异，证明它们只能是在运动中获得统一的。

第一个事实是，言语的外部方面，儿童掌握言语的形态方面是由词发展为词组，再发展为句子、复句，再发展为连贯的话语，即由部分走向整体的。但儿童的第一个词就其意义而言却是个完全句，它是单音节句。然后由整体走向部分，由句子走向单词。这于外部方面是对立的发展方向。"可见思想和词语原来一开始根本就不是照着一个式样裁剪的。言语就其结构而言并不是简单地像镜子一样反映思想结构的。因此，它不能像件成衣一样穿到思想上去。"①言语并不表达现成的思想。思想变成言语时有所变革和改造。

第二个事实是，语法在儿童的发展中走在它的逻辑前面。儿童先是掌握带有"因为""尽管""由于""虽然"等连接词的语句的复杂结构，而后才掌握这些句法形式的相应的意义结构。这方面，我们只要观察上幼儿园的孩子就可以发现。这就是说，儿童语义的发展和外在语法结构的发展并不一致。

第三个事实是，语法上和心理上的主语和谓语的不一致现象。维果茨基以"表掉下来了"的句子作例子。比如，我坐在桌子旁工作，听到一物品掉下来的声音，我就问，什么掉下来了。回答我的是"表掉下来了"。在这种情况下，在我意识里先出现"掉下来了"的观念。"掉下来了"是句中要说的事，也就是心理主语。关于这个主语所说的事，是在意识里产生的第二个观念，即"表"，在这种情况下这个观念也就是心理谓语。从中可见心理的语法与词语的语法的不一致，而且在复杂的句子里任何成分都有可能成为心理谓语。"思想给句子中的一个词盖上逻辑重音的印记，以此突出了心理谓语，而没有这个心理谓语任何句子都难以理解。"②我们朗读时，有时把重音落在语句中不同的词语上，可以读出不同含义，就是这个道理。这种"词语意义的句法、思想语法的独立性，使我们能在最简单的话语中，看到的并不是一蹴而就的、一成不变和永恒的言语的音和义之间的关系，而是从意义语法到词语句法的运动和转变，是思想语法向词语语法的转变"③。所以浮士勒说："对于解释任何

---

① 余震球. 维果茨基教育论著选 [M]. 北京：人民教育出版社，2013：304.

② 余震球. 维果茨基教育论著选 [M]. 北京：人民教育出版社，2013：311.

③ 余震球. 维果茨基教育论著选 [M]. 北京：人民教育出版社，2013：308.

一个语言现象的内在涵义而言，几乎没有比语法解释法更为谬误的方法了。用这个方法不可避免地要产生由对语言所做的心理和语法切分的不一致性所造成的理解错误。"这种言语的心理意义和外在的声音或文字形式差异，决定了思想到词语必然经历复杂的运动和变化。

（二）言语思维的内部言语层次

言语的内部语义方面和外部形态方面不一致，而能在言语思维中最终实现言语的统一，是因为词语背后存在内部言语。内部言语是言语思维的一个独特的层次。维果茨基通过对儿童自我中心言语的研究，发现了它一系列独特的特点。这是"许许多多连'圣贤们也梦不到的'东西"[①]。

儿童3岁时开始产生自我中心言语，7岁时最多，到学龄前期消失。它有三个特点：一是集体独白，在儿童集体里，许多儿童从事同一活动时，他们好像在相互交流，其实每个人都在独白；二是这一集体独白伴随着理解错觉，儿童相信，他所说的是为周围人所理解的；三是这一言语具有外部言语性质，完全像社会化了的言语，而不是含混不清的低声细语，也不是默默自语。从客观方面看，这是为自己的言语，而从儿童自己的观点看，是为他人的言语。根据皮亚杰的理论，自我中心言语是由于儿童言语社会化不足形成的，随着言语的社会化而消失，"它的未来在过去"。维果茨基的研究结论与之对立，他认为自我中心言语是社会言语个性化不充分的产物，是内部言语发展之前的一系列阶段，是内部言语的早期形式，是社会言语向内部言语的过渡阶段。它并没有真正消亡，而是在儿童内部社会性基础上产生的逐渐个性化，这是建设性、创造性、充满积极意义的发展过程。"自我中心言语的机能与内部言语的机能是同源的：这至少像是伴奏曲，这是独立的旋律，这是独立的机能，是为智力定向、认识、克服困难和阻碍，理解和思维的目的服务的，这是为自己的言语，最隐秘地为儿童的思维服务。"[②]因此，自我中心言语是研究内部言语的钥匙，因为按其表现它是外部言语，但按照机能和结构它同时又是内部言语。这就是说内部言语可以通过儿童的自我中心言语进行直接观察和实验，并且可以根据其发展变化，进行动态研究，从而判断内部言语发展的趋势，发现内部言语的本质特点。维果茨基由此发现了内部言语独特的特点。

---

① 余震球. 维果茨基教育论著选 [M]. 北京：人民教育出版社，2013：303.
② 余震球. 维果茨基教育论著选 [M]. 北京：人民教育出版社，2013：317.

第一个特点：省略。内部言语的省略是高度的、绝对的。在双方熟悉的语境中，交谈者对主语预先熟悉，并有某种程度的统觉共同性。所以谁也不会用展开的完全句"不，我不要一杯茶"来回答"你要杯茶吗"的问题。回答将是纯粹谓语性的"不"。曹文轩《孤独之旅》中描写杜雍和与儿子杜小康在芦苇荡放鸭，时间久了，他们——"除了必要的对话，他们几乎不知道再说些什么，而且，原先看来是必要的对话，也可以通过眼神或者干脆连眼神都不必给予，双方就能明白一切。言语被大量地省略了。"就是因为父子处在彼此都非常熟悉的话题情境里，因而言语被大量地省略。内部言语是自我交谈，自己对交谈情境的掌握，是全部的、完整的和绝对的，因此内部言语中省略和谓语化是绝对的。乃至"在内部言语里，精炼地、几乎无须言辞就明白地表达最复杂的思想成为一种规律"[①]。

因为彼此对交流情境的了解，他们熟悉共同的主题，在这种意识同向的条件下，言语刺激的作用缩减，交流付出的努力就会减少，言语被大量省略的同时，声音当然也就弱化了。托尔斯泰《安娜·卡列尼娜》（第四章，第八节）描写基蒂和列文表达爱情，他们只用每个单词的首字母，就顺利地传达语句的意思。在这里声音高度弱化。吴敬梓《儒林外史》描写严监生临死"伸着两个指头"，众人猜摸不透。而妻子赵氏却明白他的心意："灯盏里点的两茎灯草，不放心，恐废了油。"果然，赵氏挑掉一茎后，严监生就点一点头，咽气了。在彼此都非常熟悉的语境里，有时只要一个眼神、一个动作等，无须语音也能交流。

第二个特点：词的意思凌驾于意义之上。在内部言语里，语音的弱化和消失是普遍的规律，它是永恒的和不变的现象，因为我们对自己再熟悉不过了，一般情况下无须对自己说话。因而言语的表象，言语的句法和语音，达到了最大限度的简化和浓缩，这样词义就跃居到了首要地位。内部言语使用的是言语的语义并非语音。词义对词音的这种相对独立性在内部言语里特别明显和突出。内部言语有独特的语义特性，最主要的一个特性是，词的意思凌驾于词的意义之上。词的意义只是词在言语上下文中获得的意思层面之一，而且是最稳定的、统一的和精确的层面。而词的意思是词在我们意识中产生的一切心理活动的总和，它始终是动态的、变动的、复杂的形成物，它有若干具有不同稳

---

① 余震球. 维果茨基教育论著选 [M]. 北京：人民教育出版社，2013：340.

定性的层面。

如"灯笼"一词，其意义一般理解为古代的照明工具，或表示喜庆。但在不同人的心里，灯笼的意思可能会丰富得多。吴伯箫的《灯笼》一文，作者浮想联翩，灯笼的意思也在变化中越来越丰富，有亲情的温暖；有珍贵的母爱和深深的惆怅；有世事变迁的伤感；有对乡俗的眷恋；有思古之幽情；有家国情怀与担当精神；等等。所有这些意思，在作者写作过程中，是变化着的。不过这还只是冰山一角，"灯笼"一词凝结了作者与灯笼有关的一切经历和体验，恐怕就是作者自己也无法全部表达出来。

词的意思是复杂的、灵活的，在某种程度上存在经常变化的现象。"每一个词的真实意思最终是由存在于意识中的、与该词表达的意思有关的全部丰富的内容所决定的。"[①]人的意识犹如浩瀚的大海，而且意识本身还在不断变化。辛弃疾《丑奴儿·书博山道中壁》一个"愁"字，从"为赋新词强说愁"到"而今识尽愁滋味，却道天凉好个秋"，其意思在诗人内部言语中，随着人生际遇和生活体验的变化而不断变化，乃至形成翻天覆地的差异。因此，内部言语里，词就像神奇的器皿，可以注入无穷无尽的意思。在口语中我们一般总是从意思最稳定的成分，从它的最永恒的层次，也就是从词的意义走向它的较变动的层次，走向它的整体意思。在一般情况下，口语中意思对意义的优势现象的趋势并不鲜明，而在内部言语中则相反，这种现象达到了数学极限，并呈现出绝对形式。意思高于意义，句子高于词语，上下文又高于句子，这种现象并非例外，而是永恒的规律。

由这一情况又产生了内部言语的另外两个语义特性。一个是黏着现象。汉语里有很多黏着语言现象，如短语，"小李吃了饭""小王唱了歌""打破玻璃""飞进来苍蝇"，都不能单独成句，是不自由的，需要加上其他一些成分才行，如"小李吃了两碗饭""小王唱了三首歌""谁打破玻璃的呢？""飞进来一只苍蝇"。随着自我中心言语系数的下降，在儿童自我中心的话语里，越来越经常地显示词汇非句法黏合的趋向。这种黏合产生的复合词表达很复杂的概念，它从功能和结构方面作为一个单词，而非作为若干独立的词汇的联合。在内部言语里，黏着性具有普遍性，因为是自己所用的言语，自己明白就行，而无须遵循语法规范。这种内部言语，即使可以用外部言语直接

---

① 余震球.维果茨基教育论著选 [M].北京：人民教育出版社，2013：345.

翻译出来，那也一定是语无伦次，无法理解的。

另一个是词的意思比它们的意义动态性更强，也更为宽广。词汇意思显示出的相互结合和连接的规律，意思似乎是相互补充的、相互影响的，所以前者包含在后者里，或者改变后者。词在这里似乎也吸收了前后词语的意思，几乎是无限地扩展了自己的意义范围。在外部言语，尤其是在文学作品里可以更多地观察到类似现象。比如诗眼、文眼，其意思总是因吸收上下文的意思而变得丰富。

第三个特点：个人性。内部言语的独特的句法、语音的消失、特别的语义结构等，导致了其不可理解性。这首先是由内部言语独特的功能产生的。这种言语并不是用作沟通或告知的，这是为自己的言语。其次是它的意思结构的独特性。在生活相同的人们之间很容易产生词的特定意义，是只有参与其形成的人们才能理解的特别话语，如"扯呼"就是土匪之间的行话，用来表示逃跑、闪人，开始只有土匪之间能够理解。在内部言语条件下，同样地必然产生这样的特殊词语，而且是绝对的。因为每一个人都是具体的，每个词在内部运用时，都会渗透进个人色彩，从而获得个性化的意义，逐渐形成词的新的意义。这也造成了内部言语的不可理解性。

维果茨基的实验表明，"内部言语中的词义总是不能用外部言语的语言翻译的'成语'"，它们只能在内部言语层次里被理解。内部言语的高度省略，实际上是将多种意思和内容注入同一个词语，每一次都是形成个人的、不能翻译的意义，也就是形成一个"成语"。这对内部言语是规律性的东西，以致"在内部言语里我们总能用一个名称来表达全部思想和感受，甚至完整的深刻的推论"[①]。比如莫泊桑的《我的叔叔于勒》里，菲利普见到于勒后——"神色狼狈，低声嘟囔着：出大乱子了！""嘟囔"，不断地、含混地自言自语。"出大乱子了"可以看作菲利普的内部言语，它的意义很好理解，可是其中凝聚的意思却异常丰富：不仅仅是眼前的可能出现的尴尬，也不仅仅是上千种购买计划的破产，这其中还包含菲利普过去和于勒一起生活的所有的经历和感受。即使借助文本语境，我们也根本无法理解这一词语的全部意思。

可见，对自己还是对他人说话，并不是无所区别的。内部言语是为自己的言语，外部言语是为别人的言语。这决定了两种言语的根本的和基本的机能

① 余震球. 维果茨基教育论著选 [M]. 北京：人民教育出版社，2013：349.

差异。内部言语转变为外部言语，是一个复杂的言语思维过程。

（三）言语思维的思想层次

内部言语是言语思维的一个独特的层次，它是"动态的，不稳定的，流动的环节，它隐约地显现于我们所研究的较为确定的、稳固的言语思维的两个极端之间：思想和词之间"①，在很大的程度上，内部言语是用纯意义进行思维的。如果在外部言语里思想体现在词中，那么词在内部言语中便会在产生思想的同时死亡。这就如庄子所说的"得意而忘言"，但内部言语毕竟还是语言，是与词联系的思想。要弄清言语生成的过程，还要理解言语思维的更深的新的层次，即思想本身。思想的主要特点：

1. 思想具有统一完整性。思想总是某种统一的东西，它比词语的容量和时间都要大、要长。演说家常常在几分钟的时间里发展同一个思想，这个思想在他的脑海里是一个完整的东西，绝不是像他们言语发展那样逐渐地、一个一个单元地产生的。"在思想里同时布景般存在的东西，在言语里是逐渐地、演替般展开的。思想可以与被词语雨水浸透的低垂的云层相比拟。因此由思想转向言语的过程是极为复杂的切分思想、用词重现思想的过程。"②正因为思想不仅与词不相符合，而且与表达思想的词的意义也不一致，所以由思想到词的道路是通过意义来完成的。用词语表达内部的意义，好比戏剧家用台词来表达潜台词。言语中的各种表达技巧就是在这里应运而生的。这就使词义有了语境意义，或者说新的意义，它需要接受者在语境关联中推理，通过联想、想象去揣摩、体会。如果思想的意义无法运动到词，思想就无法表达。我们都有过这种经验，有时虽然话到嘴边，但寻不到合适的词语，心意最终无法表达。人们经营、推敲词语时所经受的痛苦往往就是这样。如果思维能在结构和进行中与言语的结构直接相符合，那么人们的表达就能随心所欲。但事实上思想有它自身的结构和进程，要由此转向言语的结构和进程，往往会遭遇重重困难，因而会有无法言说或言不尽意的痛苦。人总是苦于心灵之间无法交流，无奈之下只好感叹"常恨言语浅，不及人意深"，"换我心，为你心，始知相忆深"。

2. 思想来自意识动机领域。"思想本身不是从其他思想中产生的，而是来自我们意识的动机领域，该领域包含着我们的欲望和需要、我们的兴趣和诱

---

① 余震球．维果茨基教育论著选 [M]．北京：人民教育出版社，2013：351.
② 余震球．维果茨基教育论著选 [M]．北京：人民教育出版社，2013：354.

因、我们的激情和情绪。思想背后是情感和意志趋向。"①如果说把思想比作浸透词语雨水的云层，那么思想的动因就如同驱动云层的风。因此我们只有了解了思想的动因，揭开思想积极的情感意向的内情，才能解答言语思维分析的最后一个"为什么"，才可能真正从根本上全面理解别人的思想。所以，"在理解别人的话语时单单理解词面意思而不理解谈伴的思想是不够的。但是理解谈伴的思想而不理解他的动机，不理解他表达思想的目的，也是一种不完全的理解。同样地在对任何话语做心理分析时我们只有揭开言语思维的这一最后的、最隐秘的内部层次，即它的动因，我们才算是做彻底了"②。

维果茨基的研究与思想的生成背道而行，他从最外部的层次过渡到最内部的层次。思想到词的运动，从一些层次到另一些层次的正向和反向过渡，可能是多种多样的。但是无论是正向还是逆向运动，在这个复杂的途径的任何一个点上中止运动都是可能的。从而证明思想与词的联系不是与生俱来、一劳永逸的形成的联系，它是在发展中产生的，而且自己也在发展。言语思维就是在思想向词语运动，或者词语向思想运动的各个层次上，发挥着摆渡者的作用。

二、言语思维理论的重要启示

（一）言语思维是语文教学的根本

语文教学的根本任务是培养学生的语用能力，这已成为语文界的普遍共识。然而，究竟如何更好地培养语用能力，则众说纷纭。我们认为，深入研究语用心理机制，有利于深入促进语文教学改革。叶圣陶先生在《和教师谈写作》一文中说："想清楚然后写，这是个好习惯。"③想清楚才能写清楚，会想才会写。会想，要学会思维方法；会写，要学会语用方法。语用方法见之于显性的言语形式，是言语形式上如何"用"；思维方法则是隐性的心理过程，是语用过程中如何"想"，所以还有必要探索这"想"的奥秘。然而"古今学者始终是以言语活动的输出终端（语言）作为观察、分析的对象，这个研究思路仅仅把言语活动终端传出的声音与符号作为观察研究对象，忽略了从'思想'运动到'词'这一动态过程中的典型事件"④，以及"词语的心理

---

① 余震球.维果茨基教育论著选[M].北京：人民教育出版社，2013：355.
② 余震球.维果茨基教育论著选[M].北京：人民教育出版社，2013：356.
③ 叶圣陶.叶圣陶语文教育论集[M].北京：教育科学出版社，1980：465.
④ 张秋玲.语文课程核心价值的审辨[J].课程·教材·教法，2018（1）：68.

本质中最主要的、基本的、中心的，使词成为词的，没有它词就不成为词的东西"①。这"东西"是蕴含在词中的概括，这恰恰就是言语思维。正是言语思维使得人们在"思想"到"词"的动态心理过程中，得以摆脱言不尽意的痛苦，到达意以言尽的境界。因而言语思维在语用更深处，是言语生成隐性的心理机制。"它是否参与思想形成、语义传递，是否在参与的过程中不断修正、完善个体的言说方式，直接决定着言语活动的成败。"②所以说，言语思维才是语文学科专属的思维，言语思维能力才是语文学科专属的核心能力，言语思维素养才是语文学科最核心的素养。正如梅培军、黄伟两位教授所言："言语思维：语文核心素养之核心。"③抓住言语思维，才能真正抓住语文教学的根本。

（二）注重交际语境教学

阅读教学要重视从"为读者"的角度理解文本。文本生成是一个复杂的言语思维过程。内部言语是个人化的、为自己的、自明的、高度省略的、不可理解的。要将其转换成为他人的、社会化的、看得懂的外部言语，就必须加以扩展。制约扩展过程的主要因素是语境，包括时间、地点、作者、读者、言语目的、言语方式等，其中最核心的因素是读者。因为语言之所以产生和存在，主要就是为了交际，而且需要努力做到明人、服人、感人，才能更好地实现交际目的。这是言语思维的动力，也是言语思维的基本规律和基本原理。叶圣陶先生也说："写东西总是准备给人家读的，所以非为读者着想不可。"④从"为读者"的角度理解文本，就是理解作者为了使读者明白、信服、感动、接受，以实现写作目的，在写作上所做出的辛苦努力，表现出的言语智慧。把阅读的落脚点，由文本本身拓展到文本与读者的意义关联上，让学生在真实的交际语境中，深入到作者动态的语境心理，更深透地理解文本言语内容、言语形式和言语意图，知其然且知其"为读者"的所以然，习得"为读者"的言语思维规律和原理。所以阅读教学，要尽可能还原文本交际语境，知人论世。还可创设交际语境，比如教学《动物笑谈》，创设情境任务：给小学二年级学生讲"动物笑谈"的故事，要求能使小学生听得懂、感兴趣，受到一定熏陶。学生

① 余震球. 维果茨基教育论著选 [M]. 北京：人民教育出版社，2013：300.
② 张秋玲. 语文课程核心价值的审辨 [J]. 课程·教材·教法，2018（1）：67.
③ 梅培军，黄伟. 言语思维：语文核心素养之核心 [J]. 教学研究，2021（6）：65.
④ 叶圣陶. 叶圣陶语文教育论集 [M]. 北京：教育科学出版社，1980：479.

就必须提取文本中搞笑的情节，并重新组织语言，还可以适当使用语气词、感叹句等，争取获得好的效果。学生交流阅读理解或感受，教师要经常鼓励学生，努力使发言得到大家认可，或者让大家信服，或者让大家感动，或者有创意地发言，让大家欣赏等。作文教学要积极实践交际语境写作教学，精心创设交际语境，引导学生为了自己的读者明白、信服、感动、接受，以实现写作目的，而精心谋篇、构段、造句、遣词。我们基于言语思维，对部编语文教材中的单元作文进行了情境任务化的反复教学实践，编撰了《初中语文情境任务作文36课——基于言语思维的教学设计》，取得了良好的教学效果。

（三）注重言语思维规律教学

思想运动到词，最终生成外部言语，经历了复杂的言语思维过程。首先，思想和言语表达并不直接符合一致，思想并不像言语那样，是由若干个别的词构成的，它总是某种统一的完整的东西。"在思想里同时布景般存在的东西，在言语里是逐渐地、演替般展开的。思想可以与被词语雨水浸透的低垂的云层相比拟。因此思想转向言语的过程是极为复杂的切分思想、用词重现思想的过程。"其次，"从产生任何一个思想的动机到思想本身的形成，到以间接的方式用内部词语表达出来，然后用外部词语的意义表达出来，最终用词语表达出来"[1]。"思想不仅与词不相符合，而且与词表达的意义也不一致，所以由思想到词的道路是通过意义来完成的。"[2]在我们的言语里总是别有用意，有潜台词的，因为思想是不可能直接转换为词的，它总要求辅修复杂的道路，会对词的不完善深感不满，也就是我们常说的言不尽意，或者语言的痛苦。为了克服这些遗憾，言语思维创造了"通过词的新意义由思想到词的新道路"[3]。所谓"新意"，其实就是词语的语境意义、语用意义、言外之意。言语思维如何切分统觉的整体思想，如何通过创造词的意义来表达思想，又是如何最终将简略的、意思大于意义的、"成语"性的内部言语最终扩展为外部言语的？在文本生成的言语思维的生动戏剧中到底有哪些剧目？这其中的规律是语文教学的核心内容。注重研究言语思维的规律，才能优化语文教学，提高效率。文本理解要遵循言语生成的言语思维方法、言语思维路径、言语思维规

① 余震球.维果茨基教育论著选 [M].北京：人民教育出版社，2013：357.
② 余震球.维果茨基教育论著选 [M].北京：人民教育出版社，2013：354.
③ 余震球.维果茨基教育论著选 [M].北京：人民教育出版社，2013：354.

律。其中言语思维规律最为重要。文本用词、造句、构段、结篇，各有其丰富多样的言语思维规律，语文教学应该抓住最基本的言语思维规律，如语境言语思维规律、渲染言语思维规律、相似言语思维规律、具象言语思维规律、张力言语思维规律、分析综合言语思维规律、路径言语思维规律、体式言语思维规律等。掌握和运用言语思维规律，可以促进学生语言思维由低级向高级的抽象的方面发展，形成言语思维图式。

（四）注重创设言语实践的真实情境

由思想运动到外部言语，或者由外部言语运动到思想，都要经历复杂的言语思维过程。这一个性化的过程，学生只有在自己的言语实践中进行、完成，别人替代不了。阅读要给学生品读语言、理解思想感情的时间；写作要给学生切分思想、转化内部言语的过程。言语思维最深的层次是思想。"思想本身不是从其他思想中产生的，而是来自我们意识的动机领域，该领域包含着我们的欲望和需要、我们的兴趣和诱因、我们的激情和情绪。思想背后是情感和意志趋向。"[1]司马迁"发愤著书"、韩愈"不平则鸣"、欧阳修"诗穷而后工"等古典文论，都说明了优秀的作品首先源自"思想背后的情感和意志趋向"。"任何思想都力图将某个东西和另一个东西连接起来，确定某个事物和另一事物之间的关系。"[2]抗战时，毛泽东"论持久战"的思想，是在抗日战争的特定情境，救国救民的情感意识中催生出来的。这一思想在运动发展中，把敌我形势、国际背景、未来趋势等联系起来，审时度势，最终形成著作《论持久战》，可见思想总是在饱含情感和意志的情境中产生和发展的。教学中要努力创设真实的情境和任务，千方百计地激发学生言语实践活动的欲望、兴趣和激情，形成必要的"情感和意志趋向"，以此驱动言语思维，催生思想，推动思想向词语运动、发展的进程。叶圣陶先生说语文教学要"思想语言文字一并训练"，用具体的情境和任务，引导学生言语实践，催生思想，并努力用语言把思想表达出来，这就是最好的训练。

（五）注重丰富词汇和语义

内部言语就是和逻辑思维、独立思考、自觉行动有更多联系的一种高级言语形态，它是言语思维的源泉。丰富内部言语才能发展言语思维，所以要不

---

① 余震球. 维果茨基教育论著选 [M]. 北京：人民教育出版社，2013：355.
② 余震球. 维果茨基教育论著选 [M]. 北京：人民教育出版社，2013：302.

断积累优质的语言材料，不断内化新颖独特的言语形式，从中习得言语思维的过程、规律、方法、路径等。

尤其要重视丰富词汇和语义。词语兼具言语和思维的性质，因为词义"它从内部看就是词本身，它是一种言语现象。但是词义从心理方面看，恰恰就是概括或者概念"[①]，所以词语是言语思维的基本单位。思想向言语运动，首先要用内部言语的词语表达出来，最终还要用外部言语的词语表达出来。从思想到词语是一种复杂的运动过程，正如托尔斯泰所说："词对思想的关系以及新概念的形成是这种复杂的、神秘的和细致的心灵过程。"所以一定要注重丰富学生的词汇。词汇贫乏，言语思维就如同无源之水。言语思维找不到契合心意的词，思想只能退回到阴影的殿堂。词语运用的揣摩、品味、迁移是最基本的言语思维训练。

内部言语总是最大限度地省略，包括言语表象、言语的句法和语音，都达到了最大限度的简化和浓缩，"几乎是真正意义的无词言语"，这样词义便跃居首要地位。庄子说"言者在意，得意而忘言"，反映了语义脱离于词的现象。"内部言语使用的是言语的语义"，是用语义思维。思想运动到内部言语的词语，再运动外部言语的语义，才能最终生成外部言语。语义是思想运动到词不可或缺的中介，更是言语思维的重要凭借。语文教学要打开学生的言语思维，充分展开个性化的、见仁见智的语言品读，生成丰富的、复杂的、多样的含义，不断丰富学生的语义，丰富学生的心灵，努力做到让学生言意兼得，一方面丰富词汇，一方面丰富语义。

---

① 余震球. 维果茨基教育论著选 [M]. 北京：人民教育出版社，2013：294.

言语思维的基本规律

理解文本就是理解语言中的思想。言语生成的过程，可以说就是言语思维的过程。言语传达出来的心意，就是言语思维的内容。读者凭借文本语言，与作者思想（思维）碰撞、融合，理解出来的东西就叫作思想内容。这个思想内容，就是读者还原出来的，具有个人经验色彩的作者言语思维的内容，正如叶圣陶先生所说"作者思有路，遵路识斯真"，文本理解要遵循言语生成的言语思维方法、言语思维路径、言语思维规律，其中言语思维规律最为重要。言语思维规律十分复杂，文本用词、造句、构段、结篇，各有其丰富多样的言语思维规律。这里仅就最基本的言语思维规律，通过教学实例加以简要说明。

一、渲染言语思维规律

由意到言是一个由内部言语到外部言语转化的过程。心理学家研究证明，内部言语是自明的、简略的、别人无法理解的"成语"；而外部言语需要明人、感人、服人。因而文本生成过程，总是围绕内部言语的基本语义加以扩展，重复表达，重复渲染，以达到交际目的。鲁迅在《故乡》的开头写道："我冒了严寒，回到相隔二千余里，别了二十余年的故乡去。"这段话的基本语义就是"我"回乡情切，作者从自然环境的寒冷、与故乡分别时间的漫长、分隔路程的遥远三个角度来渲染基本语义，使感情显得十分浓郁。

余光中谈《乡愁》写作时说："虽然只用20分钟写出来，这种感情却在我心中酝酿了20年。"20年萦绕在作者心中的就是一种玄虚、笼统的情思，它的基本语义就是乡愁。"乡愁"一词凝结诗人所有相关生离死别的人生体验，作为内部言语的"乡愁"，读者是无法理解的，所以作者选取人生四个阶段，创造四个比喻意象，描写四重人生阻隔，构成四个相似段落，重复渲染，令人动容。课堂上，学生通过发现相似之处，练习快速背诵，接下来将相似语句组合、叠加，深入品读。如此，学生获得了丰富的感受，领略了重复渲染的艺术。如：

1. 四个时间语词。"小时候""长大后""后来啊""而现在"，它们组合在一起，感觉乡愁萦绕了诗人的一生，感觉乡愁绵长深远，感觉乡愁苦无尽期。

2. 四句乡愁比喻。"乡愁是一枚小小的邮票"，"乡愁是一张窄窄的船票"，"乡愁是一方矮矮的坟墓"，"乡愁是一湾浅浅的海峡"，它们组合在一起，感觉诗人经历了种种乡愁，经历了复杂的乡愁，反复点题，强化了乡愁。每个比喻句都是段落中最长的句子，加在一起，感觉作者经历的乡愁十分漫长。

3. 四重空间阻隔。它们组合在一起，感觉诗人经历了重重人生阻隔，经历了种种生离死别，由个人到国家，感觉诗人家国情怀中的乡愁深重。"我在这（外）头"，"母亲在那（里）头"，语句对称、反复、回环往复、回旋荡漾、一唱三叹，感觉乡愁始终弥漫在作者的心头，弥漫在字里行间，也弥漫到读者的心上。

二、语境言语思维规律

由内部言语扩展为外部言语，最重要的制约因素是语境。作者之所以要将内部言语重复渲染，就是为了追求表达的明人、服人、动人。制约作者言语表达的语境因素，主要包括作者、目的、背景、读者等。就阅读教学而言，引导学生体会作者的读者意识最为重要，即要努力体会作者为了读者的理解、接受、信服、感动，在言语表达上所做出的种种努力。诸葛亮出师伐魏前，想要上书劝诫，怎样才能收到更好的劝诫效果？诸葛亮必须考虑言说的语境因素。首先是言说目的，即劝诫刘禅采纳建议。其次言说对象，刘禅虽为君主，却暗弱昏庸，亲信宦者，远避贤能，胸无大志，苟且偷安。这既是诸葛亮劝诫的原因，也是制约话语方式的主要因素。再次是自己以什么身份言说，他虽为相父，但却严守人臣下属的身份，需表明忠心。最后是话语方式，如选择"表"这种文体，陈情言事，以"报先帝而忠陛下"的情感笼罩全文。对自己两次称"愚"，十一次称"臣"；而凡称刘禅都是"陛下"，共七次；称"先帝"十三次。议论叙事，言辞恳切，感动人心。教学中由杜甫《蜀相》引入"老臣心"，设计主题问题一：根据课文内容在横线上填上适当的词语，并通过品析课文语言加以说明：诸葛亮的_____心。如"忠""忧""决""信""感恩"等。再设计主题问题二：刘禅读完《出师表》，会怎么评价诸葛亮呢？写一段推测性文字。最后把两个主题问题关联起来，思考：刘禅为什么如此评价诸葛亮？这样就可以有效渗透语境意识，特别是诸葛亮的读者意识。

再比如面对刘禅这样的特定读者对象，诸葛亮在写作时，如何努力做到说理透辟，令其信服。以推荐武将向宠一段为例，教师引导学生分析诸葛亮表达的若干理由能否说服刘禅。学生交流如下：

第一层"性行淑均，晓畅军事"，点明向宠德才兼备；第二层"试用于昔日"，表明向宠经验丰富，是实践检验过的；第三层"先帝称之曰能"，强调其有本领，很能干，深得先帝赏识；第四层"众议举宠为督"，说明他深得人心，重用他是众望所归；第五层"必能使行阵和睦，优劣得所"，是在提醒刘禅如果重用了向宠，将士们可以各得其所、各尽其才，军队会更团结、更强大。最后综合起来看，诸葛亮推荐向宠，说理透辟，令人信服。由此，诸葛亮极强的读者意识在学生的条分缕析中得以凸显。

三、相似言语思维规律

语文世界中的相似言语思维无处不在。象形、会意的造字方法，拟声造词的方法，修辞中的喻拟通感，诗歌的立象尽意，散文的托物寓意等，都要运用相似言语思维。乃至说明文中分类别、议论文中论据使用、小说中典型人物塑造等，也都离不开相似言语思维。言语生成过程中，作者围绕语句、段落、篇章的基本语义重复渲染，其中的各种成分或各个部分，大都具有语义内涵的相似性。掌握这种思维规律，对理解和运用语言都十分重要。鲁迅的《孔乙己》中塑造了很多角色，掌柜、小伙计、短衣帮、长衫主顾、丁举人等，他们的身份、地位各不一样。引导学生归纳这些人的共同特点，就会发现他们的人性很相似，那就是都冷酷无情，从而理解众多人物形象塑造对主旨形成了重复渲染。

史铁生在《秋天的怀念》结尾写道："又是秋天，妹妹推我去北海看了菊花。黄色的花淡雅，白色的花高洁，紫红色的花热烈而深沉，泼泼洒洒，秋风中正开得烂漫。我懂得母亲没有说完的话。妹妹也懂。我俩在一块儿，要好好儿活。""好好儿活"的内涵是什么？我们引导学生，运用物与人的相似言语思维，由菊花的特点想到人的生活，即我们要活得像菊花一样灿烂，我们要活得像菊花一样坚强，我们要活得像菊花一样充满活力。菊花还是母爱的象征：母爱就像菊花一样高洁、母爱就像菊花一样温馨、母爱就像菊花一样深沉、母爱就像菊花一样烂漫。

相似言语思维还有一种特殊形式，就是利用言语的特殊外在形式，来表达相似的思想感情。认知语言学称之为象似修辞。如《列子·愚公移山》："北山愚公长息曰：'……虽我之死，有子存焉；子又生孙，孙又生子；子又有子，子又有孙；子子孙孙无穷匮也'。"这几句话运用顶针、回环的句式，"子""孙"反复出现、连绵不断，最后一句还运用叠词，表示子子孙孙生生不息，繁衍出了一大群。再如刘成章《安塞腰鼓》："愈捶愈烈！痛苦和欢乐，生活和梦幻，摆脱和追求，都在这舞姿和鼓点中，交织！旋转！凝聚！奔突！辐射！翻飞！升华！人，成了茫茫一片；声，成了茫茫一片……"这段文字中，"交织""旋转""凝聚""奔突""辐射""翻飞""升华"七个动词，成为七个短句，还有七个感叹号。这种特殊言语形式，就像安塞腰鼓密集的、急促的、有力的鼓点。引导学生体味这种言语形式与鼓点的关系，就会获得新奇的发现。

四、张力言语思维规律

"物一无文"（《国语·郑语》），行文富于变化，思维具有张力，语言才有文采，文章才有魅力。所以经典文本的内容和形式都会有丰富多彩的变化，如虚实、详略、动静、明暗、隐显、时间、空间、文脉、意脉、矛盾冲突、表达方式等诸多方面。鲁迅在《社戏》中叙述"我"盼望看社戏，可是没有船。这一矛盾设计，一波三折，富于张力和魅力。一方面借助这个矛盾平台，各种人物形象得以展现，人物心理得以展露；另一方面吸引读者的阅读兴趣，参与作品意义建构。引导学生用序号标出矛盾波折的次数，画出其中描写各种人物表现的语句，分别用一个词语概括他们对"我"的情感，学生也就大致可以理解作者的言语意图。

1. 矛盾波折的次数

一折是社戏日期到了，却叫不到船；二折是到邻村去问，也没有；三折是八叔的大船回来了，外祖母又怕孩子们不可靠，要是叫大人一起去，母亲又觉得不合理；四折是双喜举出船大、迅哥儿不乱跑、他们又都是识水性的，于是外祖母和母亲也相信了。

2. 人物表现与对"我"的情感

（1）外祖母："很气恼，怪家里人。"说"我应当不高兴，他们太怠慢，是待客礼数里从来没有的"。从中可体会到对"我"的宠爱。

（2）母亲："很为难，没法子想。"这里可见对"我"的疼爱。

（3）小伙伴："都叹息而且表同情"，最终想方设法解决了矛盾。这是对"我"的友爱。

鲁迅在《孔乙己》中写孔乙己最后一次到咸亨酒店时，掌柜说："孔乙己么？你还欠十九个钱呢！"孔乙己很颓唐地仰面答道："这……下回还清罢。这一回是现钱，酒要好。"可以问学生：这回酒要好，暗示了什么？暗示以前买的酒不好。那究竟是怎样不好的酒呢？是淡酒、浑酒、浊酒，还是苦酒？这里作者用了暗笔。教学中要引导学生关联文章的明处，即文章开头说"我"因为不能胜任往客人酒里羼水，差点被辞退。学生会猛然醒悟：咸亨酒店还有一个未出场的伙计，他胜任偷着往顾客酒里羼水的活儿，并经常往孔乙己的酒里羼水。可见这里所有人物，对孔乙己不仅是冷漠，还有坑骗。这就让读者又感到了一层"凉薄"。

五、具象言语思维规律

具象思维是中国人最显著的思维特点。也就是说，中国人擅长运用具体形象，来表达抽象的思想感情。一个意象，如"黄叶"象征人生衰老；一则寓言故事，如蒲松龄的《狼》隐喻狡诈贪婪必定自食其果；一部著作，如曹雪芹的《红楼梦》诠释了一首《好了歌》。所有这些都是具象思维的言语创造。教学中要注重引导学生运用联想和想象，品析形象的内涵，习得具象言语思维规律。周敦颐的《爱莲说》借莲象征君子品格，所以笔者在课堂上重点突出莲与君子的相似之处。

1.找出文眼并翻译：莲，花之君子者也。

2.仿写例句，用课文中莲的形象，比喻周敦颐心中的君子。

例句：君子就像莲出淤泥而不染，洁身自好。

学生仿句，如：

（1）君子就像莲濯清涟而不妖，矜持庄重。

（2）君子就像莲中通外直，思想通达，虚怀若谷，为人正直。

（3）君子就像莲不蔓不枝，为人磊落，不攀附权贵。

（4）君子就像莲香远益清，德行美好，泽被世人。

教学苏轼《江城子·密州出猎》中"千骑卷平冈"一句，品读"卷"这个意象时，用"过"字替换，引导学生比较二者之间表达效果上的差异。经讨论交流后发现："卷"字可以让读者联想到"千骑"的数量之繁多，范围之宏大，速度之迅疾，气势之磅礴，气氛之热烈，侧面衬托出诗人狂放的意气。"卷"就是作者豪情壮志的具象化表现，诗人正是运用具象言语思维择取"卷"这个意象，不仅形象生动，且能给予读者更为丰富的联想与想象，而"过"字与之相比，则缺乏形象性、生动性、丰富性。

六、分析综合言语思维规律

言语生成过程中，无论是形象思维，还是抽象思维，都离不开分析与综合思维。语句、段落、篇章都有其基本语义，或者说句旨、段旨、篇旨，遣词造句、表达方式、表达技巧、谋篇布局，能否渲染基本语义，达到交际目的，都要经过分析与综合。在具体文本中，综合的结果常常蕴含或灌注在文眼之中，这个文眼也就成了思维的凝结点；分析的结果则包含在材料的选择与修辞之中，所以文本不同的层次语言点就成了分析思维的发散点。阅读教学抓住思维的凝结点，设计教学活动，引导学生的言语思维，向文本各个层次的语言点发散，也就成了一种有效的教学思路。

杨绛《老王》全篇的思维凝结点，就是"那是一个幸运的人对一个不幸者的愧怍"，解读这个文眼，需要引导学生将思维发散至"我"与老王交往的若干事情之中，理解"幸运""不幸"的含义，也就体会到了"愧怍"情感。从老王送冰、送医的事情中，可以体会老王对"我"的善良、热情、厚道、关怀、体贴。尤其是送香油和鸡蛋，更是对"我"的感激、信任，把"我"当成亲人，甚至知心人。在那个特殊的年代，这对"我"来说，是多么幸运！老王的不幸，诚然有自身的处境因素，但更在于"我"对老王失去平等的心理距离，缺乏尊重的情感态度，以至于老王临终的愿望也完全被"我"忽略。

《周亚夫军细柳》中，司马迁借汉文帝之口，表达了自己对周亚夫的评价，即"此真将军矣"。这是一篇之文眼，"真"是文章的基本语义，文章所有的内容都是为了表现周亚夫的"真"。为让读者具体地感受到周亚夫的形象，司马迁围绕基本语义从不同角度、不同层面展开刻画，如正面描写周亚夫的动作和语言，侧面用细柳军将士们的言行来衬托，还从汉文帝视角将其与霸上棘门军做对比。教学中，引导学生关联全文展开想象，填补作者在结尾留下的空白"称善者久之"，汉文帝到底称说了周亚夫身上的哪些优点呢？在主问题的牵动下，学生开始阅读文本，搜索依据，捕捉细节，分析咀嚼，提炼综合，从而理解"真"的丰富内涵。

文本生成中，词、句、段、篇各有其言语思维规律，如体式言语思维规律、修辞言语思维规律等。言语思维规律教学可以帮助学生在大脑中形成相应的阅读神经网络，建构起学生听说读写的言语思维图式，这是语文教学中至关重要的任务。

改变大脑的语文课

言语思维是隐性的心理过程，这个过程在大脑里到底如何发生、发展？如何卓有成效地发展言语思维，我们有必要从脑科学中寻找答案。

一、大脑中先天的语言装置

科学家把人的大脑分为若干脑区，每个脑区有不同的机能。其中的布罗卡区和韦尼卡区，主要机能是解码口语的说和听（见图1）。这两个区域是与生俱来的，因而儿童具有先天的习得母语的能力。两个多月的婴儿已能咿咿呀呀地吐音，8个月大的时候就开始试图说一些简单的词语，如爸爸、妈妈，18~20个月的时候，这两个语言区变得非常

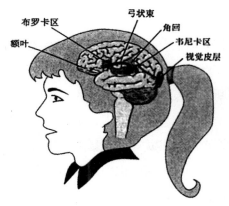

图1　人的大脑分为若干脑区（选自《教育与脑神经科学》第87页）

活跃，孩子一天能学会10多个词，3岁时词汇量可达到900多个，5岁前可增至2500个，大脑就这样形成了言语接受和理解口语的通道。这也就是乔姆斯基所说的母语的先天习得机制。听和说的能力是先天就有的神经基因，到了一定的时候，只要孩子在他所属的生物属性圈当中，无论他是在日本，还是在韩国，或者在中国，他就能获得口语基因激活，形成语音解码通道，掌握他所属区域的口语。

二、大脑中后天的阅读器官

大脑中有一个专司书面的阅读脑区，它的机能就是专门进行思想和言语之间的转换与翻译，是大脑中文字阅读和写作的言语思维区。1892年，法国的约瑟夫-朱尔·德热里纳发表了他对一位失读症患者的尸检报告，提出人的

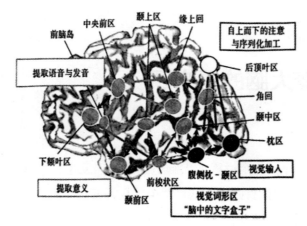

图2 视觉词形区（选自《脑与阅读》第74页）

脑损伤使得视觉信息向他所谓的"字母视觉中心"传输的神经纤维被切断了。100多年后，美国的洛朗·科昂将这块区域称为"视觉词形区"，斯坦尼斯拉斯·迪昂将其称为"文字盒子区"[①]，它处在大脑左侧枕叶和颞叶的交界处，是由相互关联的神经元簇集一处而形成的（见图2）。看到一个词就能激活关于该词的一连串神经元活动，调用与该词有联系的所有存储信息。在默读过程中，熟练的阅读者能够流畅地读完全文，因为在这个过程会连续不断地激发和强化词形区的电化反应，从而快速地、逐一地识词辨义。看一个人是不是出色的阅读者，不仅要看其念词的能力，更要看其能否无意识地在脑中词形区引发犹如狂风暴雨般的活动。它和处理语音的韦尼卡区和布罗卡区是完全不同的区域，识别口语和文字的是两个神经系统。这就是为什么有的学生说得很好，但写得不好；有的学生写得很好，但说得不好。科学研究表明，文盲的大脑里没有词形区，一般人只有受到阅读文字的刺激，才会产生这个区域。所以视觉词形区是后天发展起来的，[②]它可以把文字刺激的信息发送到各个脑区。这里是言语思维工作室，专司书面的阅读和写作。视觉词形区发展的过程中，形成语音和语义两条解码通道（见图3）。"汉字中有许多形声字，既在视觉上提供了语义信息，也在听觉上提供了语音信息。这种双模式并行的符号，大大增进了大脑处理文字的效率。"[③]

三、改变大脑的语文课

人脑大约由1万亿细胞组成，这些细胞至少可分为两类：神经细胞和胶质细胞。神经细胞称作神经元，约占脑细胞总数的1/10，将近1000亿个。它是人

[①] 斯坦尼斯拉斯·迪昂. 脑与阅读 [M]. 杭州：浙江教育出版社，2018：73.
[②] 斯坦尼斯拉斯·迪昂. 脑与阅读 [M]. 杭州：浙江教育出版社，2018：232.
[③] 王士元. 语言、演化与大脑 [M]. 北京：商务印书馆，2015：134.

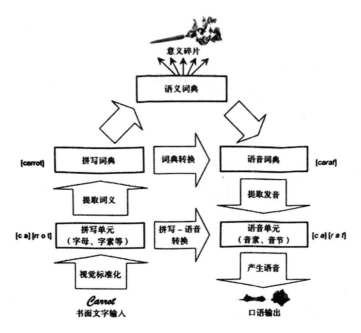

图3　单词阅读的加工在几条平行的通路
上同时进行（选自《脑与阅读》第47页）

脑和整个神经系统发挥功能的核心。每个神经元可延伸出多达1万条树突，接受来自其他神经元的电冲动，并通过轴索传导出去。神经元之间并无直接接触，它是通过树突与轴索之间的突触释放一种称作"神经介质"的化学物质，或刺激或抑制附近神经元活动，由此形成神经元之间的联系（见图4）。研究表明，某职业技能要求越复杂，从业人员脑中的神经元树突数量越多，而树突的增加使神经元之间的联系增加，从而产生更多的学习成果储存所。"人的一切思想及行为，都是这些千千万万的神经元沟通的结果。"①大脑不同脑区的神经元各有不同的功能。视觉词形区的神经元功能是解码文字信息，进行思想和言语转换。

　　语文课改变大脑，主要包括三个方面。首先是促进阅读的视觉系统逐渐专门化。在第一个图像阶段，儿童把单词看作图片，没有出现明确的大脑定位，大脑的两个半球都参与阅读加工。随着专业阅读技能的提高，儿童开始认识字形、理解字义，激活的脑区逐渐变得更集中，慢慢向左侧枕叶和颞叶"视

---

① 王士元.语言、演化与大脑[M].北京：商务印书馆，2015：70.

23

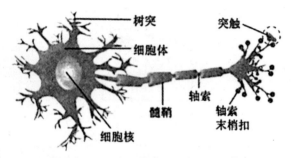

图4 神经介质刺激或抑制附近神经元活动，由此形成神经元之间的联系
（选自《教育与脑神经科学》第11页）

觉词形区"汇集，最终这个区域就成为专门的视觉词汇识别区。第二方面是每节阅读课都会使神经元发生调整：之前与物体、形状或面孔识别有关的一些视觉神经元，现在用于字母文字识别，不断扩大视觉词形区的神经元数量。第三方面是建立视觉词形区神经元之间的连接，及其与该区域之外的神经元的连接。随着阅读的进展，视觉词形区的神经元不断形成连接，建立起了阅读的神经网络。这三方面的发展，不断拓展了视觉词形区的空间，促进这一脑区的成熟。

根据上述理论，改变大脑的语文课要注重以下方面：

1. 注重丰富词汇。视觉词形区不是先天就有，这个区域的神经元功能原本是识别物体、形状和脸型的。儿童在开始接触文字、学习文字的过程当中，占据这个区域原来用来识别形状、物体和面孔的神经元，剪掉它们原来已经建立的神经元之间的联系，而形成文字的识别区，也就是视觉词形区。注重词汇教学，让学生熟悉词语的形音义，促进神经元再利用，也就是把功能为识别物体、形状和面孔的神经元，改变、利用为识别词语的神经元。随着词汇量的扩大，视觉词形区神经元数量不断增多，神经元之间的连接不断增多，其区域也就会不断扩大。这是言语思维的物质基础，也就是视觉词形区处理文字信息的基础。

2. 注重丰富语义。人脑里有丰富的词汇，可比喻为"心理词典"，储存着语音知识、语法知识、形态知识、语义知识等。随着阅读量的增加，大脑中的词汇越来越丰富。在言语活动时，我们要从大脑数以万计的词汇中提取词语。为了方便提取，这些词语如何组织起来呢？心理语言学家们提出几种模式，最为大家接受的是，这些词汇是以语义组织起来的。在内部言语里，言语思维活动主要凭借语义。言语思维要把别人无法理解的内部言语，转换成约定俗成的外部言语，必须先把内部言语转换为外部言语的语义，然后才能转变为外部言语。词语和它的语义可以分离，同一个词语可以表达不同的语义，而相同的语义可以用不同的词语表达。语文教学要不遗余力地加强语义教学，注重词语解释，品词析句，因文解道，不断丰富学生的语义，丰富学生的思想感情。这个过程也是扩大视觉词形区神经元数量，扩展视觉词形区区域的过程，是给言语思维创造充沛的源头活水。

3. 注重丰富言语形式。视觉词形区是在文字刺激之下发展起来的。语文教学要选择优质的语言材料，让学生掌握必需的各种言语形式，包括各种体式、各种结构、各种表达方式和表达技巧。13~15岁的学生，处于一个产生关联结构的时期，这个时候应该加大优质语言的吸收，优化语言的宽度，也就是把有可能的各种语篇类型、表达技巧等都在这个时期形成认知。其标志是建立稳固神经元连接，形成各种言语形式的阅读神经网络。这个过程就是开发和优化视觉词形区的过程。

4. 注重掌握言语思维基本规律。阅读实际上是对神经网络的"再利用"。[1]神经网络由无数神经元连接而形成。"什么是学习呢？就是神经元当中结合的关系，结合的效率。"[2]神经元的结合就是神经元的连接。语文学习最重要的就是促进神经元的连接，形成阅读的神经网络。这需要科学严谨的教学，因为"学生要成为精确而快速的字词解码者，需要各种不可缺少的技能，直接的、系统的和严谨的阅读教学，则让学生在潜移默化中掌握这些技能"[3]。

那么，如何优化阅读的神经网络呢？关键是阅读教学要根据言语思维规律，包括语境言语思维规律、渲染言语思维规律、相似言语思维规律、具象言语思维规律、体式言语思维规律、路径言语思维规律、分析综合言语思维规律等，引导学生联系自己的生活经验、知识经验，学会关联文本内、外语境。我们根据言语思维规律，总结出了文本内语境关联的基本方法，包括成分关联、过程关联、因果关联、呼应关联、构成关联、相似关联、变化关联等基本方法。文本外语境关联，主要关联写作目的、作者、读者、时代和文化背景，尤其是读者对象。因为文本生成要将高度省略的、自明自律的内部言语，扩展为明人、服人、动人的外部言语。制约扩展过程的语境因素中，读者对象是核

① 斯坦尼斯拉斯·迪昂．脑与阅读 [M]．杭州：浙江教育出版社，2018：4.
② 王士元．语言、演化与大脑 [M]．北京：商务印书馆，2015：71.
③ 大卫·苏泽．教育与脑神经科学 [M]．上海：华东师范大学出版社，2014：92.

心。所以我们要多引导学生从"为读者"的角度理解文本。阅读过程中，联系自我经验，文本内、外语境关联的过程，就是大脑神经元之间连接的过程。这样在阅读的神经网络之中，就形成了言语思维规律的神经元联系。视觉词形区的神经元具有抽象的识别能力，比如它能识别字母的大写与小写，一个汉字无论是正看、斜看，还是横看都能被识别出来。言语思维规律的神经元联系，促进了"在语言发展的历史进程中……言语思维由概括的、低级的、原始的形式向表现在抽象概念里高级的、复杂的形式过渡"①，从而形成言语思维认知图式，这个过程意义重大。图式是一种认知表征，是指人们把各种信息结构和经验组织以某种相似于图画的方式储存于大脑，形成某种经验的图像表征，以作为理解新经验的基础。认知形成图式，图式反过来又促进新的认知。从本质上说，图式来源于人们在对客观世界认识的基础上形成的一个框架结构，是一个抽象的结构体。比如学生习得"立象尽意""托物言志"的相似言语思维规律，并形成巩固的神经元联系，也就形成了一种认知图式。以后在阅读相关文本时，能自觉地运用相似言语思维，追寻言语的象征、隐喻、暗示意义。学生经常在习得或学得言语思维规律的阅读中，就会慢慢成为真正有经验的读者，视觉词形区也就随之逐渐成熟。

5. 注重巩固提升。当儿童快到青春期时，神经元生长的速度放缓，但另外两个成长过程应时而生：一是人脑发现有用的神经元连接日益巩固；二是无用的神经元连接逐渐消失，因为人脑可以在经验的基础上有选择地强化或裁减神经元之间的连接。这种对神经元连接优胜劣汰的过程持续人们的一生。阅读时大脑中形成的神经元之间的连接，大都是临时的，如果得不到巩固，就会被大脑淘汰。"要是A神经元跟B神经元经常有沟通，沟通得越多，它们当中的突触就会越多，而且越容易发散。如果A老跟别的神经元沟通，B老是跟别的神经元沟通，那么A跟B，在神经上的距离就会越来越远。要A跟B讲话，或者B跟A讲话，就会难得多。"②所以对重要的教学内容，不仅要能举一反三，而且要经常"举三反一"，循环往复，巩固提升。要有单元整体教学的意识和策略，通过不同篇目的教学，强化学生对相同语文元素规律性的认知。要有必要的书面练习，促进言语思维规律迁移运用，从而形成牢固的神经元连接。

① 余震球. 维果茨基教育论著选 [M]. 北京：人民教育出版社，2013：296.
② 王士元. 语言、演化与大脑 [M]. 北京：商务印书馆，2015：83.

发展言语思维的基本策略

如何发展学生的言语思维呢？最基本的策略就是发掘文本中的言语思维规律，通过教学设计与实施、转化，形成学生阅读的神经网络，积淀为学生的言语思维图式，并不断丰富学生的内部言语，提高学生运用语言思维的能力。这是一个需要深入研究实践，不断总结的课题。这里提出一些最基本的策略。

一、 因文解道，还原言语思维的内容

因文解道即根据本文言语形式，理解文本的思想感情，领悟作者根本的表达意图，还原作者言语思维的内容。例如毛泽东《七律·长征》中"金沙水拍云崖暖"一句，原句为"金沙水拍悬崖暖"，将"悬崖"改为"云崖"，有什么好处？这一问题考查学生的言语思维能力，由低到高大致可以分为以下四个层次：①"悬崖"改为"云崖"，用夸张手法写山高入云，十分高大；②"水拍云崖"，更能形容金沙江怒浪滔天；③更能突出红军长征遭遇的艰难险阻；④更能表现红军战士的乐观主义精神。

达到第一层次的学生，只是理解了"云崖"的表层意。达到第二层次的学生，能做到词不离句，明白描写"云崖"的用意在突出江水的特点。达到第三层次的学生，能结合"远征难"来理解，从而进入了全篇语境。达到第四层次的学生，不仅进入了全篇语境，而且准确把握了诗眼"不怕"，从而深入到文本底蕴，理解了作者根本的表达意图。"言不尽意，立象尽之。""悬崖"这一意象是诗人具象思维的结果，达到最后一个层次，才能完整地还原作者言语思维的内容，其关键是培养学生语境关联与推理的能力。

二、因道悟文，还原言语思维的过程

言语思维一定是在某种情感动机的激发下产生的，因道悟文就是领悟在一定动机下，作者的"思想"到"词"的运动过程。还以上述例子来说明，因道悟文的过程大致如下。

①结合背景，1935年10月红军长征胜利到达陕北，作者内心充满激动，

要向全中国、全世界宣传红军的长征精神，表现红军战士的英勇主义精神和乐观主义精神，鼓舞中国人民的斗志。②沧海横流方显英雄本色，作者要把红军放在长征的艰难险阻中加以表现。③红军长征走过千山万水，战胜了无数艰难险阻，需要提炼典型意象，如"水拍云崖"。④在经营意象过程中，反复推敲词语——改"悬崖"为"云崖"，用夸张手法写山高入云，十分高大。⑤生成言语形式：金沙水拍云崖暖。

在还原言语思维过程的教学中，学生可以理解：①是写作情感动机与立意；②③是材料的选择与提炼；④⑤是言语形式的生成。其关键是培养根据写作动机和主旨，体会文章谋篇布局、表达方式、表达技巧、遣词造句的意图的方法、习惯和能力。这样不仅可以习得言语思维的过程与方法，转化、积淀为言语思维图式，提高阅读理解与审美鉴赏能力，而且可以通过隐性的读写练习提高写作能力。

三、品析思路：感受言语思维方法

"作者思有路，遵路识斯真。"阅读教学中，"既要教学生学习文章的语言进而理解它所表达的内容，又要教学生学习作者思维的途径和方法；既要让学生懂得文章语言所表达的内容是作者通过怎样的思维途径和方法来实现的，又要让学生懂得作者的思维结果是怎样通过语言形式来表达的，使学生在语言和思维的结合上达到课文内容的理解"[1]。要做到这一点，品析作者的思路很重要。篇有篇的思路，段有段的思路，句有句的思路。文章的各种思路中包含着言语思维的过程和方法，如语用过程中需要广泛的联想思维，联想方法有对比联想、接近联想、相似联想、追忆联想、因果联想、递进联想、连锁联想、推测联想等。托物言志的联想往往是一篇文章的整体思路，对比联想往往是句与句之间的思路，而拟人句的相似联想则往往是句中的思路。这些由此及彼的联想思路，包含着言语思维的过程和方法。例如："每至晴初霜旦，林寒涧肃，常有高猿长啸，属引凄异，空谷传响，哀转久绝。故渔者歌曰：'巴东三峡巫峡长，猿鸣三声泪沾裳。'"（郦道元《三峡》）作者运用因果联想思维，由三峡秋景的凄清联想到渔歌，生成了精妙的言语形式，形成了层层衬托的语用效果。第一层是用"泪沾裳"衬托猿声的凄异；第二层是以猿声的凄异衬托"空谷传响"的特点；第三层是以"空谷传响，哀转久绝"衬托江水枯

---

[1] 卫灿金. 语文思维培育学 [M]. 北京：语文出版社，1997：93.

落，暗示三峡的水文特征，表现三峡的凄美秋景。这就是作者借助因果联想实现的言语意图。教学中引导学生品析这种联想的思路，体会层层衬托的技巧，领悟作者的语用意图，学生也就感受到了这种言语思维的方法。诸如此类，日积月累，学生就可以积淀起丰富而精妙的言语思维图式。

四、比较揣摩，感悟言语思维原理

语用教学往往需要借助语用知识才能提高效率，语用知识蕴含着语用中的思维，是提炼思维成果的结晶。引导学生理解语用知识，探究语用知识原理，知其然且知其所以然，可以真正透彻理解、熟练驾驭语用知识。如夏浩然《"飞天"凌空——跳水姑娘吕伟夺魁记》是一篇新闻特写，学习这篇文章，有必要让学生了解新闻特写的一般知识，即以形象化的描写作为主要表现手段，截取新闻事件中最有价值、最生动感人、最富有特征的片段和部分文字予以放大，从而鲜明再现典型人物、事件、场景，其言语表达具有文学色彩，主观性强。教学中可以先引导学生学习消息的言语表达特点，改写原文，例如：

吕伟站在10米高台的前沿，双臂高举，一蹬，向前翻腾一周半，空中转体三周，展开身体，插入水中，四面水花不惊。她的这个动作"5136"，几位裁判亮出了9.5分的高分。这位年方十六的中国姑娘，赢得了金牌。

在此基础上，再引导学生将改文与原文比较，发现两者言语表达的不同。学生会发现，改文语言简洁、平实，而原文对吕伟站立、举臂、跳起、翻转、展体、入水的过程，进行了慢节奏的详细描写，还运用了比喻、夸张的修辞手法，如跳起时"那一瞬间，她那修长美妙的身体犹如被空气托住了，衬着蓝天白云，酷似敦煌壁画中凌空翔舞的'飞天'"，入水时"像轻盈的、笔直的箭，'哧'地插进碧波之中，几串白色的气泡拥抱了这位自天而降的'仙女'，四面水花悄然不惊"，语言形象生动，其中"优雅""美妙""轻盈"等形容词，以及"吕伟精彩的表演，将游泳场的气氛推向了高潮"等评论语句，还流露出作者喜爱、赞美的主观感受。然后再比较改文与原文，揣摩表达效果和目的有何不同，引导学生理解：消息语言简洁、平实，主要目的是让读者及时了解客观事实，而特写语言形象生动，融入作者的主观感受，其目的不仅是让读者了解客观事实，而且还能让读者通过文字想象出作者头脑中的影像，感受到作者心中的感情，从而获得身临其境的现场感，这就是新闻特写形象化言语表达的基本原理。

再如《宋史·赵普传》："普少习吏事，寡学术，及为相，太祖常劝以读书。晚年手不释卷，每归私第，阖户启箧取书，读之竟日。及次日临政，处决如流。既薨，家人发箧视之，则《论语》二十篇也。"这段文字写赵普勤奋读书，回到自己的住宅，即"阖户启箧取书"，这里连用三个动词短语"阖户""启箧""取书"，形成快节奏的动作描写来刻画人物形象。教学实践中，笔者引导学生将原文与改文"每归私第，阖户，启箧，取书，竟日读之"比较品析，学生发现改文中间用了两个逗号，节奏变得舒缓，感觉赵普动作有些慢条斯理；而原文未加标点，动作显得迅速，原文更能表现出赵普如饥似渴的心理，更能表现出赵普读书的勤奋。在此基础上，教师引导学生提炼其中的语用原理，即快节奏的动作描写，可以表现人物的急切心理，从而更好地展现人物的精神风貌。

又如司马迁《史记·陈涉世家》："陈胜自立为将军，吴广为都尉。攻大泽乡，收而攻蕲。蕲下，乃令符离人葛婴将兵徇蕲以东。攻铚、酂、苦、柘、谯，皆下之。行收兵。比至陈，车六七百乘，骑千余，卒数万人。攻陈，陈守令皆不在，独守丞与战谯门中。弗胜，守丞死，乃入据陈。"作者用如此简短的文字，叙述了从大泽乡起义爆发到占据陈的过程。其中依次运用了"攻""收""攻""下""徇""攻""下""至""攻""入据"等十个动词，可见叙述节奏之快。教学实践中，笔者引导学生先圈出这段文字中的动词，再说说其表达作用，结果学生发现：起义军进展顺利；一攻即下，攻势迅速，似乎极短时间便占领了广大地区；起义军攻势凌厉，势如破竹，锐不可当，所向披靡；敌人闻风丧胆，望风而逃；由此可见陈胜杰出的军事才能和农民革命的伟大力量。教师紧接着追问：作者用短短几行字，就记叙了起义军攻占大片地区的过程，这些动词的运用还有什么特点呢？学生发现，这些动词具有极强的概括性，使得叙事十分简练。教师顺势总结：这种快节奏的行动描写，可反映事情或事态发展迅速。这样学生也就懂得了其中的原理。

五、品读形式，渗透言语思维规律

文本的言语形式和语用规律中蕴含着言语思维规律。如一首古典诗歌的丰富内涵总是凝聚在诗眼之中，其中蕴含着聚合性的言语思维规律；诗人多用意象的组合、叠加来表达深沉的感情，这一过程蕴含了经营意象中的具象言语思维规律。言语思维规律的教学包含了广泛的内容，需要从语用学、语言学、语境学、语体学、语篇学等多门学科中遴选适宜的教学内容。如语境对言语表达的制约规律、不同语体用词造句的修辞规律、语篇的衔接与连贯规律等，都体现着言语思维规律。言语思维规律一定是蕴含在相对应的言语形式之中的，教学时需要通过品读言语形式，渗透言语思维规律。这里仅举吴敬梓的《范进中举》文眼品析一例。文中范进中举发疯后说道："噫！好了！中了！"这句话是全文的文眼，凝结了全文的主旨。心理学家波扬研究发现，在人的内部言语中，"一个词的意思比它的意义更占优势"，"一个词的意思是由该词在我们意识中引起的一切心理事件的总和"[1]，对此，维果茨基给予了充分肯定，他说："在内部言语里我们总能用一个名称来表达全部思想和感受，甚至完整的深刻的推论。"[2]范进发疯后的这句话是自言自语，即为自己的言语，因而可以看作他的内部语言。从范进的言语心理来说，这三个词语其实是一个意思，都凝结了范进对科举的全部人生体验。全文通过结构故事情节、描写具体细节、塑造人物形象，来诠释这句话的深层含义，所以它是作者创作思维的聚合点。由这个聚合点到文本具体情节和细节的展开，又反映了作者的发散性想象思维。引导学生品读范进发疯前后的情节和细节，理解不中举不好，如生活极度穷困，屡遭各种欺辱，饱受世态炎凉；只有中举才好，如有钱有势，有人巴结，鸡犬升天等。这样也就理解了作者的写作意图，并同时理解了渗透着聚合与发散性思维的言语思维规律。

叶圣陶先生说："思维活动绝不是空无依傍的，必须依傍语言材料才能想"，"思维活动的固定形式，也就是写在纸面上的语言——文字。"[3]思维依傍语言，语言固定思维。因而"语言和思想又是二而一的东西，所以文字该和语言思想一贯训练"[4]。这里的"思想"，是指语用中的思维活动；这个"二而一的东西"，是说文本是语用和思维的二重结构，其实就是言语思维。言语思维能力是语文学科专属的核心能力，是语文教学的核心。"要让学生们留在学校直至15岁、20岁，我们需要有一个更有力的理由。我的理由是训练他

---

① 维果茨基．语言与思维 [M]．北京：北京大学出版社，2017：171．
② 余震球．维果茨基教育论著选 [M]．北京：人民教育出版社，2013：349．
③ 叶圣陶．叶圣陶语文教育论集 [M]．北京：教育科学出版社，1980：672—673．
④ 叶圣陶．叶圣陶语文教育论集 [M]．北京：教育科学出版社，1980：77．

们的学科思维。"①因为"学科不只是用事实和概念堆积起来的教科书上的词汇表、附录、全国标准的概略和每周的考试内容。学科的内涵存在于该领域人士发展出来的特定思考方式，借着这种思考方式，他们可以从特定的而非直觉的角度了解这个世界"②。语文的学科思维不是别的，而是语用过程中提取语言表达思想的思维，这正是言语思维的心理机能。阅读教学中要借助显性的言语形式和语用方法、语用规律，引导学生学习和运用隐性的言语思维规律，形成言语思维图式，促进视觉词形区的发展。这是语文教学的核心任务。

---

① 霍华德·加德纳.受过学科思维训练的心智 [M].张开冰，译.北京：学苑出版社，2008：1.
② 霍华德·加德纳.受过学科思维训练的心智 [M].张开冰，译.北京：学苑出版社，2008：135.

习得言语思维的基本方法

　　阅读教学要善于研读发掘教材选文中言语思维的方法、路径、规律、原理，选择合宜的教学内容，进行具体的教学设计，实现课堂教学转化，促进读写隐性和显性融合，帮助学生构建阅读神经网络，形成言语思维图式，发展言语思维。以散文来说，其题材内容丰富，具象言语思维活跃，表达方式灵活多样，行文跌宕起伏。因而写作过程中，需要丰富的联想和想象，在感性形象的分析、比较和综合中渗透理性的思想。教学中尤其需要重点发掘文章蕴含的联想和想象、聚合和发散等形象思维的方法，通过品析相应的言语形式，建立起相应的神经网络，并努力将其转化为学生的言语思维图式，这对培养学生言语思维的灵活性、敏捷性、广阔性、深刻性等品质，大有裨益。

一、在品析言语形式中认识联想思维

　　联想是由一个事物想到另一个事物的心理现象。联想是想象的基础，可以大致分为对比联想、接近联想、相似联想、追忆联想、因果联想、递进联想、连锁联想、推测联想。散文的言语形式中蕴含着作者的各种联想思维方法。散文教学中，引导学生认识各种联想方法，通过言语形式品析，理解联想思维在言语表达中的作用，并学以致用，可以促进学生言语思维的发展。下面就八种联想思维方法分别举例，简要说明。

　　1. 相似联想。这是由对一件事的感受引起的同该事物性质形态相似事物的联想。如比喻句是作者由本体到喻体的联想，品析比喻句，需要引导学生由喻体的形象特点，想象本体的形象。如："水珠子从花苞里滴下来，比少女的眼泪还娇媚。"（刘湛秋《雨的四季》）教学中引导学生想象少女的眼泪的形象，再通过相似联想，想象到水珠的晶莹、娇媚、含情、动人，还可以想象到雨水滋润的花苞红里透白、娇嫩可怜等，从而感受到雨的美感和作者的喜爱之情。

　　2. 接近联想。这是指相邻的事物因时间或空间的接近而引起的联想。如："只有他的照相至今还挂在我北京寓居的东墙上，书桌对面。每当夜间疲倦，正想偷懒时，仰面在灯光中瞥见他黑瘦的面貌，似乎正要说出抑扬顿挫的话来，便使我忽又良心发现，而且增加勇气了，于是点上一支烟，再继续写些为'正人君子'之流所深恶痛疾的文字。"（鲁迅《藤野先生》）教学中引导学生理解作者由照相联想到人，联想到藤野先生的言谈举止，便增加了勇气，表现出作者对恩师无比敬重和深切怀念，从而懂得这种睹物思人的联想思路。

3. 对比联想。这是由对某一事物的感知引起的对具有相反特点的事物的联想。如宋濂《送东阳马生序》中，作者由自己求学的勤奋和艰苦，联想到"同舍生皆被绮绣，戴朱缨宝饰之帽，腰白玉之环，左佩刀，右备容臭，烨然若神人"，与自己形成鲜明对比。教学中引导学生品析形成对比的语句，理解"其业有不精，德有不成者，非天资之卑，则心不若余之专"的道理，从而理解作者对马生的勉励之情，进而也就理解了对比联想的作用。

4. 因果联想。这是由原因想到结果，或由结果想到原因的思维方法。如"我不知道为什么家里的人要将我送进书塾里去了，而且还是全城中称为最严厉的书塾。也许是因为拔何首乌毁了泥墙罢，也许是因为将砖头抛到间壁的梁家去了罢，也许是因为站在石井栏上跳了下来罢，都无从知道"。（鲁迅《从百草园到三味书屋》）教学中引导学生通过因果联系，揣摩"我"的心理，因为"我"做了不少"坏事"，所以家里要送"我"到书塾，这似乎是对"我"的惩罚，表现了"我"对百草园的依恋，从而理解这里的因果联想的表达意图。

5. 推测联想。这是根据已知的事情来推测未知的事情的一种联想方法。如："他们由天上看到山上，便不觉地想起：'明天也许就是春天了吧？这样的温暖，今天夜里山草也许就绿起来了吧？'"（老舍《济南的冬天》）教学中引导学生体会济南人的心理活动，进而理解推测联想的内容——衬托了济南冬天的温暖——从而也就理解了这种由实而虚的联想思路和作用。

6. 追忆联想。这是由现实生活中的某一事物，引起人们对经历过的生活、见闻、知识等回忆的一种联想方式。如："忽然记起十多年前家门外也曾有过一大株紫藤萝，它依傍一株枯槐爬得很高，但花朵从来都稀落，东一穗西一串伶仃地挂在树梢，好像在察言观色，试探什么。后来索性连那稀零的花串也没有了。"（宗璞《紫藤萝瀑布》）教学中引导学生理解紫藤萝盛与衰的对比作用，懂得文章蕴含的哲理，即"花和人都会遇到各种各样的不幸，但是生命的长河是无止境的"，也就理解这种对过往经历的联想的表达作用。

7. 连锁联想。运用联想的方法把几种事物一环扣一环地串联在一起，也可以从同一事物的不同方向进行两种以上的联想。如："山坡上有的地方雪厚点儿，有的地方草色还露着；这样，一道儿白，一道儿暗黄，给山们穿上一件带水纹的花衣；看着看着，这件花衣好像被风儿吹动，叫你希望看见一点儿更美的山的肌肤。"（老舍《济南的冬天》）教学中引导学生理解由山坡的色彩联想到"花衣"，再由"花衣"联想到"更美的山的肌肤"的连锁联想的思路，体会小雪下山景的秀美，从而领略到运用这种联想方法描写的妙笔。

8. 递进联想。这是一层进一层的联想思维方法。如梁衡的《壶口瀑布》，作者观赏壶口瀑布，由脚下的石"被水凿得窟窟窍窍"，甚至有些地方"被旋出一个一个光溜溜的大坑"，而整个龙漕"被水齐齐地切下去，切出一道深沟"，联想到水的"奋力抗争"精神，进而联想到黄河伟大的品格，再进一步联想到之所以能铸成黄河伟大的品格，是因为黄河如同人经历了许多磨难便有了自己的个性。教学中需要引导学生梳理作者递进联想的思路，从而理解这种由浅入深、由表及里的联想，不仅可以揭示事物的本质，而且往往蕴含着深刻的哲理。

二、在揣摩作者意图中了解想象思维

法国思想家狄德罗说："精神的浩瀚、想象的活跃、心灵的勤奋——就是天才。"想象是智慧之光，创造之源。散文中也有多种想象类型，理解这些想象类型在言语表达中的作用，可以帮助学生发展想象能力的同时发展言语思维。

1. 象形想象。这是由抽象到具象的想象，是一种模拟事物可能有的形状的思路，它通过某一特定的具体形象以表现与之相似或相近的概念、思想和感情。如朱自清的《春》，"春"是一个抽象的概念，作者要表现春的"新""美""力"的特点，就必须把"春"的概念转化为具体形象，才能为读者所感，才能使读者理解作者心中的春天。教学中首先要引导学生欣赏作者描绘的生动图画，如"春草图""春花图""春风图""春雨图"等，再让学生思考：作者为什么要描写一幅幅"春"的图画呢？如果不描写这些图画可以吗？以此引导学生感悟"春之精神写不出，以草树写之"的道理。

2. 象征想象。这是由形象到意蕴的想象，是一种托物寓意，揣摩事物象征意义的思路，它以具体事物为媒介，间接陈述某种抽象的概念，表现某种复杂的感情。换句话说，它根据事物外在或内在的某种具体特征，想象出某种与之相应的精神、品格或含义。如茅盾的《白杨礼赞》，作者生动地描写白杨树参天耸立，不折不挠，对抗西北风的形象，并以此象征北方的农民，象征中华民族质朴、坚强、力求上进的精神和意志。教学中需要引导学生品读白杨树外形和气质的特点，再通过相似的联想和想象，理解其外形和内质的特点与抽象的象征意义之间相似的对应关系。

3. 比类想象。这是由此物到彼物的想象，是将多种事物的相同、相似或相异之处加以联系，从中获得某种启示，说明某种抽象、深邃的事理。如严文井的《永久的生命》，作者先感慨有限的岁月只能一度为你所有，人生的时光流逝永不再回来，智者对此也无能为力！接着欲扬先抑，由此及彼展开相异的联想，衬衣脏了、破了可以洗涤，可以补好，对比之下，生命显得非常可怜。紧接着文脉转折，展开比类想象，先想象小草生命卑微、柔弱，然而"每个严寒的冬天过去后，它们依然一根根地从土壤里钻出来，欢乐地迎着春天的风，好像那刚刚过去的寒冷从未存在。一万年前是这样，一万年以后也是这样！"作者用"每一个""一根根""欢乐""一万年前""一万年后"这些语词，生动地说明了生命的不朽。接着还想象到小牛犊——"在春天，我们以同样感动的眼光看着山坡上那些小牛犊，它们跳跳蹦蹦，炫耀它们遍身金黄的茸毛。永远的小牛犊，永远的金黄色茸毛！"两个"永远"突出了小牛犊生命的不朽。将多种事物的相同点联系起来，说明生命不朽是具有普遍性的，形象地展示了生命的神奇，那就是"凋谢和不朽混为一体，这就是奇迹"。教学中需要引导学生品析关键语句和词语，感受生命的不朽。再揣摩作者描写多种事物生命的内在联系，从而理解比类想象的特点和作用。

4. 推测想象。这是由已知到拟测的想象，是对已知事物加以推测、延伸、虚构的思路。它根据事物的发端和过程，推测它的未来；根据熟悉的事物，推测生疏的或不存在的事物。如毕淑敏的《精神的三间小屋》，作者说，我们要有第三间小屋，存放我们自身。可在我们的小屋里，住着所有我们认识的人，唯独没有我们自己。我们头脑里都是别人的思想、外来的信息。我们说出的话，都是"别的喉咙嘟囔过的"，我们发表的意见，"都是别的手指圈画过的"，而找不到自己曾经生存的证据。作者假设"如果是那样"，接着展开推测想象："我们的精神小屋，不必等待地震和潮汐，在微风中就悄无声息地坍塌。它纸糊的墙壁化为灰烬，白雪的顶棚变作泥泞，露水的地面成了沼泽，窗棂破裂，露出惨淡而真实的世界。你的精神，孤独地在风雨中飘零。"教学中要着重引导学生理解推测想象前后的因果联系，在想象中品读比喻句，感悟人需要独立自主的见解、思想和精神的道理。这样学生就大致可以理解这种写作思路和作用了。

三、在品析重点语句中把握聚合思维

我们经常说，散文抒发作者的思想感情，需要做到形散而神不散，这个"神"就是一篇散文的主旨。作者选择材料、运用语言的思维，都要聚合到这个主旨上，而这个主旨又往往蕴藏于文眼之中。在写景散文中，作者的思维要聚合到事物的特征上，品析作者表现事物特征的重点语句、关键词语，就是还原作者言语思维内容，发展言语思维的过程。

如老舍《济南的冬天》，文眼是"在北中国的冬天，而能有温晴的天气，济南真得算个宝地"一句，作者的思维聚合在关键词"温晴"之中，教学的核心任务就是品析济南冬天"温晴"的特点。如文章开篇即写北平、伦敦、热带的天气，对比衬托济南的冬天的温晴。接着具体描写济南的山，它们如"一个小摇篮"呵护着济南，因而济南人"冬天是面上含笑的"，全然没有北国寒冬的瑟缩不安；而小雪后的山，山尖给蓝天镶上一道银边，山坡像穿上了带水纹的、好像飘动着的花衣，轻盈飘逸，全然没有冬装的臃肿；山腰在微黄的阳光下像害羞的脸庞，一切显得那么恬静，那么舒适，那么秀气；然后描写济南的水，绿萍上冒着点热气，水藻拿出终年贮蓄的绿，让人感觉虽冬犹春，由下到上如一块包裹着红屋顶、黄草山、小灰色树影的空灵的蓝水晶，晴朗透明，一尘不染。这样学生就可以理解，文章描写景物都是围绕"温晴"的特征展开的，又正是通过对济南冬天"温晴"的描写，表达了对济南、对自然、对生命的热爱。

叙事散文、抒情散文蕴藏主旨的文眼，常常是蕴含作者感觉、感受或感悟的重点语句和关键词语，作者的思维就聚合在其中。如周敦颐的《爱莲说》，作者说"予独爱莲"，这就是全文的文眼，它与下文"莲之爱，同予者何人"遥相呼应，揭示独立于污浊人世，洁身自好的思想感情。教学的重点就是品读"独爱莲"三个字，即"独"相对于哪些而言？作者心中的莲是怎样的形象？借"独爱莲"表达了怎样的感情？教学中引导学生理解：作者开篇即以"独爱莲"展开多重联想，让"独"有了比较。首先联想到"水陆草木之花，可爱者甚蕃"，以"蕃"衬"独"，表达自己独钟于莲，不失本心；接着联

想到陶渊明"独爱菊"，以"独"衬"独"，表明既不与世俗同流合污，又不愿像陶渊明隐居避世，而要独立于世，积极入世；再联想到世人甚爱牡丹，突出自己独异于众，不随俗流。然后由具象到抽象，先描写莲的形象，蕴含爱之独到，既不像王昌龄的《采莲曲》里爱莲的生命活力，也不像李商隐的《赠荷花》里爱莲叶莲花相依相存、不离不弃的情感，也不像郑谷的《莲叶》里爱莲优美的姿态，多情的性格，作者所爱的是莲"出淤泥而不染，濯清涟而不妖，中通外直，不蔓不枝，亭亭净植，可远观而不可亵玩"的独特风骨。再通过评论照应前文，抽象概括出"莲，花之君子"的品格，独出机杼，托物言志，表达主旨。

四、在分析文章整体布局中渗透发散思维

散文写作中聚合思维与发散思维是相互依存、相互统一的。如鲁迅的《从百草园到三味书屋》，作者择取百草园趣味无限的美景，惊险神奇的故事，雪地捕鸟的乐事，这是整体层面的发散思维。在描写百草园景物的过程中，先写面，再写点，这是具体层面的再一层发散思维。在面的描写上，又从不同的色彩角度写"碧绿的菜畦""紫红的桑葚""肥胖的黄蜂"；从不同的空间角度写地上的菜畦、高一点的石井栏、高处的皂荚树、空中的叫天子；从静态角度写植物，从动态的角度写动物，多重角度的描写，突出了景物的丰富多彩、千姿百态。在点的描写上，作者从多种感官角度描写泥墙根一带的景物，除了视觉，还从听觉写油蛉、斑蝥动听的声音，从触觉写覆盆子的刺，从味觉写覆盆子又酸又甜。这些具体层面的多角度描写，可以看作第三层发散思维。在描写何首乌臃肿的根时，还联想到"有人说，何首乌根是有像人形的，吃了便可以成仙"，由实而虚，增加了百草园的神秘感，这又大致可以看作第四层发散。可见文章由整体到局部，由局部到具体，包含不同层次、多种角度的言语思维图式。围绕文眼品析这些与言语思维图式相对应的言语形式，就可还原不同层面言语思维的内容，渗透多角度言语思维的方法，让学生从中习得和学得多种言语思维方法。

散文教学中引导学生习得言语思维方法的策略是丰富多样的，如引导学生品析文章意脉，根据语境关联推理解决问题，多角度思考问题、品析语言，运用联想和想象填补艺术空白，对言语思维图式进行模仿性写作等。这里仅从文章本身思维方法教学的转化角度，重点阐述以上几个方面的基本策略。

习得言语思维的基本路径

　　《神经语言学》中认为，一个语句的生成，需要经历"言语表述动机—语义初迹—内部语言—外部语言"这些阶段。"语义初迹"就是表达动机、表达之"意"下的某种意思网络，它是包含潜在语义及其关系的、非线性的多维语义图景。"内部语言"是在语义初迹基础上语词化的语义流。这是一种为自己的、自明的语言，具有独特的谓语化、简略化的语法和语义结构。[①]维果茨基研究内部言语的语义特征，发现它的一个词的意思比意义动态性更强更宽广，往往能表达全部的思想和感受，这是别人无法理解的"成语"。[②]外部言语是为他人的，明人、服人、感人的言语。谓语化、简略化的内部言语转化为外部言语的过程，是一个对内部言语的语义进行语境化扩展，生成可供阅读的外部言语，以实现交际意图的过程。

　　因为外部言语由内部言语的语义扩展生成，所以内部言语的语义就必然保留在外部言语之中，成为外部言语的基本语义，或者说句旨、段旨、篇旨。因而言语主体总是围绕语句、段落、篇章的基本语义，选择与主题信息、性质、意思、情调等相同、相近、相似的文章因素，如文章材料、结构单元、语句、词汇等，进行谋篇、结构、造句，就像绘画渲染一样重复强化，以增强言语表达的感染力、说服力、说明力。如朱自清《背影》的基本语义应该就是怀念父亲的背影、怀念父亲的爱。作者以"背影"为线索展开全文的过程中，选择性质相同、相近的材料，如"嘱查房""行小费""讲价钱""找座位""买橘子""铺大衣"，以及"忘却了我的不好，只是惦记着我，惦记着我的儿子"等，重复渲染、强化深沉的父爱。文中还写到祖母去世，祸不单行，光景惨淡的家庭背景；还有多年以后，家中光景是一日不如一日，父亲也老境颓唐，触目伤怀，情郁于中，以及"我"的晶莹泪水等，这些材料都渲染

---

① 王得春. 神经语言学 [M]. 上海：上海外语教育出版社，2000：73—80.
② 余震球. 维果茨基教育论著选 [M]. 北京：人民教育出版社，2013：347—349.

了相似的感伤情调，不仅衬托了父爱，而且给作者深切的怀念之情笼上了悲哀的色彩。正是重复渲染、强化，增强了文章的感染力。

根据马正平的《高等写作学引论》和《高等写作学思维训练教程》，基本语义行文展开有着多种多样的、不同层级的、复杂的言语思维路径，如语句展开的修辞言语思维路径大致有：①逻辑化言语思维路径，如因果联系；②具体化言语思维路径，如分解过程；③准确化言语思维路径，如修饰、限制；④节奏化言语思维路径，如句式选择；⑤生动化言语思维路径，如比喻、拟人；⑥强化性言语思维路径，如铺排、复沓等；⑦鲜明化言语思维路径，如对比、衬托；⑧得体化言语思维路径，如婉曲；等等。

再如语段和篇章基本语义展开的思维路径大致有：①逻辑化展开路径，包括原因分析、背景分析、功能分析、措施分析；②相似展开路径，包括铺排式展开、形象化展开、实证性展开；③构成展开路径，包括空间构成分析、类型构成分析、因果构成分析；④过程展开，包括行为过程性分析、程序过程性分析、历时过程性分析；等等。

不同体裁的文章基本语义展开的思维路径，既有如上所述的各种基本思维路径，又有各具特点的思维路径。如记叙文行文思维的主要内容可以是材料性质，可以是思想、感情、性格，又可以是氛围、韵律等方面，进行静态或动态的重复与渲染，其主要思维路径如：①对人物自我行为，即用几件事表现人物精神、性格、思想；②对人物行动、外貌、语言、心理等构成要素或过程环节、细节的选择与展开；③对环境构成要素的选择与展开；等等。

说明文行文思维的主要内容是对事物的性质特征、结构特征、功能特征进行重复与渲染，其主要思维路径如：①通过时间顺序展开；②通过空间顺序展开；③通过逻辑顺序展开；④通过各种说明方法展开；等等。

议论文行文思维的主要内容是对理性思想观点及其证明材料的重复与渲染，其主要思维路径如：①选择内涵相同的事实论据展开；②选择内涵相同的理论论据展开；③通过因果思维分析、功能分析、措施分析展开；等等。

抒情文行文思维的主要内容是对某种独特的感情、艺术感觉、艺术意境进行重复与渲染，其主要思维路径如：①选择具有相似性质的事物或景物（意象）展开；②抓住某种独特的感觉、气息、韵律展开；③抓住某种具有张力性的情绪展开；等等。

上述思维路径在展开基本语义的过程中，分析总是与综合联系在一起，目的都指向基本语义的强化和表达意图的实现。我们在文本分析中会发现，基本语义一般是概括性的，可以是概括性的词语或语句，如语句中的主干词语，段落或篇章的总领句、总结句等，当然也可保留在作者心中而含蓄在具体化的言语之中。所以阅读教学中要引导学生学会整体会意，把握文本语句、段落、篇章的基本语义，如抓语句主干词语，抓段落的中心句，抓全文的文眼，或者从具体化、形象化的叙述和描写中提炼基本语义。在此基础上揣摩、体会基本语义展开的言语思维路径，还原言语思维的过程，习得言语思维的路径。

这里仅以构成展开的言语思维路径为例，简要举例说明。所谓构成展开，就是"基本语义是一个整体对象，作者需要让读者了解这个整体事物的情况，因此行文措辞时就需要对其内部的构造、元素、类型、性质进行分解，并用语言文字传达出来"①。它和别的各种思维路径一样，首先只是形成一个基本的语义框架，在对整体对象成分分析、选择、组织的同时，还要寻找到契合心意、适合语境的语言，才能将基本语义扩展、传达出来，主要包括空间性构成分析、类型性构成分析、因果性构成分析三种。

1. 空间性构成分析。就是通过对空间构成的成分分析、选择和组织，扩展基本语义，渲染、强化基本语义或者主旨。如马致远《天净沙·秋思》要表达的基本语义是游子悲凉的心情，诗人选择"枯藤""老树""昏鸦""古道""西风""瘦马""夕阳""天涯"等意象，构成一幅薄暮的空间图景。教学中可以先引导学生想象这些意象构成的画面，感受萧索荒凉的情景和氛围，体会游子凄凉的心情；而"小桥流水人家"，则是游子在凄苦的境遇下，迸发出来的温馨的幻想，这是从反面渲染、衬托主题。再探究、发现每一种意象在氛围、情调、色彩方面的相似性，进而感受通过空间意象的选择、叠加，将主旨表达得感人心扉的渲染艺术。再如彭荆风在《驿路梨花》中对小茅屋的描写，要表达的基本语义是主人热情周到、助人为乐。先让学生想象"火塘""竹床""稻草""竹筒""水"，借助墙上提示的文字"干柴""米""盐巴""辣子"，构成小茅屋的整体空间环境；再品析环境描写中"大""厚厚""清亮"等修饰语，以及反复运用四个"有"字的表达作用，学生发现小茅屋里应有尽有，十分舒适，可见小茅屋的主人非常热情周

① 马正平. 高等写作学引论 [M]. 北京：中国人民大学出版社，2011：349.

到。最后因道悟文：这些事物少写几种行不行呢？学生顿悟，这里的每一种事物，都体现着一份热情；通过多层渲染，突出了小茅屋主人的热情周到，更形象地表现了助人为乐的精神。

再如鲁迅描写孔乙己的外貌，"他脸上黑而且瘦，已经不成样子；穿一件破夹袄，盘着两腿，下面垫一个蒲包，用草绳在肩上挂住"，这句话的基本语义，就是孔乙己穷困潦倒、十分不幸。先让学生说说作者选择了哪些要素构成孔乙己外貌速写图，学生会发现有脸色、面容、穿着、姿态等。再分别品析这些要素相对应的言语形式："黑""瘦"，可见其营养不良，面容邋遢，饱经风霜；"破"，突出其穷困潦倒，处境凄凉；"盘着"，表现其经受摧残，遭遇不幸。最后思考：作者为何要做多种角度的描写呢？学生感悟到了多种角度描写，也就是多层渲染，可以更生动而强烈地表现出孔乙己的不幸，折射出世态的凉薄。

2. 类型性构成分析。就是将要说明或描写的对象，通过分析加以分类，展开行文措辞。说明文中的分类法，就是这种思维路径的典型体现。如贾祖章的《花儿为什么这样红》，说明花儿红的首要原因时，其基本语义是：花儿这样红"有它的物质基础"。作者先将这个物质基础分为有色素、无色素两类；再将有色素的分为花青素、胡萝卜素两类；又将花青素分为酸性、碱性、中性三类。不同的物质基础，使其呈现出不同的色彩。引导学生用思维导图表示出这部分文字的内部层次，体会分类的表达作用，使学生明白这样能条理清晰地、全面地说明事理。

这种思维路径还可运用到小说人物塑造之中。如彭荆风的《驿路梨花》，作者塑造了"我"和老余、瑶族老人、哈尼小姑娘、梨花、解放军叔叔一组人物形象，在围绕"小茅屋的主人是谁"展开叙述的过程中，或从正面，或从侧面，依次展现了这些人物共同的精神风貌。先要求学生对这些人物进行分类，学生发现既可以将这些人物分为老年人、中年人、青年人，又可以分为过路人、猎户、山民、军人，还可分为男人和女人。再说说这些人物的异同，如不同点有，他们的年龄不同、性别不同、身份也不同；相同点是，他们都是小茅屋的主人，都有助人为乐的精神。最后揣摩：小说的人物形象是作者虚构的，如果将文中的瑶族老人和哈尼小姑娘分别换成瑶族青年和瑶族少年好不好？学生在讨论中就会恍然大悟，原来小说借助对不同人物形象的塑造，说明了每一代人都具有助人为乐的精神，从而形象地表达了雷锋精神发扬光大、代代相传这一主旨。与分类别说明不同的只是这里的类型构成分析隐含在文本的深层结构之中。

3. 因果性构成分析。当行文的基本语义是表达事物、事情、现象的原因、背景、功能、特征等性质时，要通过多方面的原因构成分析来展开行文。如梁启超的《敬业与乐业》论述"要乐业"这部分，作者展开"凡职业都是有趣味的"这一基本语义时，从四个方面对职业的功能进行分析，展开行文。作者论述"凡职业都是有趣味的"，讲了哪几方面的原因？学生很快梳理出来：一是职业有多层曲折变化，可以从中感到亲切有味；二是为职业奋斗而进步，可以从刻苦中获得快乐；三是与同业的人一起前进，可以因竞争胜利获得快乐；四是专心做一职业，可以省却烦恼而快乐。教师明确，这四个方面的原因，都是讲职业对人生的积极功用。然后启发学生揣摩：这些方面少讲一两个可以吗？不行，因为如此展开议论，说明职业的好处很多，可以层层强化作者的观点，增强气势，更加令人信服。再如茅以升在《中国石拱桥》一文中，从我国劳动人民的勤劳和智慧、设计施工的优良传统、我国富有建筑用的各种石料等方面，说明我国石拱桥取得光辉成就的原因，也是引导学生习得因果分析思维路径的好文本。

这种因果构成分析，也是引导学生分析文本的极其重要的思维路径。如李森祥在《台阶》中描写父亲草鞋的细节："一个冬天下来，破草鞋堆得超过了台阶。"笔者引导学生结合语境，进行因果构成分析，学生想到了很多方面的原因，如父亲走路时间很长；路走得很远；走的是崎岖的山路；砍柴可能要踩踏着留下的柴根；挑着的柴担很沉重；傍晚赶回来步履匆匆等。这些因素都能导致草鞋更易磨破，由此可见父亲生活的艰辛。显然，习得因果构成思维路径，既是学习一种言语表达的言语思维路径，又是培养学生发散性、敏捷性、全面性的言语思维品质。

言语的方法、过程、规律、原理，蕴含着思维的方法、过程、规律、原理，所以文本便成了语用和思维的二重结构。在谓语化、简略化的内部言语向外部言语功能性扩展的过程中，作者总是围绕着内部言语的基本语义或者主旨，重复渲染、强化，这是言语生成的最基本的、最核心的规律。路径言语思维是文本重复渲染得以展开的必要条件。教学中要努力从还原文本言语思维的过程中，习得各种言语思维的路径，这样才能有效形成重复渲染的阅读神经网络。

从"为读者"的角度理解文本

文本生成是一个复杂的言语思维过程，先要把内心之意转化为内部言语，再把内部言语转化为文字的形式。只有经过这一内部言语外化扩展的过程，内心之意才能为读者所接受。因为内部言语是高度谓词化、缩略的，很大程度上是用语义思维的，而它的一个词的意思比意义的动态性更强、更宽广，"我们总能用一个名称来表达全部的思想和感受，甚至完整的深刻的推论"，这种"内部言语中的词义总是不能用外部言语的语言翻译的成语"①。制约扩展过程的主要因素是语境，包括时间、地点、作者、读者、言语目的、言语方式等，其中最核心的因素是读者。因为语言之所以产生和存在，主要就是为了交际，而且需要做到明人、服人、感人，才能更好地实现交际目的。这是言语思维的动力，也是言语思维的基本规律和基本原理。夏丏尊曾说过："离了读者，就可不必有文章的。"②叶圣陶先生也说："写东西总是准备给人家读的，所以非为读者着想不可。"③可见读者对于文本生成的重要意义。从"为读者"的角度理解文本，就是理解作者为了使读者明白、信服、感动、接受，实现写作目的，在写作上所做出的辛苦努力、表现出的言语智慧。这有助于连通作者、文本、读者（作者心中的）之间的语意联系，让学生在真实的交际语境中深入作者动态的言语心理，更深透地理解文本言语内容、言语形式和言语意图，知其然，且知其"为读者"的所以然，习得"为读者"的言语思维规律和原理，养成自觉的读者意识，提升真实情境中的读写能力。

我们大致可以把读者对象分为三种类型：一是明确的个体读者，二是明确的群体读者，三是拟想的读者对象。当然，作者也是自己作品的读者。本文主要就上述三种读者类型，分别结合教学课例，简要分析。

---

① 余震球. 维果茨基教育论著选 [M]. 北京：人民教育出版社，2013：349.
② 夏丏尊. 文章作法 [M]. 长沙：湖南教育出版社，2008：1.
③ 叶圣陶. 叶圣陶语文教学论集 [M]. 北京：教育科学出版社，1980：479.

一、明确的个体读者

教材中的很多课文，作者在写作时都有明确的个体读者对象，如宋濂的《送东阳马生序》、刘禹锡的《酬乐天扬州初逢席上见赠》、孟浩然的《望洞庭湖赠张丞相》等。教学这类课文时，要引导学生了解个体读者，包括他的身份、地位、处境、性格、修养等，体会作者是如何因之而表达的。品读诸葛亮《出师表》的语言，需要事先让学生查阅资料，了解刘禅这一个体读者的相关信息。他是诸葛亮的君主，但又是义侄，还可以说是义子，而其人亲信宦官，远贤避能，胸无大志，苟且偷安，是个"扶不起的阿斗"。在此基础上引导学生品读课文语言，说说诸葛亮写《出师表》是如何努力让昏庸的刘禅读得懂、信得过、受感动，从而采纳他的建议的。学生品读相关句子，如"诚宜开张圣听……不宜妄自菲薄……"，"宜付有司论其行赏……不宜偏私……"，作者用"宜"和"不宜"，说得如此直白，就是想让刘禅明白地知道应该怎么做，不应该怎么做。再如推荐向宠，说其德才兼备，经受实践检验，受先帝赏识，得到众人推荐等，层层强调，增强说服力，就是让刘禅采纳自己的建议。再如"受任于败军之际，奉命于危难之间"，用骈句、互文，渲染与先帝一起创业的艰难困苦；"尔来二十有一年矣"，则用数字表明与先帝患难与共之久。其中蕴含了报答先帝、效忠蜀汉的无限深情，从而让刘禅感动。又如"当奖率三军，北定中原，庶竭驽钝，攘除奸凶，兴复汉室，还于旧都"，六个动词短语，排比而下，如江河奔涌，气势磅礴，不可阻遏。这既是表达自己的决心、信心和忠心，又是为了激励刘禅完成先帝未竟事业的雄心壮志。在此类品读中，学生领会到了诸葛亮"为读者"而遣词造句的良苦用意。

另外，教材中很多课文有为说服对方而进行的对话，如《孙权劝学》《唐雎不辱使命》《愚公移山》等，体会人物根据接受对象用话语技巧进行说服的言语智慧，这与从"为读者"的角度理解文本是完全相通的。多次教学《邹忌讽齐王纳谏》的实践证明，在探究邹忌讽谏成功的原因时，从邹忌的角度去分析，学生都能理解。邹忌运用类比，以家事比国事，以小事比大事，以妻、妾、客出于各自原因蒙蔽自己，类推齐王被宫妇左右、朝廷之臣、四境之内蒙蔽之甚，从而让齐王猛然醒悟。但到这里其实还不够，还需要进一步问学生：邹忌说"王之蔽甚矣"，难道他就不怕齐王因感到自己昏庸而尴尬，甚至认为邹忌冒犯了自己而大怒吗？由此引导学生深入类比的核心。"我"被蒙蔽，是因为妻之"私"、妾之"畏"、客之"有求"，责任在私"我"者、畏"我"者、有求于"我"者。这样"我"不仅没丢面子，反而表明作为家庭的主人、男人，"我"有魅力、有威严、有地位；而妻、妾、客的行为也属人之常情，情有可原。同理，齐王被蒙蔽，是因为宫妇左右之"私"，朝廷之臣之"畏"，四境之内之"有求"。不仅责任不在齐王，而且用"莫不"双重否定，充分肯定了齐王深受宫妇左右爱戴，在朝臣之中威严十足，又是四境之内的领袖。这就消除了齐王的疑心和尴尬，而让其乐于接受。这样学生才能真正深入理解讽谏的内涵，深刻领略邹忌的言语智慧，深切感悟到面对特定交际对象时言语技巧的重要性。

二、明确的群体读者

教材中的很多课文，作者在写作时已经明确了特定的读者群体，如毛泽东的《人民解放军百万大军横渡长江》、梁启超的《敬业与乐业》、丁肇中的《要有格物致知精神》等。了解这个群体读者对象的基本情况，可以帮助学生领悟作者"为读者"所做出的努力。竺可桢的《大自然的语言》，原题是"一门丰产的科学——物候学"，是一篇面向中国大众的科普作品。选入中学语文教材时，编者做了修改。教学时问学生：哪个题目更好呢？学生大都认为课文题目好，主要理由是"大自然的语言"运用了拟人和比喻的手法，生动形象地告诉我们什么是物候；巧妙地引出了说明对象，让人更有兴趣去了解什么是物候学。肯定了学生的理解之后，再问学生：作者学贯中西，是他没有水平拟出课文这样的好题目吗？接着简要介绍时代背景：本文1963年发表于《科学大众》，那时多数民众文化水平普遍不高。请问，竺可桢用哪个题目好呢？学生猛然醒悟：原题比较好，因为民以食为天，当时人们肯定非常关心农业丰产，"一门丰产的科学"更能吸引大众注意，从而有助于达到科普目的。紧接着又问：那课文是不是应改用原题呢？学生说：不需要，因为编者是为我们初中生拟的，我们现在都能理解这个题目，而且感到生动有趣。这说明学生已经懂得：虽然作者和编者用不同的修辞手段拟出不同的题目，但都是为了适合特定的读者阅读。

文章拟题如此，技巧运用亦然。陶行知的《创造宣言》是一篇演讲稿，演说对象是上海育才中学的师生。作者采用议论为主的表达方式，其中第五、六、八、九、十段第一句，分别列举"有人说"的五种错误观点，并分别予以反驳，最后得出结论："处处是创造之地，天天是创造之时，人人是创造之人。"教学时将这五句提取出来，并列呈现在屏幕上，让学生说出自己的发现。学生发现，"有人说""不能创造"反复出现，说明认为不能创造的人很多，认为"环境太平凡了，不能创造"等错误认识也很多。然后让学生练习：把第五至第十一段改写为三段，依次以上述结论中的三个分句作为首括句和分论点，并选择合适的例证，从而发现材料与观点之间的联系，训练选择合适事例证明论点的言语思维能力。最后问学生：作者为什么不像我们这样先立再证，而是先驳后立呢？学生悟出，原文有鲜明的针对性，更能引起读者的注意和思考，更有助于读者消除错误的认识，从而更愿意接受作者的观点。这就让学生从"为读者"的角度，感受到了言语思维的原理：议论文要有的放矢，具有针对性，能够解决现实问题。

作者"为读者"的考量从文章语体上也可窥见一斑。教学毛泽东的《纪念白求恩》，联系作者的《为人民服务》，要学生比较两篇课文语言风格的不同。学生发现《纪念白求恩》用词典雅庄重，如"以身殉职""不远万里""精益求精"等；而《为人民服务》则显得很通俗，如用语"为人民利益而死""互相关心""互相爱护"等。同一个作者，同样是悼念文章，为什么语言风格迥异呢？先让学生阅读下列材料：

材料一：共产党人如果真想做宣传，就要看对象，就要想一想自己的文章、演说、谈话、写字是给什么人看、给什么人听的，否则就等于下决心不要人看、不要人听。（毛泽东《反对党八股》）

材料二：《纪念白求恩》是毛泽东在1939年写的悼念文章，主要读者是延安中高层干部知识分子。《为人民服务》是1944年毛泽东在张思德追悼会上的演讲稿，听众为中共中央直属机关战士和周围群众。（荣维东《交际语境写作》）

然后要求学生简要概括探究结果。学生发现两文接受对象不同，语言风格也不同。写给普通群众的，通俗易懂；写给干部知识分子的，典雅一些。通过这样比较求异及探究其原因，学生感悟到了"对什么人讲什么话"的道理。

三、拟想的读者对象

德国接受美学代表人物伊瑟尔提出"隐含读者"一说，认为作家为了能够把文本加以具体化，总会设定预想读者。但这种拟想的读者对象藏在作者心里，对我们来说犹如一个未知数。教学中不妨运用"猜想法"，让学生猜想作者的拟想对象。如苏轼《记承天寺夜游》一文，请学生结合文章说说，作者这篇文章到底想写给谁看呢？有学生认为是写给张怀民的，因为张怀民同被贬官，怀才不遇，"但少闲人如吾两人者耳"是为了安慰张怀民；有的说是写给当朝皇帝看的，作者写自己是"闲人"，无所作为，只能看月赏景，委婉表达了怀才不遇而希望得到重用的愿望；有的说是写给那些陷害他的官员看的，因为那些人希望看到他痛不欲生，而作者写夜晚赏景，表现得轻松悠闲、自得其乐，从而表达对政敌的嘲讽和蔑视之意；有的说是写给自己的，作者想到自己虽然官场失意，却有幸流连于光景中，从中寻得自我安慰；还有的说是写给亲人看的、给朋友看的、给后人看的等。虽然学生猜想的读者多不一样，但都能找到文章话语内容、形式与所猜想读者之间的意义关联，从而对作者的话语意图获得更加具体、深入的理解。

有些文章还可以运用"代入法"，即引导学生直接把自己想象为作者心里的拟想读者。教学朱自清的《春》，笔者告诉学生：作者写文章时，心里一定都会有读者，设想这个读者就是你，作者一定会根据你的兴趣爱好、知识水平、学习需要等情况来写作。试根据文章内容，结合你的情况，说明上述设想是正确的。在这样的引导下，学生感受到了文章的童心、童趣。如阅读"春草图"，学生发现"小草偷偷地从土里钻出来"，作者用拟人的手法写小草像小孩般俏皮活泼，让我喜爱；"偷偷""嫩嫩""绿绿"等叠词，既让我觉得小草可爱，又让我读起来轻快流畅；很多语句，如"坐着，躺着"等，简短、通俗，便于我理解等。从中可见，学生以作者拟想的读者身份阅读，能更自觉地调动生活经验，更有效地理解作者的言语意图。

综合上述教学案例，笔者认为，要重视从"为读者"的角度设计阅读教学，引导学生揣摩文本"为什么这样写"，把阅读的落脚点，由文本本身拓展到文本与读者的意义关联上，让学生深入感受渗透在文本字里行间的读者意识，领悟作者为了使读者明白、信服、感动、接受，实现写作目的而做出的辛苦努力、表现出的言语智慧，从而逐渐养成自觉地从"为读者"的角度理解文本的意识和习惯，这对发展学生的语境言语思维，促进阅读神经网络的建构，形成言语思维图式，无疑都是大有裨益的。

语境关联的基本方法

　　阅读主要就是对文本内外语境的关联与推理。联系上下文阅读理解，这早已是耳熟能详的说法。可是学生在阅读中思考问题、解决疑难、品味言语等，大多是凭着感觉从上下文寻找答案。这往往是导致理解不全面、不确切、不深刻等诸多问题的重要原因，直接制约着学生阅读思维力的发展。为了破解阅读教学的这一困境，我们基于言语思维理念，在教学实践中进行了一些探索，总结了一些可供操作的基本方法。

　　我们都知道，写作必然需要将思想转化为外部言语。思想生成为可供阅读的外部言语，必须经过内部言语阶段。内部言语是一种为自己的、自明的言语，具有独特的谓语化、简略化的语法和语义结构。[1]维果茨基研究内部言语的语义特征，发现一个词的意思比意义动态性更强、更宽广，往往能表达全部的思想和感受，这是别人无法理解的"成语"。[2]外部言语是为他人的，明人、服人、感人的语言。内部言语转化为外部言语的写作过程，是一个对内部言语的基本语义进行语境化扩展，生成可供阅读的外部言语形式，以实现交际意图的过程。外部言语中保留着内部言语的基本语义，如段落或篇章的中心句，但文学作品更多的是将中心思想含蓄的隐藏在语篇之中。外部言语之所以要对内部言语进行扩展，就是为了重复渲染内部言语的基本语义。这个扩展过程，也就是言语思维的过程，它是一个沿着多种言语思维路径，建构作品内部语境的过程，其中最基本的言语思维路径，是对选材与修辞是否适切语境，是否能够实现交际意图的分析与综合。作品内部语境除了其中的对话、独白、旁白等之外，最主要的还是"作品内在的有机联系，即从属于上下文语境的作品结构"[3]。所以阅读需要循着文本的言语思维路径，关联文本的内容，还原作

① 王得春等.神经语言学 [M].上海：上海外语教育出版社，2000：73—80.
② 余震球.维果茨基教育论著选 [M].北京：人民教育出版社，2013：347—349.
③ 冯广艺.汉语语境学教程 [M].武汉：湖北人民出版社，2012：232.

者言语思维的过程和内容，如此才能进入文本的语境，理解作者的思想感情。这是因为，人脑中的思想是浑然的整体，文本的线性文字是对思想的切分。理解文本局部的语言，需要从其他语言成分或语言单位中吸收语义，这样才能全面、确切、深刻地理解作者的思想，也就是"词不离句，句不离段，段不离篇"的主要原理所在。语境关联就好比把思想这根线条收缩、折叠，揉成团，还原成整体的思想，以便更好地认识它。叶圣陶先生的"作者思有路，遵路识斯真。作者胸有境，入境始与亲"，说的也是这个道理。这是文本语境关联的基本策略，下面举例介绍一些基本方法。

1. 成分关联。写作行文过程中，语句的生成有各种各样的言语思维路径，如因果复句的逻辑言语思维路径，比喻、拟人句的相似言语思维路径，排比句的节奏化言语思维路径等。运用最多的言语思维路径，还是对主干成分的具体化扩展，或者说修饰、限制和补充，也就是平常说的"添枝加叶"。如同会意字一样，汉语具有显著的意合的特点。品析语词需要关联语句中的其他成分，"合而见义"才能获得丰富的语用意义。李贺《雁门太守行》中"黑云压城城欲摧"一句，描写"城欲摧"有何表达作用？单看这一个语词，那就是形容城池危如累卵；只有关联"黑云压城"，并结合意象的隐喻意义，学生才能理解描写的城池险象，衬托了黑云的凶恶，突出了敌人的嚣张气焰。如果关联下一句"甲光向日金鳞开"，学生又能进一步理解其反衬我军战士同仇敌忾、英勇不屈的精神。这种关联看起来方法简单，然而实在是阅读理解中需要经常强化的意识和习惯。

2. 过程关联。说明一种工作的程序，介绍一段历史的演变，记叙一件事情的经过，最主要的言语思维路径，是通过对过程的分析与综合而选材、修辞，渲染主旨，表现主题。理解叙事作品中词句含义，尤其是品读全文文眼，要关联过程，深入梳理，体会其中的思想感情。鲁迅的《阿长与〈山海经〉》以情感变化为线索，叙述了"我"与长妈妈相处的过程。文末写道："仁厚黑暗的地母呵，愿在你怀里永安她的魂灵！"运用呼告手法，表达了对长妈妈深切的怀念之情。鲁迅为何深切怀念长妈妈？理解这一问题，可以整合、深化学生的阅读感悟。多次教学实践发现，学生在梳理时往往遗漏下面一段重要的文字：

此后我就更其搜集绘图的书，于是有了石印的《尔雅音图》和《毛诗品物图考》，又有了《点石斋丛画》和《诗画舫》。《山海经》也另买了一部石印的，每卷都有图赞，绿色的画，字是红的，比那木刻的精致得多了。这一部直到前年还在，是缩印的郝懿行疏。木刻的却已经记不清是什么时候失掉了。

这段文字写阿长买来《山海经》后，对"我"的影响。几十年后，"我"还能如数家珍地列举出此后搜集的图书名目，表明印象非常深刻，实在难以忘怀。在看似平静的叙述中，却蕴含着深沉的感激与怀念之情。引导学生关联此段，仔细品读，便可从中感悟到长妈妈为"我"买《山海经》，绝不仅仅满足了"我"一时的好奇心，更为"我"打开了一个新奇的阅读世界，这是对"我"文学和艺术的一种启蒙。

3. 因果关联。因果分析与综合是议论文、说明文最常见的写作言语思维路径。梁启超在《最苦与最乐》一文中，论证"人生最苦的事，莫苦于身上背着一种未来的责任"的观点，竺可桢在《大自然的语言》中说明"要进一步加强物候观测，懂得大自然的语言，争取农业更大的丰收"这一事理，主要通过因果分析展开行文。学生理解了因果联系，也就基本读懂了课文。

在叙事性作品中也普遍存在因果联系，我们可以引导学生，循着这种逻辑思路，关联相应内容，理解情节，品读细节。欧阳修《卖油翁》的结尾中有一个描写"笑"的细节："康肃笑而遣之。"教师问学生：陈康肃因为什么而"笑"？然后启发学生关联上文叙述的内容，寻找原因。学生交流如陈康肃由衷地赞叹卖油翁的高超本领，会心一笑；陈康肃从卖油翁酌油的过程中，不仅领悟到了熟能生巧的道理，也明白了做人的道理，懂得了人外有人的道理，所以笑了；陈康肃可能觉得倒油和射箭根本不能相提并论，卖油翁就是哗众取宠，胡搅蛮缠，所以是轻蔑不屑的嘲笑；陈康肃低估了卖油翁的实力，被他高超的技艺所震惊，于是自嘲一笑；陈康肃觉得卖油翁说的确实有道理，所以内心由暴怒到释怀；卖油翁驳了陈康肃的面子，但他不想和这个贩夫走卒一般见识，所以客套应付地一笑，想赶紧打发他走；陈康肃虽领悟了卖油翁所说的"熟能生巧"的道理，但碍于面子，不可能当众服软，所以勉强一笑来掩饰尴尬。如此品读细节的内涵，非常具体、生动、丰富。

背景分析也是因果分析展开行文的基本类型之一，所以背景关联实质也是因果关联。如杨振宁的《邓稼先》一文，在记叙了中国第一颗原子弹、氢弹爆炸之后，作者说："这些日子是中华民族五千年历史上的重要日子，是中华民族完全摆脱任人宰割危机的新生日子。"学生理解这句话的含义，必须关联第一部分，我国遭受帝国主义疯狂侵略和瓜分的历史背景，理解其中的因果联系，才能获得深刻的体会。

4. 呼应关联。起承转合是中国古代诗文的重要结构模式。这种行文的思路，很讲究前呼后应。阅读中关注文章的呼应，帮助学生理清思路，这固然重要，但更重要的，还在于理解其渲染思想感情的语义功能。鲁迅在《从百草园到三味书屋》开头叙述百草园的过去和现在，结尾写在三味书屋画画的成绩和其中绣像的下落。在教学结尾时，教师可以关联开头，提问学生：文章的开头和结尾写作内容显然不同，但有没有相同或者相似之处呢？学生发现，开头写百草园早已并屋子一起卖了，失去了；而结尾写在三味书屋画的画卖了，早已没有了。它们的共同点是都写了失去。然后进一步追问，"我"失去的仅仅是百草园和画吗？当然不是，百草园和画，是"我"童年生活的象征，失去了这些，也就是失去了快乐自由的童年生活。最后再问，开头与结尾这样暗中呼应，还有什么表达作用吗？由此引导学生理解，这种呼应也是一种反复，它渲染了作者的童年生活再也回不去的忧伤，这就更深切地表达了作者对童年生活的怀念。

朱自清在《背影》开篇写："我与父亲不相见已二年余了，我最不能忘记的是他的背影。"对开篇的作用，一般理解为点题；抒发怀念之情；领起下文。这些都对，但不全面。文章结尾一段写道："但最近两年的不见，他终于忘却我的不好，只是惦记着我，惦记着我的儿子。"此时关联第一段中"不相见"，引导学生理解其含义、分析其作用，学生不难发现，"不相见"是因为父子有矛盾，而且是因"我"不好。所以第一段中还隐含了"我"的内疚、后悔之情。结尾部分与开篇呼应，渲染、强化了这种情感。

5. 构成关联。构成分析也是展开行文的基本言语思维路径，也就是作者要表达的是一个整体对象，为了让读者了解这个整体事物的情况，行文措辞时就需要对其内部的构造、元素、类型、性质进行分解，并用语言文字传达出来。构成分析展开可分为三种，一是类型构成分析，如说明文中通过分类别展开行文；二是原因构成分析，如茅以升的《中国石拱桥》从多方面说明中国石拱桥取得成就的原因；三是空间构成分析，外貌描写、景物描绘、实体说明、意象组合等，大都要运用这种言语思维路径。

如魏学洢的《核舟记》，作者为了介绍核舟的雕刻工艺，展现王叔远的奇巧技艺，把核舟分为船舱、船头、船尾和船背四个组成部分，并分别介绍构成每个空间的具体事物。教学中以"课文如何展现王叔远技艺的奇巧"作为主问题，引导学生运用思维导图，梳理核舟的空间构成，以及构成每一个空间的具体事物；接着重点品析说明中的描写，体会雕刻细微、生动、逼真的具体特点；最后让学生统计核舟上雕刻的事物数量，感受核舟空间之小与构成事物之多的艺术张力，学生也就领悟了通过多重空间和众多事物的展现，重复渲染民间工艺"奇巧"的笔法及其妙处。

6. 相似关联。自然界中大至宇宙星系，小至原子运动，都存在着大量的相似之处。不同民族的发展历史也存在着惊人的相似，这决定了人类必须用相似言语思维认识世界。所谓"物以类聚，人以群分"，它体现了认识世界的一种主要的思维方法，即相似性归类。语文世界中的相似思维无处不在：象形、会意的造字方法，拟声造词的方法，修辞中的喻拟通感，诗歌的立象尽意，散文的托物寓意等，都要运用相似思维；乃至说明文中的分类别、议论文中的论据使用、小说中的典型人物塑造等，也都离不开相似思维。运用相似关联阅读理解，有着非常重要的作用。就拿"春天像花枝招展的小姑娘，笑着，走着"这个比喻来说，朱自清描绘了怎样的春天呢？可以让学生根据课文内容完成填空：春天＿＿＿＿＿＿＿＿＿＿＿＿ ，像花枝招展的小姑娘，笑着，走着。学生根据喻体，关联上文内容，进行填空，如"山水清秀，阳光明媚，树木花发，争妍斗艳，姹紫嫣红，蜂飞蝶绕"等。学生在相似的联想和想象中，再现了作者描绘的春景。这种由喻体到本体，与比喻生成反向的相似言语思维训练，不仅可以帮助学生真正读懂比喻，而且可以帮助他们发展理解诗歌意象，乃至其他文学形象所需要的具象言语思维能力。

再如杜牧的《泊秦淮》，借古讽今，也运用了相似言语思维路径。理解"商女不知亡国恨，隔江犹唱后庭花"蕴含的感情，可以通过适当介绍历史背景，然后要求学生根据诗意仿写句子：

陈朝君臣歌唱《玉树后庭花》，醉生梦死，寻欢作乐，最终亡国。

晚唐达官贵人＿＿＿＿＿＿＿＿＿＿＿＿＿＿＿＿＿＿。

如：晚唐达官贵人不恤国事，纵情声色，必将重蹈历史覆辙。

教学这类课文，抓住历史与现实、物与人、事与事等的相似之处，引导学生学会相似的关联与推理，可以更便捷、更透彻地理解课文的思想和艺术。

7. 变化关联。"物一无文"（《国语·郑语》），行文富于变化，思维具有张力，语言才有文采。所以经典文本的内容和形式都会有丰富多彩的变化，如虚实、详略、动静、明暗、隐显、时间、空间、文脉、意脉、矛盾冲突、表达方式等诸多方面。通过变化关联，可以还原作者言语思维的张力、审美思维的内容，从而理解相关内容，比如表达方式由叙述转变为议论或抒情时，通过关联议论或抒情的内容，可以理解叙述中所蕴含的思想观点或情感态度。

鲁迅在《社戏》中描写偷豆吃豆的情节，"双喜以为再多偷，倘给阿发的娘知道是要哭骂的"。双喜他们在阿发和陆一公公地里都是"各摘了一大捧"，陆一公公发现了，阿发娘一定也会知道，怎么没有哭骂呢？吃完豆，"双喜所虑的是用了八公公船上的盐和柴。这老头子很细心，一定要知道，会骂的"。怎么也没有骂呢？要引导学生理解这两处疑难，就要进行隐与显、明与暗的关联。小说写阿发娘、八公公属于"隐笔"，写陆一公公属于"显笔"，所以首先要关联描写陆一公公的情节。孩子们不仅偷了陆一公公家的豆，而且还踏坏不少，可他不仅没有骂，还认为"请客""这是应该的"，而且还送来一大碗豆，其淳朴、热情、厚道的品质可见一斑。接着引导学生推想，阿发娘与八公公一定也有这样的品质，所以自然是不可能骂的。这样学生既排除了阅读疑难，丰厚了阅读感受，还领略了含蓄凝练的写作笔法。

言语表达能否适切语境，能否传达心意，能否实现交际目的，需要不断地进行分析与综合。因果分析、过程分析、构成分析、相似分析等是行文展开的基本言语思维路径。阅读教学中，循着文本言语思维的基本路径，关联相应的语境内容，理解作者的思想感情，学会阅读理解的言语思维方法，习得文本的言语思维路径，这是建构阅读神经网络，形成言语思维图式最基本、最重要的策略。

多角度品析文本语言

文学经典意蕴丰富，意味无穷，往往源于作者在具象言语思维的过程中，对物象多角度、多层面的审美观照，通过高度提炼，将丰富复杂的审美感受熔铸于艺术形象之中。教学中引导学生通过多角度联想和想象品析语言，走进经典作品丰富复杂的意蕴世界。比如《世说新语》，是南北朝时期文言志人小说集。它能通过独特的言谈举止写出人物的独特性格，活灵活现、跃然纸上。明胡应麟说："读其语言，晋人面目气韵，恍然生动，而简约玄澹，真致不穷。"《世说新语·言语》所记的是在各种环境中人物的言语活动，它们大多篇幅短小，语言简约机巧，内涵丰富，意味深长。《咏雪》即选自其中，原文如下：

> 谢太傅寒雪日内集，与儿女讲论文义。俄而雪骤，公欣然曰："白雪纷纷何所似？"兄子胡儿曰："撒盐空中差可拟。"兄女曰："未若柳絮因风起。"公大笑乐。即公大兄无奕女，左将军王凝之妻也。

文章叙述咏雪，篇幅精短。第一句交代咏雪的背景，名门士族之家诗书氛围可感；接着写咏雪，描写三人言语，每人只一句，即令读者如见其人，如闻其声，而能感其心；写结果仅用"公大笑乐"四字，含蓄蕴藉，而人物形象跃然纸上。语言之简净，令人叹为观止。文本具有丰富的多维语境含义，教学中需要引导学生多角度品味语言，品析艺术形象，充分还原作者言语思维的内容，丰富语义和思想感情，学习言语思维的方法，领悟言语思维规律，积淀言语思维图式。

一、多角度品析比喻妙用

比喻句的喻体是作者为了传达印象和感受而择取的契合心意的、特殊的语词，这个语词可以是词语，也可以是短语或者句子。一个好的比喻，能切合语境，给予读者丰富的联想和想象，能让读者想象到作者头脑中的印象，感受到作者心中的感受，从而感受到比喻的丰富内涵。

比喻句生成的言语思维方法，是相似的联想和想象。文学创作中，联想的语用目的在于用联想体来表现本体的形象和特点。如老舍《济南的冬天》在开头运用了对比联想，"济南的冬天"是联想本体，关于北平、伦敦、热带天气情况的叙述，这些联想的内容即联想体。它的作用是与联想本体形成对比，衬托济南冬天的温情。比喻句的语用意图显然不在喻体，而在于借喻体语词传达作者对本体的印象和感受，这是言语思维中联想想象的基本规律。因而，理解比喻句不能让学生停留在喻体上。如朱自清的《春》中"春天像刚落地的娃娃，从头到脚都是新的"，学生的想象往往停留在"刚落地的娃娃"这一语词上，于是春天就像是白白的、胖胖的孩子。这就需要引导学生由"刚落地的娃娃"反向联想到春天的景象，如大地回春，不再是水瘦山寒、草木枯萎，而是"山朗润起来了，水涨起来了，太阳的脸红起来了"，草木萌发，一片新绿，莺歌燕舞，无限生机等，这才能感受春之"新"的特点。

作者择取的喻体语词，往往是多角度、多层次的具象言语思维的结果。因为一个事物或现象本身的属性、特点是多方面的，所谓"横看成岭侧成峰"，也就是这个道理。并且一个比喻在具体语境中还会构成多层语境关系，因而还要适切语境，才能达到精妙的语用效果。所以需要引导学生多角度品析文本，才能充分体会比喻的丰富内涵，欣赏到其中的妙处。

在教学《咏雪》的过程中，有意识地引导学生从多种不同的角度，品析"撒盐空中差可拟"与"未若柳絮因风起"这两句，比较两者之优劣，可以极大地丰富学生的阅读体会，有效提升多角度鉴赏比喻的言语思维能力。

首先为学生提供多角度言语思维支架：观察"盐"和"柳絮"这两种事物本身，可以从颜色、质地、形状、重量、味道等角度；在语境中还分别有"撒"与"因风起"的姿态，及其所占的空间、时间，以及这两句创造出来的环境氛围等。这样至少就有了七八个鉴赏角度，在教师的引导下，学生做出了如下比较赏析。

从颜色的角度：盐和柳絮都是白色，但过去晶体的盐常常会有些灰色或黄色杂在其中，柳絮的颜色更接近"白雪"。

　　从形状的角度：盐是不规则的颗粒，而柳絮是蓬松的圆形，更接近雪花的形状；柳絮又叫杨花，由杨花联想到雪花，也显得非常自然。

　　从质地的角度：盐是坚硬的，柳絮是柔软的，因而更接近雪柔软的特点。

　　从重量的角度：盐的颗粒比较重，而柳絮却很轻，更能表现出雪的轻盈、轻灵。

　　从气味的角度：盐是苦咸的，而柳絮给人的感觉则是清新的。

　　从所占的空间角度：在具体的语境中，"撒盐空中"，即使两手抓得再多，撒得再高，其所占空间范围也极其有限；而"柳絮因风起"，却可以令人想象到漫天飞雪的景象。

　　从所占的时间角度：撒盐于空中，盐随即落地，速度过快（当然，也有学生认为，盐从空中快速下落，更能形容"雪骤"，这还是值得肯定的）；柳絮轻盈，因风而起，会在天空中翻飞，让人想象到撼天风雪的情景，更切合"俄而雪骤"的命题情境。

　　从词语语境角度："撒盐空中"是人为动作，用以描述雪花缺少生趣；"柳絮因风起"，出于自然，"因"，乘着，隐含拟人意味，表现了雪花借风翻飞，展现美丽舞姿的心理，更具美感。

　　从营造的环境氛围角度：杨花是暮春景象，令人想到春天的温暖，从而消解了冬天的雪寒，切合一家人"讲论文义"、吟诗"咏雪"的和谐、温馨的氛围；而盐让人联想到的是苦咸，没有这种表达效果。

二、多角度品析人物形象

　　文中刻画谢朗和谢道韫的形象，分别只用了一句话。教学中引导学生展开想象，填补空白，可以丰富学生对人物形象的感受。为此，笔者引导学生从神情、姿态、动作、心理等多角度描写人物，感受人物的特点，并为学生提供言语思维支架。

　　兄子胡儿（　　）说："撒盐空中差可拟。"

　　兄女（　　）说："未若柳絮因风起。"

　　首先是描述人物形象。学生的描述大致如下：

　　兄子胡儿（脱口而出）说："撒盐空中差可拟。"

　　兄子胡儿（迫不及待地）说："撒盐空中差可拟。"

兄子胡儿（双手向空中一挥）说："撒盐空中差可拟。"

兄子胡儿（眼睛一亮地）说："撒盐空中差可拟。"

兄子胡儿（得意扬扬地）说："撒盐空中差可拟。"

…………

兄女（胸有成竹地）说："未若柳絮因风起。"

兄女（笑容灿烂地）说："未若柳絮因风起。"

兄女（遥望天空，挥舞手臂）说："未若柳絮因风起。"

兄女（眼看着胡儿）说："未若柳絮因风起。"

…………

接着引导学生说说这两个人物的特点，学生从中感受到了他们才思敏捷，率真自然，积极向上的性格。文章写谢太傅提出命题后，两个孩子随即回答，都只用一句话，没有任何其他的修饰，句式简短整齐，节奏轻松明快。这种言语形式揭示了两个孩子机灵活泼、才思敏捷的特点。学生的想象和感受，是合乎特定言语形式的语用意图的。作者未必然，读者未必不然。如此多角度描述人物形象、感受人物特点的过程，就是多角度展开想象、品析人物形象的过程，也是学生对作品再创造的过程。

三、多角度品析"大笑"的含义

对于兄子和兄女的回答，谢太傅未做评判。课文只用四个字描写了他的神态："公大笑乐。"公因何而大笑呢？

探究这个问题，就是品析"大笑"的含义。一个词语的含义，一定是由语境赋予的，换句话说，词语的含义是从语境中吸收的，这是言语思维的又一个重要规律。因此，理解词语的含义，需要引导学生学会多角度、多层次地从语境中寻找关联，进行推理。在《咏雪》中，语境的关联主要是通过人物对答的话语描写实现的，如谢太傅的"大笑"与兄女对答的因果关联，与兄子对答的因果关联，与两个后辈对答的相互关系的因果关联，与文章整体语境的因果关联等。教师引导学生从这些角度由果溯因，逐一对语境的关联进行推理，其实也是在给学生搭建多角度的言语思维支架。学生的品析大致如下。

从兄女对答的角度：是因为兄女比喻精妙，形象生动地描述了漫天风雪的景象，公为她机智敏捷的言语才华而大笑。（文章结尾补叙兄女显赫的身份，也暗示了这一点。）

从兄子的话语角度：兄子脱口而出，思维敏捷，公因而大笑。

从兄子与兄女关系的角度：兄子敢于争先，兄女不甘示弱，这既是对公的命题积极应答，也是积极向上、力争上游的表现。这不仅展现了他们敏捷的才思，也让人感受到了他们活泼直率、好学上进的性格，真是后继有人，大有希望啊！公因而大笑。

从文章整体语境的角度：两后辈咏雪，营造了浓郁的诗书氛围，令人感到名门士族意趣高雅，其乐融融，公因而大笑。

世界是丰富多彩的，事物是复杂多样的，人对世界万物的审美感受也必然是丰富复杂的。教学中引导学生通过多角度联想和想象品析语言，才能带领他们走进经典作品丰富复杂的意蕴世界，才能最大限度地还原作者的言语思维内容，极大地丰富学生的词汇和语义储备，并使他们从中习得和学得灵活的、富有创造性的言语思维方法和规律，建构多角度的阅读神经网络。

用诗意的方法品读文学语言

在语文实践活动中，通过整体感知、联想想象，感受文学语言和形象的独特魅力，获得个性化的审美体验，是文学阅读的重要目标内容。然而有不少教师习惯于用实用的方法教学，多理性的分析讲解，习惯以自己的理解或教参的解读来圈定学生的感受，而忽视拓展学生的联想想象，为学生开放性、个性化的体验，创造见仁见智的阅读空间。以致学生思路逼仄，理解狭隘，人云亦云，缺乏探究的热情、表达的欲望和展示的自信，课堂往往显得单调、沉闷、乏味，学生参与率不高，很多学生难以获得个性化的审美体验。但如何改变这种局面呢？我们尝试引导学生用诗意的方法品读文学语言，并取得了良好的效果。

文学是语言的艺术。文学的语言是诗意的语言，它不追求客观准确的表达，而重在主观审美的表现。它突破日常语言、科学语言的规范，逐步发展出象征、隐喻、双关、暗示、借代等语义空白，使语言在表达字面意义的同时，又暗示了其隐含的多重含义，具有歧义和模糊性特征，形成了多义表达的方式，产生了意义空白与未定性，以唤起读者丰富的联想想象，生成丰富的含义。所以"它呈现为一种艺术形式上的技巧或手法，是含蓄的笔法、象喻的手段，是隐蔽与敞开的矛盾运动。是无法之法的暗示，也是一种无表达的表达，因而是一种更生动、更丰富的表达"[①]。这就使文学语言充满了诗意。

文学语言的意义生成于文本与读者间的相互作用，是读者与文本的视野融合。文学文本是向所有人开放的，而每个读者的阅读都是在用自己独特的经验、生命去感悟，正所谓"作者以一致之思，读者各以其情而自得"（王夫之）。面对同一部经典作品，不同时代的人会有不同的理解，同一时代的不同读者会有不同的理解，同一读者在不同时间也会有不同的理解，因而阐释必然具有多样性，这就必然会生成丰富多样的"诗意"。

① 金元浦 . 文学解释学 [M]. 长春：东北师范大学出版社，1997：405.

文学语言诗意的特点，要求教学运用与之相应的"诗意的方法"，也就是设计形象化的言语活动，引导学生打开联想和想象，灵活、开放地品读文学语言的方法。它能激发学生的兴趣，调动学生的经验，引导学生积极与文本对话，见仁见智地生成丰富多样的个性意义，走进文学语言的诗意世界，从而获得个性化的审美体验。我们经过教学实践，总结了演读法、具象法、多维法、相似法、通感法、代入法和翻译法等方法，现简要举例说明。

一、演读法

文本话语的声音形态，不是字音的简单拼凑，也不单是词句意义的载体，其中必然充溢着特定语境中某种独特的心理意义。我们阅读文学作品时，看到的只是书面的文字形式，听不到人物的语气、语调和重音，这一方面给阅读带来了障碍，但也创造了诗意解读的空间。引导学生模拟作者或作品中的人物，试着用不同的语气语调，把重音落在不同的语言成分上来演读，因声求气、因声入情，将看不见的情气、意味转化为具体可感的声音形态，建立起意义情感与话语声音形态之间的联系。不同的学生可能获得不同的理解，往往可以生成丰富多样的意义。

《孙权劝学》中写孙权劝吕蒙读书时说："孤岂欲卿治经为博士邪！"孙权是怎样说出这个反问句的呢？学生想象孙权说话时的语气、语调和语速，包括重音、停顿，模拟说话，然后交流感受。有学生读时加快语速，"岂""邪"二字语调升高，读出了孙权内心的急切；有的将"岂""邪"二字读得沉重，并在"岂"后"邪"前稍做停顿，读出了话语的严肃，表现出责怪之意；有的读得舒缓，并有意拖长"岂""邪"二字，语气温和，表现出孙权对吕蒙的期盼，希望他明白自己的苦心。学生通过揣摩不同的语气语调，读出了人物内心复杂丰富的情感，孙权的形象也随之更加鲜活起来。

品读欧阳修《卖油翁》中"尔安敢轻吾射"一句，引导学生依次重读每一个词，前后稍做停顿，感受句子表达的意义侧重点有何不同。

重读"尔"：你一个卖油的老头，身份低贱，怎么敢轻视我射箭的本领？传达出陈康肃对卖油翁市井小民、贩夫走卒的卑贱地位的轻蔑鄙夷。

重读"安"：你凭什么，有什么理由，敢轻视我射箭的本领？传达出陈康肃咄咄逼人、盛气凌人的质问。

重读"敢"：你怎么这样大胆，竟然敢轻视我射箭的本领？传达出陈康肃对卖油翁以下犯上、愚蠢无礼的愤怒。

重读"轻"：你怎么敢如此小看我射箭的本领？传达出陈康肃对卖油翁不知天高地厚、孤陋寡闻的嘲讽。

重读"吾"：你怎么敢轻视我这样一位有权有势、射技当世无双的人？传达出陈康肃对自己位高权重的标榜。

重读"射"：你怎么敢轻视我当世无双的射箭本领？传达出陈康肃对自己当世无双的精湛箭术的夸耀自满与狂傲自大。

学生将上述意义综合起来理解，即你一个卖油的老头，身份低贱，凭什么，有什么理由，这样大胆，竟然敢如此小看我权势显赫的陈康肃，还有我当世无双的射箭本领？

人的心理语法与言语的语法往往并不一致，"复杂句子里的任何成分都有可能成为心理谓语。在这种情况下它带有逻辑重音，这个逻辑重音的语义功能恰恰就是突出心理谓语"①。将语句中的不同词语分别用重音演读，学生体会到语句十分丰富的言外之意。陈康肃盛气凌人、不可一世的形象，也就显得更加鲜明丰满了。

二、具象法

具象思维是中国人最显著的思维特点。也就是说，中国人擅长运用具体形象，来表达抽象的思想感情。比如诗歌中"落花"的意象，可以象征时光不再，年华消逝，人生衰败，国势倾颓等多种含义。具象法就是引导学生用具体形象来表达抽象的阅读感觉、感受和感悟。这个"象"可以是一种声音、一种味道、一种色彩、一幅画面、一个物件等。

比如，用自然界中的一种声音，为《藤野先生》的结尾一段配音，你会如何选择？有学生选用"春雨声"，因为藤野先生的教诲如春雨般滋润鲁迅的心灵，鲁迅对藤野先生的思念之情也如春雨般绵长；有的选"萧瑟的风雨声"，因为鲁迅离开藤野先生后，音讯全无，讲义也丢失了，无限遗憾与愧疚之情涌上心头，这份怀念中蕴含着苍凉的失落；还有的选用"海浪拍打岸边的声音"，大海不仅可以象征藤野先生包容博大的胸襟，而且他的精神深深影响着鲁迅，每当鲁迅回忆起藤野先生，就有一种力量撞击着心头，鞭策着灵魂，振奋着精神，激励鲁迅继续战斗，这份怀念之情深沉而厚重。不同学生体会到

---

① 余震球. 维果茨基教育论著选 [M]. 北京：人民教育出版社，2013：306.

的怀念之情并不相同，这就是体验感悟的个性化。

学习《蒹葭》，设想主人公的爱情是有色彩的，你觉得会是什么样的色彩？请通过分析诗歌语句，充分说明理由，让同学们认同你的想象和理解。学生交流如下：

红色。"溯洄从之""溯游从之"反复出现，突出过程漫长艰难，主人公始终怀揣着希望，一直在追寻，坚持不懈，可见他爱得热烈、执着。

灰色。"在水一方""在水之湄""在水之涘"，主人公一直在追寻，可伊人位置一直在变化，行踪不定；三个"宛在"句，反复强调伊人身影若隐若现，可望而不可即，让主人公感到迷茫、惆怅。

黑色。"道阻且长""道阻且跻""道阻且右"，说明追寻之路艰险坎坷，困难重重，漫长曲折，大自然的各种因素，如白露、霜、茫茫水域等，就像黑暗势力在阻挠着主人公。

白色。白色有留白的意思。三个"宛"字，说明追寻多次一无所得，追来追去一场空。但在白纸上可谱写更多的符号，画上更多的颜色，未来有着无限的可能。

具象法这种新奇的表达方式，可以点燃学生品读与表达的兴趣与热情，这不仅为学生创造了个性化的理解空间，也是对学生学习立象尽意的文学创意表达的极好训练。

三、多维法

词语的语义本身就是多维的，而文本中的词语，同时存在着多维度的语境联系，它能从上下文吸收意义，获得异常丰富的含义，而使其表述功能极大地扩充。

杨绛的《老王》，将临终前的老王比喻成"僵尸"，这需要引导学生多角度描述老王的形象。首先联想"僵尸"的多维语义：死、丑、僵硬、枯瘦、干瘪、灰黑、双眼凹陷、牙齿暴露、恐怖等。进而想象到老王的形象：面如死灰，骨瘦如柴，双眼凹陷，颧骨突出，身体僵硬、虚弱，神情呆滞、麻木，面目恐怖，等等。最后进行多角度描述，如：他的脸像蒙上一层死灰，没有任何表情；眼睛深陷下去，反应迟钝；颧骨突出，像绷着干皮的灰骨；稀疏、灰白的头发倒在干枯的头皮上；干瘦的身躯如同骷髅，既僵硬，又很脆弱；两条枯瘦的腿强撑着身躯，好似将要散成一堆白骨，这模样真的令人汗毛倒竖，脊背发凉。通过语义的多维品读，学生对病入膏肓、行将就木的老王形象形成了鲜明的、立体的印象，从中获得了个性化的审美体验。

教学林徽因的《你是人间的四月天》，先调动学生的生活经验，回忆自己头脑中四月天的景象，在"四月天"前添加修饰语，如阳光明媚、温暖舒适、树木葱茏、鲜花怒放、芳香浓郁、莺歌燕舞、清新明丽、生机勃勃等。再让学生展开联想想象，给诗歌中描写的"四月天"添加修饰语，如春光艳丽、春风轻灵、响亮悦耳、云烟疏淡、星子闪烁、景色鲜艳、姿态美丽、圆月皎洁、细雨滋润、水光浮动、色彩缤纷、树树花开、燕子呢喃等。最后引导学生透过文本理解"四月天"的象征隐喻意义，如"我说你是人间的四月天；／笑响点亮了四面风；轻灵／在春的光艳中交舞着变"中，"笑"的响声就像点亮了四面的风，光芒闪烁而轻灵，春光艳丽，色彩奇幻，由此联想和想象出"你"的特点，如笑声响亮、清脆、轻灵，笑容纯净、天真，娇媚活泼、多姿多彩等。学生通过品读"四月天"在语境中的多维语义，充分感受到"你"的饱满形象，由此体会到"一句爱的赞颂"的特别丰富的情感。

四、相似法

语文世界中的相似思维无处不在。象形、会意的造字方法，拟声造词的方法，修辞中的喻拟通感，诗歌的立象尽意，散文的托物寓意等，都要运用相似思维。乃至说明文中的分类别、议论文中的论据使用、小说中的典型人物塑造等，也都离不开相似思维。言语生成的过程中，作者围绕语句、段落、篇章的基本语义重复渲染，其中的各种成分或各个部分，大都具有语义内涵的相似性。因此，作品中就有了物与人的相似、物与物的相似、人与人的相似、事与事的相似、历史与现实的相似。运用相似思维，进入文学语言相似思维结构，对理解和运用语言都十分重要。

品读龚自珍《己亥杂诗》中"浩荡离愁白日斜"一句，引导学生展开联想，将"浩荡离愁"改写为比喻句，有的学生从水的数量、范围角度，说离愁像浩荡无垠的江水无边无际；有的从水的态势角度，说离愁像汹涌澎湃的江涛奔涌翻腾；还有的从水的长度、流势角度，说离愁像源源不断的江流绵绵不尽，无休无止。由此，学生在相似性的联想中，对"浩荡离愁"的内涵有了具体化、丰富化、个性化的感受。

贾平凹在《一棵小桃树》的结尾写道："明日一早，你会开吗？你开的是灼灼的吗？香香的吗？我亲爱的，你那花是会开得美的，而且会孕出一个桃儿来的；我还叫你是我的梦的精灵儿，对吗？"教学中先让学生以小桃树的口吻回答作者的问话，再引导学生知人论世，发现树与人的相似性，理解作者不仅是在问小桃树，更是在问自己。最后请学生想象作者会如何问自己，又会如何回答自己，学生展开相似关联推理，如：

我的明天会是精彩的还是平庸的？我会实现自己的梦想吗？我平凡却不平庸，挫折又如何，天真又怎样，心中有梦，必有回响，阳光必定在风雨之后。

我能够事业有成吗？我一定可以的，只有我努力才能得到答案，我会像小桃树一样坚强，没有什么可以打败我。

我能闯出一番天地吗？我真的无法在社会中立足吗？我肯定能像小桃树一样在残酷的环境中绽放自己，不到最后一刻永不言弃，在人群中脱颖而出，这样才不会留下遗憾。

多维度的相似联想与想象，使作者内心隐秘复杂的情思得以明晰化、丰富化。学生分明感受到了作者心灵深处的呼唤，他在深情地呼唤自己振作精神，顽强地对抗人生中的挫折与打击，创造出人生的灿烂与辉煌。同时，学生可以更深刻地理解托物言志的笔法。

五、通感法

通感法，就是凭借联想和想象，从与作者描写事物不同的感官角度，去想象作者描写的对象，体会作者所表达的感情。在这个过程中，听觉、视觉、嗅觉、味觉、触觉等不同的感觉可以互相沟通、交错，彼此挪移转换。由通感制造出的感知差异，可以有效激发学生的探究欲望，进而获得丰沛充盈的阅读感受。

海伦·凯勒在《再塑生命的人》中写道："一股清凉的水在我手上流过"，使"我"对莎莉文老师拼写的"water"单词恍然大悟。如果这种流水的触觉记忆有颜色，那可能会是什么颜色？学生交流如下：

绿色。"水唤醒了我的灵魂"，"水"让海伦·凯勒对世间万物产生了浓厚的兴趣，世间万物在她心中都有了鲜活的生命，"水"带给了她快乐、希望与光明，她获得了新生，成为一个完整的人。

金色。她感慨世间万物的奇妙，失去听力也能品味高雅的音乐，失去视力也能欣赏美丽的风景。她不再愤懑、无助、颓唐、沮丧，而是乐观坚强地看待人生，热爱生活，从此她的未来一片辉煌。

橘黄色。回忆过去，莎莉文老师的细心、耐心与爱心，是海伦·凯勒黑暗生命中的一束光，让她体验到了世界的美好。她对莎莉文老师充满了钦佩与感激，这段记忆是令人感到温暖幸福的橘黄色。

我们让学生用自己熟悉的色彩来表达抽象的触觉感受，这就是通感法。通感法的运用，使学生对海伦·凯勒的情感有了丰富的个性化体验。

阅读汪曾祺的《昆明的雨》，品读"戴一顶小花帽子，穿着扳尖的绣了满帮花的鞋，坐在人家阶石的一角"的苗族女孩"卖杨梅——"的叫卖声，也可运用通感法引导学生展开多层次的联想想象。

如果苗族女孩的叫卖声有味道，有口感，会是怎样的呢？有的学生说叫卖声酸甜可口，丰润多汁，十分鲜美；有的认为是清甜脆爽的，回味无穷，令人心情舒畅，幸福满足；还有的觉得是甜甜蜜蜜，软软糯糯，醇厚浓郁，入口即化，沁人心脾，唇齿留香。

假如这叫卖声有质地，可触摸，会是什么感觉呢？请用比喻形容自己的感觉。有的学生说像清泉流淌，清凉舒适，勾人心弦；有的说感觉像婴儿的肌肤，细腻软嫩，让人爱不释手；有的说觉得像丝绸一般柔软光滑，轻盈灵动，珠圆玉润，纤尘不染；还有的说仿佛是一团蓬松柔软的棉花，温暖舒适，令人轻松愉悦。

学生从汪曾祺朴素平淡的语言中获得了丰富的感受。通感，是一种特殊的相似，也是一种特殊的具象。通感法的运用，超越了传统学习的思维模式，让学生能够通过熟悉的形象，直观具体地去揣摩文本形象，感受作者的思想情感。用这种方法品读课文，课堂会变得更加新奇有趣、活泼灵动。

六、代入法

所谓代入法，实际上就是角色代入，学生可代入作者，也可代入作者描写的人和物。这是与文本中的角色进行对话的一种方式，学生必须站在某一角色的立场上，设身处地地想象该角色的处境和内心世界，仔细体味，从中获得丰富的感受和体验。

教学韩愈的《马说》，教师先出示背景资料，引导学生思考：韩愈想把这篇文章写给谁看？请以作者的身份来回答。学生交流如下：

写给当朝皇帝，以此来自荐，希望得到朝廷重用。同时引发君主反思不识才、不爱才对于国家的恶劣影响，从而重整朝纲，尤其要重视对人才的识别与选拔，避免埋没人才。

写给自己及那些同样怀才不遇的人，开导自己，毕竟错不在自己，而在于黑暗的社会现实。这样可以宣泄情绪，排遣苦闷，提出抗议，表达诉求。

写给当朝负责选拔、推举人才的官员，希望这些世间的"伯乐"努力发掘人才，积极推选人才，把天下的"千里马"从水深火热之中解救出来。

写给当世之人，揭露时弊，批判埋没人才、摧残人才的时代悲剧，以此警醒世人，希望大家都能重视人才，呼吁建立合理的人才选拔制度。

代入法的使用，引导学生学会换位思考，设想不同的写作对象，揣度作者不同的创作意图，进而触摸到了作者丰富的内心世界。

朱自清的《春》中写"花下成千成百的蜜蜂嗡嗡地闹着"，教师问：蜜蜂在闹什么呢？请以蜜蜂的口吻来回答。有的学生说百花齐放，芬芳浓郁，我们纷纷前来采蜜，响亮地喊着劳动号子，尽情地吮吸花蜜；有的说春风煦暖，阳光明媚，我们在花园里呼朋引伴，你追我赶，尽情玩耍嬉戏；有的说春天百花争艳，我们忙着欣赏姹紫嫣红的花容；还有的说是为了庆祝百花节，我们兴高采烈，欢聚于此，唱歌跳舞。学生不仅想象到了蜜蜂的勤劳可爱、活泼调皮，还领会到了作者借蜜蜂之"闹"所表现出的春天的无限美丽与生机。这就将文本所蕴含的诗意表现得更丰富、更有韵味了。

七、翻译法

文学作品经常通过描写事物的声音来表达作者的思想感情。有时可以引导学生结合具体语境，用具体的语言文字把这种声音"翻译"出来。如朱自清在《春》中写"牛背上牧童的短笛，这时候也成天嘹亮地响着"，结合课文内容，展开想象，以儿童视角为牧童的笛声写作歌词；韩愈《马说》中"鸣之而不能通其意"一句，千里马"鸣之"是想表达什么意思？以千里马的口吻说出心声。这是一种将联想、想象、体会和表达紧密结合的言语实践活动，可以激发学生的好奇心、探求欲，使学习过程变得诗意灵动。

法布尔在《蝉》的结尾写道，蝉经历"四年黑暗中的苦工"，"以后在阳光中歌唱只有五个星期"，"一个月阳光下的享乐"。这是蕴含哲理的诗意表达。教学中引导学生结合课文内容，展开联想想象，为蝉的歌唱创作歌词。如：

> 我们在枝丫间沐浴阳光，我们在蓝天下放声歌唱。
> 四年的黑暗啊！只为了拥抱一次，灿烂的太阳。
> 我们在枝丫间沐浴阳光，我们在蓝天下放声歌唱。
> 四年的寂寞啊！只为了拥有一月，尽情地歌唱。
> 啊！四年的黑暗，四年的寂寞，
> 只为了拥抱今天的阳光，只为了今天尽情地歌唱。

> 我不曾看过春暖花开，也不曾见过秋叶纷飞，
> 日复一日，年复一年，
> 那漫长四年的黑暗生活，终换来一个月的光明自由，
> 向鲜花展示我漂亮的衣裳，让飞鸟惊叹我闪亮的翅膀。
> 想唱就唱，唱得响亮，
> 歌颂我那来之不易的刹那欢愉，唱响我那短暂辉煌的生命历程！

学生翻译"蝉声"的言语实践，创生了丰富的文本意义，领悟了文本蕴含的哲理，获得了极富诗意的审美体验，同时也深刻体会到了法布尔的人文情怀和他那"科学与诗完美结合"的语言风格。

品读《关雎》时，先引导学生想象男子用琴瑟、钟鼓向女子表达爱意的情景，然后尝试给主人公演奏的乐曲配上两三句歌词。学生创作如下：

> 风雨可散，云雾可消，唯汝不可离，
> 爱之护之，乐之敬之，与汝长相守。

> 一见钟情，窈窕身姿惹魂牵。
> 日夜相思，鹧鸪落在我窗前。
> 思君之切，红叶难记魂梦颠。
> 何日结发，月下花前鸣凤鸾。

　　翻译法的使用，有效驱动了学生五彩缤纷的联想想象。对于琴瑟钟鼓声中所蕴含的情感，学生用诗句表达了精彩纷呈的感受。在交流与分享中，学生的感受愈发丰富，诗歌的意蕴也愈发丰满。

　　上述课堂案例开放、灵动、活泼、有趣、富有诗意，它告诉我们，根据文学语言诗意的特点，引导学生用诗意的方法品读文学语言，可以激发学生多角度的联想和想象，开阔阅读思路，深入文本空白，创造性地品读出文学语言复杂多样的内涵，走进文本的意味世界，获得丰富的、个性化的审美体验，极大地丰富了语义，丰富了心灵世界。在这样的言语实践活动中，学生的创造性思维能力和创意性表达能力、文学阅读方法和文学语感都能得到很好的提升，同时建立起充满创意的阅读神经网络。

时间语词运用的基本规律

作者按：每个词语都有其本身的意义，所以是一种语言现象；但从心理角度看，每个词语的词义都是一种概括或概念，所以又是一种思维现象。因而词语是言语和思维最小的结合体。在文学作品中，词语不仅仅具有语言意义，还具有语境含义。引导学生品析词语含义，可以丰富词汇、丰富语义，习得词语运用的言语思维规律，这是最基本、最有效的言语思维训练，是促进神经元连接，建立阅读神经网络的基础工程。

我们系统研究了时间语词、空间语词、名词、动词、形容词、数量词和虚词的语用规律。限于约定的出版字数，在本书中，仅呈现时间语词和动词运用的基本规律。其他内容，读者关注"言语思维"微信公众号即可查阅。

富兰克林曾经说过："不要挥霍时间，因为时间是生命的组成要素。"是的，人总是生存在一定的时间里，所有的事情也总是发生在一定的时间里。"物质在空间上延伸，而意识则存在于时间中。"[1]这是说，人的意识活动也是由时间承载的。我们可以想象一段安然无事的时间，却无法想象某件事情并不是在一个特定的时间里发生，也难以想象某种意识活动并不存在于特定的时间中。"在自传、家谱、历史以及关于创世及其起源的神话中，无论哪种文化的民族都是按照先生后灭的时间顺序来记录着相关事情的"，并"利用自己语言中的词语和结构对时间进行跟踪"。[2]因而时间就成了人思维最基本的要素。陈望道把"六何"，即"何故""何事""何人""何地""何时""何

---

① 史蒂芬·平克.思想本质：语言是洞察人类天性之窗 [M].杭州：浙江人民出版社，2015：221.

② 史蒂芬·平克.思想本质：语言是洞察人类天性之窗 [M].杭州：浙江人民出版社，2015：223.

如"，看作言语表达的情景要素[①]；韩雪屏则把这"六何"看作语文思维的规律[②]。可以说，"何时"既是言语表达的情景要素，又是言语表达的思维要素。

"人类对时间的体验是主观的，一段时间的长短快慢取决于人们对它的需要和喜欢的程度。"[③]因此，言语表达中的时间语词，即那些表示时间的词语、短语或句子，往往不只是一个客观的概念，而更多地蕴含了作者的主观体验和语用含义。并且这种含义总是存在于它所承载的事情、事实或现象之中，换一个角度说，时间语词的含义总是存在于话语语境之中，是从语境中吸收获得的，也可以说是由语境赋予的，这是一种基本的言语思维规律。

引导学生在语境中理解时间语词的含义，可以还原作者言语思维的内容，发现时间语词的语用规律，促进言语思维的发展。我们梳理统编初中语文教材中时间语词的运用现象，从中概括出七个方面的基本规律，以利于提高语用教学效果，建构时间语词言语思维图式。

一、用时间语词凝结重要意义

在言语表达中，人们常用事情发生的具体时间来凝结事情的重要意义。教学中引导学生理解特定时间里特定事情的重要意义，也就可以理解这种时间语词凝结的意义。如：

1964年10月16日中国爆炸了第一颗原子弹。

1967年6月17日中国爆炸了第一颗氢弹。（杨振宁《邓稼先》）

作者用两个单句构成两个简短的自然段，将"1964年10月16日""1967年6月17日"两个时间语词分别置于段首，凝结了中国国防建设史上划时代的伟大意义。引导学生理解这两个日子，"是中华民族五千年历史上的重要日子，是中华民族完全摆脱任人宰割危机的新生日子"，也就理解了这两个语词凝结的重要意义。再联系语境品读，可知这两项重大的研究成果分别仅用了六年和九年的时间。所以这两个时间语词的运用，还歌颂了邓稼先的卓著功勋和中国人民的杰出智慧。

① 陈望道.修辞学发凡 [M].上海：复旦大学出版社，2017：6.
② 韩雪屏.语文课程知识初论 [M].南京：江苏教育出版社，2011：305.
③ 史蒂芬·平克.思想本质：语言是洞察人类天性之窗 [M].杭州：浙江人民出版社，2015：223.

飞船停住了。此时是2003年10月16日6时23分。（杨利伟《太空一日》）

作者单独用一个简短的自然段，突出"2003年10月16日6时23分"这一时刻。引导学生联系语境，就能理解这一语词蕴含的重要意义：它是神舟五号飞船经过21小时太空飞行，绕地球14圈后，安全返回地面的时刻；它标志着中国首次载人航天取得圆满成功，标志着中国成为继苏联和美国之后，第三个将人类送上太空的国家，是中国航天事业在新世纪的一座新的里程碑。

二、用时间语词暗示写作背景

"何时"是重要的语境要素，作者经常用时间语词暗示写作背景。教学中联系与之相关的材料，辅助理解文本，可以让学生领悟这类时间语词的作用。如：

元丰六年十月十二日夜，解衣欲睡。月色入户，欣然起行。（苏轼《记承天寺夜游》）

"元丰六年十月十二日夜"，包含了年份、时令、日期、时辰。教学中联系背景资料，学生可知"元丰六年"暗示作者被贬谪黄州已经四年。再调动生活经验可知，"十月"时值初冬，已有寒意，可反衬夜游的兴致。由"十二日"，可推知"月色入户"，当为入夜不久，而作者即"解衣欲睡"；月也既非望月，更非中秋圆月，作者却"欣然起行"。由此不仅可以体会到作者的孤独寂寞，还可以懂得这一时间语词含蓄地为下文做好了铺垫，凝结着夜游的审美体验与感悟。

崇祯五年十二月，余住西湖。大雪三日，湖中人鸟声俱绝。是日更定矣……（张岱《湖心亭看雪》）

联系背景资料，学生可知"崇祯五年"的社会背景，"那时的晚明社会奸佞当道，党同伐异，厂卫横行，贿赂公行，赋税繁重，民不聊生，贤能忠直，惨遭不幸。作者虽著述宏富，却才高运蹇，因而愤世嫉俗。如他写绍兴黄琢山在'郡城之外，万壑千岩，人迹不到之处，名山胜景，弃置道旁，为村人俗子所埋没者，不知凡几矣'。（《黄琢山》）借以发泄不遇的遗憾和对世俗的鄙薄"①。这样就可以理解作者为什么"独往"湖心亭看雪，为什么会怀着深沉的孤独感。

三、用时间语词渲染环境氛围

"若乃春风春鸟，秋月秋蝉，夏云暑雨，冬月祁寒，斯四候之感诗者也。"（钟嵘《诗品序》）不同的时令时辰，有不同的自然环境，它们常常会触动人的情思。所以作者经常用特定的时间语词来渲染环境氛围，烘托人物情感，表现主题思想。教学中需要引导学生结合课文内容，联想、想象特定时令、时辰的情景，体会作者渲染环境氛围的用意。如：

这南方初春的田野！大块小块的新绿随意地铺着，有的浓，有的淡；树上的嫩芽也密了；田里的冬水也咕咕地起着水泡儿……这一切都使人想着一样东西——生命。（莫怀戚《散步》）

春天具有温暖、美丽、充满生机、充满希望的特点。课文中"南方初春"这一时间语词承载着优美的景象：大地挣脱酷冬，生机勃发，景色秀丽，气候宜人。教学中引导学生想象"南方初春"的景象，理解作者之所以在"初春"劝说母亲来到田野散步，舒活筋骨，是想让"初春"的景象愉悦母亲的心情，让"初春"的生机唤醒母亲的活力，从而体会到作者对母亲生命的悉心关怀。进而感受到"南方初春"这一语词的语用意图：烘托温馨的亲情和生命关怀的美德，以及母亲"又熬过一个酷冬"的欣喜之情。

又是秋天，妹妹推着我去北海看了菊花。黄色的花淡雅，白色的花高洁，紫红色的花热烈而深沉，泼泼洒洒，秋风中正开得烂漫。（史铁生《秋天的怀念》）

文章中"秋天"这一语词，承载着"我"的伤痛，母亲为了唤醒"我"的生活勇气，劝说"我"去北海看菊花，可花还没看成，母亲却永远离开了

---

① 徐德湖.沿坡讨源，虽幽必显——《湖心亭看雪》探微[J].语文建设，2018（4）.

"我"。"又是秋天"承载着"我"来到北海，看到菊花烂漫，五彩缤纷，充满活力的景象，"我"从中领悟到了母亲的期望：要像秋天的菊花活得坚韧，活出尊严，活出生命的个性与美丽。教学中先引导学生回想"我"在"秋天"经历的往事，想象"我"看到的景象。再探讨描写秋菊的作用：烘托母爱——母爱犹如秋天盛开的菊花，温馨、朴素、高洁、博大和深沉；烘托"我"的怀念之情——这种怀念之情也如盛开的菊花，热烈、深沉，充溢心头，母亲将永远活在"我"的心中。同时由于文人悲秋的文化传统，"秋天"还给"我"的怀念之情笼上了一层苍凉的氛围。这样学生也就同时理解了课文题目的含义。

四、用时间语词蕴含隐喻意味

时间语词中还有一种特殊类型，即通过描写事物来表示时间，如"初日""明月""黄叶""雪"等。这类时间语词具有形象性，往往蕴含着象征、隐喻、暗示意味，在诗歌的意象中用得最多。教学中需要引导学生展开联想和想象，体会其中的隐含意味。如：

浩荡离愁白日斜，吟鞭东指即天涯。（龚自珍《己亥杂诗》）

"白日斜"，太阳西斜，呈现白色，这是对"傍晚"这一概念的具象化表达。引导学生联系语境展开相似的联想和想象，可以理解"白日斜"隐喻个人青春消逝，仕途结束，前途暗淡，也象征国势飘摇，日暮途穷。进而感悟诗人借景抒情，在这一语词中蕴含着的深重离愁。

我说你是人间的四月天；／笑响点亮了四面风；轻灵／在春的光艳中交舞着变。（林徽因《你是人间的四月天——一句爱的赞颂》）

诗人用"四月天"这一时间语词来比喻"你"，比喻诗人的爱。在这一节中，"你"的"笑"的响声，就像点亮的四面的风，光芒闪烁而轻灵；"你"就像春光，一片艳丽，色彩奇幻。诗人通过对"四月天"这一意象的具象化描写，生动形象地表达出了"爱的赞颂"。教学中可以首先引导学生发现"四月天"是一个喻体，想象"四月天"的形象，再由此联想和想象出"你"的特点，如笑容纯净、天真，笑声响亮、清脆、轻灵，娇媚活泼、多姿多彩等，从而体会到诗人爱的赞颂之情。

五、用时间语词表达快慢感

人在不同的处境中对时间的长短快慢会有不同的感受，人们经常通过时间语词描写对时间长短快慢的感觉。教学中要引导学生透过人物的主观感受，仔细体会作者的情感。如：

挑兮达兮，在城阙兮。一日不见，如三月兮！（《诗经·子衿》）

女主人公痴迷地思念心中的恋人，因为约会不遇，又无可奈何，只好忐忑不安，徘徊于城头。于是觉得一日不见，如隔了三个月一样漫长。教学中引导学生结合生活经验，举例说说什么情况下会感到时间漫长，什么情况下会感到时间过得很快，从而透过女主人公漫长的时间感受，体会到其中蕴含的缠绵悱恻、望穿秋水、思断柔肠的情感。

自经丧乱少睡眠，长夜沾湿何由彻！（杜甫《茅屋为秋风所破歌》）

杜甫历经安史之乱，在漂泊离乱之中，好不容易才盖起的茅屋，又被秋风刮破，且又偏逢连夜雨，所以只觉长夜漫漫，难以熬到天明。"长夜"蕴含因国难家愁而难以入眠的痛苦心情。教学中引导学生想象诗句描述的情景，再联系时代背景，可以更好地体会到"长夜"所表达的深重忧愁。

少时，一狼径去，其一犬坐于前。（蒲松龄《狼》）

"少时"的概念意义是"一会儿"，但在狼紧跟屠夫，企图吃了屠夫的文本语境中，就有了语用含义：狼十分狡诈、贪婪，很短时间就生出诡计，准备夹攻屠夫。这就反衬了狼自食其果的可笑，体现了故事的讽刺性、惩戒性。

已而夕阳在山，人影散乱，太守归而宾客从也。（欧阳修《醉翁亭记》）

由上文"朝而往，暮而归"可以推断，文中描写的太守宴是午宴。"夕阳在山"是说午宴直至傍晚，可见时间之长；"已而"表明作者感觉时间很短，不久就到了傍晚。教学中抓住作者主观感受与客观事实的差异，学生就能由"已而"一词，感受到太守陶醉于宴饮之中，与民同乐的情怀。

六、用时间语词表达过程感

作者为刻画人物形象而设计情节、描写细节，这需要在时间过程中展开。作者经常用一连串时间语词表达过程感，蕴含语用意义。品读这一连串时间语词的语用意图，可以更好地理解人物形象。其主要方法就是抓住这些时间语词承载的情节、细节，从而理解其作用。如：

"父亲的准备是十分漫长的"，"一年中他七个月种田，四个月去山里砍柴，半个月在大溪滩上捡屋基卵石，剩下半个月用来过年、编草鞋"，"冬天……鸡叫三遍时父亲出发，黄昏贴近家门口时归来"，"父亲就是这样准备了大半辈子"。（李森祥《台阶》）

小说叙述父亲建造九级台阶的准备过程，"漫长"是总体感受，"一年中""七个月"种田，"四个月"砍柴，"半个月"捡石，还有"半个月"过年、编草鞋，可谓一年忙到头；"鸡叫三遍"出发，"黄昏"归来，可谓从早忙到晚。如此准备了大半辈子，父亲是何其辛劳！何其可敬可佩！然而，台阶造好了，父亲却衰老了。他既没有通过造台阶获得自尊，也不适应新台阶上的生活，还表现出"一副若有所失的模样"，父亲又是何其可怜可叹！教学中引导学生梳理文中的时间语词，品析这些时间语词承载的情节和细节，就可以初步体会到父亲的形象。

自此以后，又长久没有看见孔乙己。到了年关，掌柜取下粉板说："孔乙己还欠十九个钱呢！"到第二年的端午，又说："孔乙己还欠十九个钱呢！"到了中秋可是没有说，再到年关也没有看见他。

我到现在终于没有见——大约孔乙己的确是死了。（鲁迅《孔乙己》）

这段文字用一连串时间语词——"长久没有看见""到了年关""到第二年的端午""到了中秋""再到年关""到现在终于没见"，叙述孔乙己最后一次离开咸亨酒店以后的情况，时间跨越二十多年（因为小伙计回忆了二十多年前到现在的往事）。在这期间，只有掌柜两次提及孔乙己，只是因为他"还欠十九个钱"，其余没有一个人再说起孔乙己，可见"孔乙己是这样地使人快活，可是没有他，别人也便这么过"。教学中先引导学生梳理时间语词，理解其涵盖的时间长度。再问学生，这么长时间还有哪些人记得孔乙己呢？从而使学生领悟到人情的凉薄，现实的冷酷。

七、用时间语词营造节奏感

用时间语词表示事情的发展过程，还能形成一定的语用节奏，增强表达的艺术效果。这在课文中也是常见的。教学中可通过诵读、品析，感受言语节奏，体会其表达效果。如：

令初下，群臣进谏，门庭若市；数月之后，时时而间进；期年之后，虽欲言，无可进者。燕、赵、韩、魏闻之，皆朝于齐。此所谓战胜于朝廷。（《战国策·邹忌讽齐王纳谏》）

课文用"令初下""数月之后""几年之后"三个时间语词，分别与它们后面的短语结合起来，高度概括三段时间的进谏情况，如顺流而下，形成一种明快的节奏。教学中引导学生发现三个时间语词承载的不同情况，再通过诵读感受节奏的明快，学生可以更好地感受到齐王兴利除弊，政事十分顺利，效果异常显著。

小时候／乡愁是一枚小小的邮票……长大后／乡愁是一张窄窄的船票……后来啊／乡愁是一方矮矮的坟墓……而现在／乡愁是一湾浅浅的海峡……（余光中《乡愁》）

诗中分别用"小时候""长大后""后来啊""而现在"单独成行，领起四个自然段。这种分行隔段的言语形式，形成一种舒缓的节奏，表达了一生之中绵绵不绝、苦无尽期的乡愁，形成了感人肺腑的忧伤旋律。教学中，可以引导学生在诵读中先理出四个语词构成的时间脉络，理解其涵盖的人生长度，再分别想象四个时间语词承载着的生离死别的种种情景，最后在诵读中感受舒缓而忧伤的旋律，体会其表达效果。

综上，运用时间语词表达思想感情，是言语思维的一种基本规律。引导学生品析时间语词的内涵，习得运用时间语词的言语思维规律，可以有效促进言语思维图式的建构。

动词运用的基本规律

在言语思维生成特定语境下言语形式的过程中，"一个动词不仅仅是一个用于指称动作或状态的词，它实际上是句子的底盘"，它"被赋予的信息不仅可以将句子的核心成分组织起来，而且在很大程度上，还决定了句子的含义" ①。所以，动词往往不仅是语句的核心成分，而且很多语句，甚至段落、篇章都是围绕动词来构建的。因此，品析动词的语用含义，不仅可以理解其语境意义，而且可以发现其语用规律，习得各种围绕动词生成出来的言语形式，积淀言语思维图式，更好地发展言语思维。

我们着眼于教学，从动词的基本作用、修辞手法、表达技巧、结构功能四个方面分别举例说明。

一、了解动词的基本作用

文学作品中的动词，主要用来表现人或事物的动作状态及其特点。教师引导学生品析这些动词，可以引导学生想象出作者的印象，体会到作者的感受，理解作者的表达意图。

（一）描写事物状态

鲁迅在《从百草园到三味书屋》中描写肥胖的黄蜂"伏在菜花上"，教学中问学生：在你的想象中，黄蜂干吗伏在菜花上呢？有的学生说黄蜂是在贪婪地吮吸花蜜，有的说是采蜜累了正在休息，有的说是吃得太饱飞不动了，还有的说是金色的菜花开得正盛，黄蜂陶醉了。由此，学生便不仅想象到了黄蜂的憨态可爱，而且体会到了百草园确有"无限趣味"，确是"我"的乐园。

鲁迅的《社戏》里，"月色便朦胧在这水汽里"一句十分形象生动。学生根据想象描述出画面，如空中月色皎洁，把河面上的水汽映照得如同云雾，缭缭绕绕，朦朦胧胧，犹如童话中的仙境。从中领略到江南水乡月色的美丽，

① 史蒂芬·平克.思想本质：语言是洞察人类天性之窗 [M].杭州：浙江人民出版社，2015：223.

感受到"我"对童年生活的怀念，同时也体会到"朦胧"动词化的妙处。

（二）表现事情特点

雨果在《就英法联军远征中国给巴特勒上尉的信》中描写英法联军："有一天，两个来自欧洲的强盗闯进了圆明园。一个强盗洗劫财物，另一个强盗在放火。似乎得胜之后，便可以动手行窃了。他们对圆明园进行了大规模的劫掠，赃物由两个胜利者均分。"先要求学生品味句中的一连串动词，用几个词语形容英法联军的特点，学生纷纷说出"野蛮""贪婪""恶劣""无耻""疯狂"等形容词。再问：你们从中体会到作者怎样的情感态度呢？学生便感受到雨果对中国人民的深切同情，对侵略者的愤怒谴责。

康德拉·劳伦兹在《动物笑谈》中描写自己的实验："一个有着大把胡子的男人，屈着膝，弯着腰，低着头，在草地上爬着，一边不时回头偷看，一边大声地学着鸭子的叫声。"引导学生先圈出动词，然后说说自己的体会。学生觉得这种看似离奇古怪的科学实验中，其实饱含着科学家研究的艰辛和对动物的爱心。

（三）叙述事情的过程

欧阳修的《卖油翁》到底是怎样表现出卖油翁"手熟"的呢？学生发现作者运用了"取""置""覆""酌""沥""入"六个动词，具体描写卖油翁沥油的过程，显得成竹在胸，娴熟自如，一气呵成。特别是"沥"，向下滴，说明勺子距钱孔有一定的高度，而且是一滴一滴地滴入，这就不仅要对得准，还要拿得稳、滴得匀，才能"自钱孔入，而钱不湿"。

研读鲁迅的《从百草园到三味书屋》雪地捕鸟这段文字时，要求学生结合语境，在动词下面批注形容"我"心理的词语，如"扫""露""支""撒"（认真、细致）；"系""牵""看"（小心、谨慎）；"拉"（果断、干脆）；"罩"（惊喜、兴奋）。这样学生既习得用一连串动词把事情的过程写具体的方法，也进一步理解了为什么说百草园是"我"的乐园。

（四）刻画人物形象

在品味鲁迅《孔乙己》中，"他从破衣袋里摸出四文大钱，放在我手里，见他满手是泥，原来他便用这手走来的"一句时，让学生把"走"换成"爬"比较品析，学生惊喜醒悟："爬"是手脚并用，移动身体；而"走"是单独用手支撑着身体，"一步一步"向前挪动，这说明孔乙己双腿都被打折，已经不能动弹了。如此，学生就更能体会到丁举人的凶残冷酷和孔乙己的悲惨遭遇。

分析杨绛《老王》中老王的形象，学生品析"每天清晨，老王抱着冰上三楼，代我放入冰箱"这句话，抓住其中的动词，获得了丰富的感受，如"抱"暗示冰块沉重，形象地表现出"他送的冰块比他前任大一倍"；"上三楼"意味着爬得高，比较吃力；"代""放入"，说明本应该由"我"接下来，放入冰箱，从中可见老王老实、厚道、勤快，对"我"非常关心，非常体贴。

（五）蕴含中华文化

教材中很多课文的动词语用含义中，蕴含了中华文化，蕴含了民族文化思维方式，这是语文教学中传承民族文化必须加以关注的。如《孟子·生于忧患，死于安乐》中"故天将降大任于是人也"一段，先让学生将这段文字分为两层，说出复句类型，理解其因果关系。再诵读排比句，重读使动词，语速适当加快，体会"苦""劳""饿""空乏""拂""乱"的表达作用，从而理解人在承担大任之前，往往会受到很多方面的磨难。再品味"动""忍""增益"这些动词的内涵，学生深刻感悟到了经受重重苦难的考验，对磨砺性情、增长才干的益处，从而潜移默化地受到儒家入世思想的教育。

诸葛亮在《出师表》中抒发了"报先帝、忠陛下"的一腔深情，如"受命以来，夙夜忧叹，恐托付不效，以伤先帝之明"一句，学生品析"忧叹""恐"，体会到了作者忧国忧民之心和兴复蜀汉的强烈责任感。再联系"扣马谏王""精忠报国"两则材料，要求学生说说对忠君报国的理解，如忠君报国就是忧国忧民；就是时刻都为君主、为国家着想；就是对君主、对国家赤胆忠诚；就是以身许国等。这就让学生从中受到了"忠君报国"传统文化的熏陶。

二、品析动词的修辞手法

（一）拟人

欣赏老舍《济南的冬天》中，"天儿越晴，水藻越绿，就凭这些绿的精神，水也不忍得冻上，况且那些长枝的垂柳还要在水里照个影儿呢"一句，问学生："还要在水里照个影儿"有哪些妙处呢？学生领悟到作者用拟人手法写垂柳长枝婆娑，临水照影，自我欣赏，显得姿态美丽、性格活泼、心情惬意。

由能"照"个影儿，发现其水清澈，波澜不兴，这一切都是"温晴"的天气所赐。

再如鉴赏杜甫"感时花溅泪，恨别鸟惊心"中的"溅""惊"两个动词，学生发现作者移情于景，以花鸟拟人，"溅"形容泪流之涌，"惊"描写震惊之巨，仿佛世界万物都沉浸在一片悲哀之中。由此体会到诗人充溢心头的深哀剧痛。

（二）拟物

品读杨绛《老王》中"有一天，我在家听到打门，开门看着老王直僵僵地镶嵌在门框里"一句，先问学生"镶嵌"在词典中怎么解释？学生说"把一个物体嵌入另一个物体里"。然后再问，这里用来描写老王合适吗？学生猛然发现这里把人当物来写，运用了拟物手法，写出老王形容枯瘦、僵直，已经全然没有一丝活气。

还有鲁迅《故乡》中"接着便飞出八岁的侄儿宏儿"一句，把"飞"改为"跑"，在比较品味中，学生很快领悟，"飞"运用拟物手法，形容宏儿像飞一样地跑出来，更能表现出他的轻快、活泼和高兴。

（三）排比

引导学生赏析梁衡的《壶口瀑布》中，"尽管这样，壶口还是不能尽收这一川黄浪，于是又有一些各自夺路而走的，乘隙而进的，折返迂回的，它们在龙槽两边的滩壁上散开来，或钻石觅缝，汩汩如泉；或淌过石板，潺潺成溪；或被夹在石间，哀哀打漩"这部分文字，首先诵读，读出动词短语构成排比句的急促气势；接着想象，想象出种种姿态的浊浪激流，欣赏作者用文字绘出的写意画，奏出的交响曲；进而相似联想，由景及人，联想到人生危急之中，有的慌不择路，有的侥幸挣脱，有的困顿无奈的种种情形，从而深入到文字的深远意境。

（四）反复

杨振宁的《邓稼先》中有这样几段文字：

一百年以前，甲午战争和八国联军时代，恐怕是中华民族五千年历史上最黑暗最悲惨的时代，只举1898年为例：

德国强占山东胶州湾，"租借"99年。

俄国强占辽宁旅顺大连，"租借"25年。

法国强占广东广州湾，"租借"99年。

英国强占山东威海卫与香港新界，前者"租借"25年，后者"租借"99年。

品读这几段文字时，引导学生探究动词运用的显著特点和表达作用，学生发现反复运用四个"强占"，五个"租借"，突出八国联军对我国领土瓜分的疯狂，强化了中华民族曾经完全任人宰割的悲惨和屈辱；"租借"加引号，表明是以租借之名强行占据，揭露了帝国主义虚伪的面目。这从历史背景的角度表现了邓稼先对民族自立的巨大贡献。

此外，动词的修辞手法还有对偶，如"谈笑有鸿儒，往来无白丁"（刘禹锡《陋室铭》）；夸张，如"吴楚东南坼，乾坤日夜浮"（杜甫《登岳阳楼》）；互文，如"将军百战死，壮士十年归"（《木兰诗》）；等等。这里限于篇幅，不再一一举例品析。

三、体会动词的表达技巧

（一）化静为动

苏轼描写承天寺"庭下如积水空明，水中藻、荇交横，盖竹柏影也"，要求学生由"交横"想象竹柏月影的景象，如微风吹拂，竹柏摇曳，枝叶交错，其影姗姗可爱。教师顺势启发："交横"一词是否蕴含某种表达技巧呢？学生顿悟化静为动的妙处，感受到了景物的生趣，并从中体会到作者从容流连于光景的意态。

再如吴均的《与朱元思书》中，"夹岸高山，皆生寒树，负势竞上，互相轩邈"一句，描写了山之奇丽。在学生理解"轩邈"形容词意动化的基础上，再引导学生想象作者极目所见所感：树木似乎都争着向高处生长、向远处发展，充满自由的生命活力。这就既能使学生体会到化静为动的妙笔，也能帮助他们更好地理解文章的主题意蕴。

（二）化实为虚

景为实，情为虚，化景物为情思，即化实为虚，这是古典诗词常用的艺术技巧。欣赏"转朱阁，低绮户，照无眠"，由"转""低""照"，学生可以想象月光移动的情景，体会时间的漫长，再想象词人望月怀人、辗转反侧、难以入眠的情景，也就感悟到了苏轼贬谪人生中的孤独寂寞。

再如"寂寞梧桐深院锁清秋"一句，玩味"锁"字的妙用，学生先理解"锁清秋"的字面意，即深院将清冷的秋天锁住了，于是秋天的清冷怎么也离不开了。然后再问学生：深院也能故意"锁"住秋天吗？学生便发现这是移情于物，从而体会到词人清冷裹挟身体、寒气笼罩心头的内心世界，进而体会到词人国破家亡，囚于深院，挥之不去的无限凄凉，解之不开的沉郁愁绪。

（三）化虚为实

诗人的情感是抽象的，是难以直接言说的，因此需要借景抒情，这就是化虚为实。教学李贺的"黑云压城城欲摧，甲光向日金鳞开"，品味"压""摧""开"的妙用。启发学生由"压""摧"想象出黑云铺天盖地，似有千吨之重，欲将城池摧毁；由"开"想象铠甲金光闪闪，划破乌云，照亮城池，照亮天空，再理解其隐喻含义。学生能够领悟前者表现敌人大军压境，兵临城下，气焰嚣张，而城池危如累卵、千钧一发；后者表现唐军将士精神饱满，斗志昂扬，英勇无畏。

又如李煜的"剪不断，理还乱，是离愁"一句，"离愁"的喻体到底是什么呢？学生联想到麻丝，而且是繁乱的、很有韧性的，也就体会到了词人无法排遣的深重忧愁，并从中领悟到化抽象为形象的妙处。

（四）对面着笔

"分身以自省，推己以忖他"，"我思人乃想人必思我"（钱锺书《管锥编》），说的就是对面着笔。如端木蕻良的《土地的誓言》中，"这时我听到故乡在召唤我，故乡有一种声音在召唤着我。她低低地呼唤着我的名字，声音是那样的急切，使我不得不回去"几句，表面写故乡的召唤，其实是写自己的思念。让学生首先联系背景资料，理解把"她"比喻为给"我"生命、养"我"长大的母亲；再从拟人化的角度思考故乡召唤"我"的原因，是因为故乡被日本侵占十年之久，饱受铁蹄蹂躏的痛苦，仿佛在撕心裂肺的痛苦中呼喊自己的儿女；接着，探究作者为什么会产生这样的幻觉。这是因为对美丽富饶的东北大地魂牵梦绕的炽热的眷念，对解放土地母亲的强烈的焦虑感、使命感、责任感。这样学生也就体会到"我"对故乡、对沦丧的国土挚痛的热爱，并理解了这种对面着笔的抒情方法。

还有李商隐的"君问归期未有期，巴山夜雨涨秋池"一句。请学生抓住"问"字，想象诗人的内心独白，如："你一定每天都担忧我的衣食饥寒，你肯定想问我何日才能回到长安，你肯定还会经常走到城外，久久地张望我的身影，可我身在峰峦万里的巴蜀，实在不知归期啊！"在此基础上，体会诗人的情感，可以感悟到诗人写妻子的担忧与询问，其实是表达自己牵肠挂肚、缠绵悱恻的思念。

（五）营造节奏

陶渊明的《桃花源记》中，将"便要还家，设酒杀鸡作食"一句改为"便要还家，设酒，杀鸡，作食"，与原文比较表达效果有何不同。学生便能感觉到修改后的文字节奏变得舒缓，似乎村中人有些不慌不忙，而原句动作节奏快，让人看见一片忙活的情景，更能表现出村中人的古道热肠，以及作者向往的淳朴的社会风尚。由此可感悟到运用动词叙述事情，节奏不同，效果有异。

再如："愈捶愈烈！痛苦和欢乐，生活和梦幻，摆脱和追求，都在舞姿和鼓点中，交织！旋转！凝聚！奔突！辐射！翻飞！升华！"这是刘成章描写安塞腰鼓的精彩语句。安塞腰鼓已经成为一种文化符号，一种诗的意象，它象征着坚毅不屈、意气风发、蓬勃向上、积极进取的精神。例句用"交织"等七个动词构成排比递进的特殊句式，师生一起用语音逐渐加重、语气逐渐增强的递进式朗读，读出安塞腰鼓震撼人心的力量，读出全文的情感高潮。然后让学生用比喻来形容这七个动词的气势，比如像大海决堤，一泻千里；似火山喷发，岩浆迸飞高空等。接着玩味这些词语的含义：人们在多种情感的交织中，奋力拼搏，奋勇前进，突破困境，古老的黄土高原、中华民族犹如凤凰涅槃，终于获得天翻地覆的变化，有如"一唱雄鸡天下白"，获得升华，获得质变，获得新生！学生也就从中感受到了这种动词语用节奏的艺术魅力。

动词的表达技巧还有很多，如以动衬静、动静结合、对比衬托等，这里也不再一一举例。

四、挖掘动词的结构作用

（一）引起或总领下文

教学宗璞的《紫藤萝瀑布》，品析开头一段的作用，学生结合下文语境不难发现，"我不由停住了脚步"在结构上设置悬念，引起下文；内容上蕴含了"我"的惊喜之情，侧面表现了紫藤萝花开之盛。

再如茅盾的《白杨礼赞》开头一段，学生关联下文语境，体会"赞美"一词的内涵，既可以理解其总领下文的作用，也可以理解其与结尾呼应的作用，又不难发现它实质是贯穿于全文的情感线索。

（二）领起层次或段落

分析毛泽东的《沁园春·雪》中，"望长城内外，惟余莽莽；大河上下，顿失滔滔。山舞银蛇，原驰蜡象，欲与天公试比高"这一层次，要求学生画出"望"的宾语，想象并描述"望"的景象。这样既可以看出其领起一个层次的作用，感受到壮丽的北国风光，还能领略到词人高瞻远瞩，胸怀祖国河山的宏大胸襟。

理解鲁迅的《阿长与〈山海经〉》中，"此后，我就更其搜集绘图的书，于是有了石印的《尔雅音图》和《毛诗品物图考》，又有了《点石斋丛画》和《诗画舫》"这一段，要求学生思考：这段话是围绕哪一个词语展开叙述的？你如何理解这个词语的内涵？学生寻得"搜集"一词。"搜集"即到处寻找图书，并聚集在一起；"我""搜集"的作品，都是中国古代音韵、诗画方面的文化精品，可见阿长买来《山海经》，引起了"我"阅读中国经典作品的浓厚兴趣，蕴含了"我"对长妈妈深切的怀念之情。

（三）结束全文或卒章显志

"我知道，作为一滴水，我终于以水的方式走过了丽江。"这是阿来《一滴水经过丽江》的最后一句。学生探究这句话在结构上的作用，抓住"走过了"这一动词短语，就很容易发现它结束全文的作用：照应课文题目，空间上结束了移步换景，时间上结束了游览行程。

品析苏轼的"会挽雕弓如满月，西北望，射天狼"一句，问学生：从"挽""望""射"三个动词，可以看出词人怎样的形象？学生体会到这是豪放者的形象；这是英勇者的形象；这是有理想者的形象；这是爱国者的形象等。接着问：词人果真要把天狼星射下来吗？学生结合注解，了解到传说中天狼星"主侵略"，比喻侵扰边境的西夏军队，由此感悟到词人希望得到朝廷重用，立功报国的愿望。教师顺势明确：这就是诗歌的主旨，词人运用了卒章显志的笔法。

任何创作都是建构交际语境。文学作品中，动词是作家建构语境过程中具象言语思维的内容。每一个动词都犹如一面镜子的碎片，具有反映语境整体的全息功能。因此品析一个动词，需要引导学生结合语境，通过想象、揣摩和体会，"破译"它的语境信息，理解它的语用含义。这种由词语到形象、到意义的品析过程，需要经过复杂的语境关联和推理，它可以培养学生灵活生动的想象力、精深细致的体验力、敏捷深刻的语感力。对动词语用现象梳理和分类，可以帮助学生习得动词语用规律，建构动词的言语思维图式，有效发展言语思维。

第二部分　言语思维的基本规律与教学课例

文本生成是一个复杂的言语思维过程，词、句、段、篇各有其复杂的言语思维规律。语文教学的重要任务就是引导学生掌握各种语篇的言语思维的基本规律。在第一部分，我们仅呈现了空间语词和动词言语思维规律的研究成果。在这一部分中，我们将用生动的、完整的课例，展示语境言语思维规律、渲染言语思维规律、相似言语思维规律、具象言语思维规律、体式言语思维规律、张力言语思维规律、路径言语思维规律和分析综合言语思维规律的教学情景。学生习得这些言语思维规律的过程，是言语思维向抽象的高级水平发展的过程，它能使大脑里纷繁复杂的阅读神经网络形成言语思维的图式，从而极大地提高阅读与写作能力。

语境言语思维

　　文本生成是一个复杂的言语思维过程。内部言语是个人化的、自明的、高度省略的、不可理解的，要将其转换成社会化的、看得懂的外部言语，就必须加以扩展。由内部言语扩展为外部言语，最重要的制约因素是语境，包括时间、地点、作者、读者、言语目的、言语方式等。其中，最核心的因素是读者，因为语言之所以产生和存在，主要就是为了交际，而且需要做到明人、服人、感人，才能更好地实现交际目的。阅读教学要重视从"为读者"的角度理解文本，引导学生体会作者的读者意识，即为了读者的理解、接受、信服、感动，在言语表达上所做出的努力。"为读者"的意识是言语思维的动力，也是语境言语思维的基本规律和基本原理。

《应有格物致知精神》：还原文本的交际语境

　　《应有格物致知精神》是统编教材八年级下册第四单元中的课文，是美籍华人丁肇中先生1991年10月在北京人民大会堂举行的"情系中华"大会上发表的演讲，也是他被《瞭望》周刊授予"情系中华"征文特别荣誉奖的一篇发言稿。受传统教育的影响，我国基础教育注重对基础知识和基本技能的训练，而忽视学生创新精神和实践能力的发展，这已不能适应社会、时代发展的需要。鉴于此，作者根据现代学术发展的要求和个人经验，并联系我国传统文化的背景和现状，提出了殷切忠告：要保持怀疑求真的态度，要靠实践来发现新知。时隔三十多年，今天的学生学习这篇文章必然会有陌生感、距离感，理解文本的深刻思想内涵会遭遇困难。因此，教学中需要还原交际语境，帮助学生深入了解作者动态的语境心理，深透地理解文本的言语内容、言语形式和言语意图，习得语境言语思维规律和原理。

　　教学重点：通过还原交际语境，拉近学生与演讲者、演讲词之间的距离，领会演讲者本初的真实意图及其表现出的言语智慧。

　　情境创设：你作为本校初二年级的学生代表，有幸去北京人民大会堂参加了"情系中华"征文活动颁奖大会，聆听了丁肇中先生《应有格物致知精神》的演讲。现在你回到了学校，班级同学对这次演讲非常好奇，大家迫切地想知道与这次演讲有关的很多信息。下面有几个任务，请你协助完成：

　　一、提炼演讲信息

　　请你补全下列表格（表1），向班级同学简要介绍这次演讲的主要信息。

表1　演讲信息的提炼

演讲题目	应有格物致知精神
演讲者身份	①
演讲缘起	②
听众	③

演讲题目	应有格物致知精神
场合	④
话题	⑤
观点	⑥
意图	⑦

学生交流后明确：

①美籍华裔物理学家、诺贝尔物理学奖获得者；

②被《瞭望》周刊授予"情系中华"征文特别荣誉奖时，发表感言；

③社会各界人士；

④北京人民大会堂；

⑤格物致知；

⑥我们要培养实验的精神，靠实践来发现事物的真相；

⑦希望我们重新思考"格物致知"的内涵，重视动手实验，在做中学、学中做。

二、交流听后感受

班级同学很想知道丁肇中先生的演讲会给中国学生带来怎样的感受。请你结合下列材料，简要谈谈。

材料一：

中国古代教育强调知识的接受与积累。科举考试考的都是死记硬背的知识，形式僵化。"代圣人立言"，脱离现实，严重忽视观察研究事物的实践能力。老师的任务就是"传道授业解惑"，学生的学习就是读书、背书，机械而刻板。

材料二：

我国的当代教育以应付升学考试为目的，其教育模式与考试方法限制了学生能力的充分发挥，脱离了社会发展的需要，违背了自然发展的规律。

材料三：

我国1980年后的教育以大量时间投入为表象，促使教师和学生在一个封闭的空间里，全力以赴应对中考、高考，以获得佳绩为唯一目标。

1. 学生阅读课文，交流感受

①我们学习任何一门学科时，都不能一味依赖老师的讲解，被动地接受知识，自己却不动脑筋思考。一定要亲自尝试，在做题中检验所学，在错误中反思，这样才能知道是否真正理解和掌握所学的内容。

②我们不能死读书，读死书，"尽信书，则不如无书"，要将书本上学到的知识应用于实践。像语文和数学都与日常生活密切相关，不是"死"的知识。如果只看重试卷上的分数，必然得不偿失。

③现在的学生大部分时间都是坐在教室里，参与实践的机会少得可怜。社会上的"高分低能儿"屡见不鲜，还有一些"成年巨婴"，他们自理能力弱，更别谈什么实践能力了。"纸上得来终觉浅，绝知此事要躬行"，确实应该像丁肇中先生说的那样，注重培养实践精神。

④学校将考试分数作为评价学生的唯一标准，迫使我们学生为分数而战。当今社会"内卷"形势日趋严峻，只有你想不到，没有他"卷"不到。如果我们学生只顾埋头追求成绩，而忽视实践能力的培养，并不能真正适应社会发展的需要。

2. 教师小结

丁肇中先生的演讲能让同学们产生如此丰富的感受，说明他的演讲是成功的，效果很好。大家理解了他所要表达的观点，那就是要有格物致知的精神，通过实践来获取新知。

三、鉴赏演讲艺术

班级同学很想知道，丁先生作为诺贝尔奖的获得者，取得了举世瞩目的科研成就，他的演讲是否也具有很高的水准？请你根据课文内容，结合下列材料，完成表格，向班级同学解说丁先生为了使听众理解、信服、感动，在言语表达上所做的努力。

1. 学生阅读链接材料，完成表格（表2）

材料一：

演讲，其实就是向听众表达自己的观点。在交际语境中，演讲者要处处为听众着想，做到"心中有听众"。为了让听众明白、信服、感动、接受，以实现自己的目的，演讲者要花费一番心思：

①充分考虑听众的年龄、身份、文化程度、心理需求等，以此确定演讲的主题、内容和语言风格。

②善于拉近与听众的距离。

③善于激发听众的兴趣。

④善于引发听众的注意和思考。

⑤要有针对性，解决现实问题，生成价值等。

材料二：

王阳明，即王守仁，世称阳明先生，明代著名的思想家、哲学家、教育家，精通儒家、佛家、道家，是中国历史上罕见的全能大儒。倡导"心学"，主张"心即是理""无心外之理，无心外之物"，"心"即是万事万物的最高主宰，他认为真理是从内心领悟的。

表2　演讲者为听众的期望所做的言语表达上的努力

演讲者（作者）		对听众的期望	
话题与观点	内容	作者期望听众产生怎样的心理感受？	作者最终期望听众相信什么？
话题：如何研究自然科学 观点：要有格物致知的精神	谈及父亲和自己所受的教育	①	⑧
	指出中国的传统教育并不重视真正的格物和致知	②	
	举王阳明的例子	③	
	指出实验过程的特点	④	
	指出中国学生存在的问题	⑤	
	谈自己的个人经验	⑥	
	总结全文，提出希望	⑦	

2. 教师示例

关于第①点，作者在开头谈及父亲和自己所受的教育，是想告诉读者自己其实也是中国人，希望听众感到很亲切。此外，作者既接受过中国传统教育，也接受过西方教育，深知二者之间的差异，希望能够引起听众的注意和兴趣，取得听众的信任。

3. 学生完成②至⑦处填空，讨论交流

关于第②点，作者指出中国的传统教育并不重视真正的"格物"和"致知"。有的学生推测作者是为了先否定听众原本的错误观点，希望听众产生疑惑与好奇，引发注意与兴趣，激发他们的思考，之后再引出真正的"格物"和"致知"，这样可活跃听众的思维，且更有条理性和说服力；有的说作者是想向听众们揭示中国传统教育的弊端，使听众重新认识"格物致知"，使演讲有针对性，这样才能产生价值；还有的学生认为作者考虑到了听众群体中有不少人是受传统教育的，所以直接指出中国传统教育的缺陷并点明原因，希望社会各界人士都能认识到中国当代教育的不足，认真反思并尝试改革。

关于第③点，作者举王阳明的例子。有的学生推测因为这个例子本身有趣好玩，大学者王阳明闹出了笑话，"面对这竹子硬想了七天，结果因为头痛而宣告失败"，语言形象，具有画面感，更易引起听众的兴趣和注意；有的认为连王阳明这样一位知名度广、地位高、影响大的学者，都把探察外界误认为是探讨自己，认为真理是从内心领悟的，可见这种错误认知的典型性、普遍性，希望听众感到震惊，引起他们的深刻反思，最终信服作者的观点；还有的觉得作者用王阳明"格竹"失败的事例，引导听众思考失败的原因，进而揭示传统教育不重视真正的格物致知，这就把深奥抽象的道理阐释得浅显形象，希望能激发听众的兴趣，也便于听众理解自己的观点并从中获得启示。

关于第④点，作者指出实验过程的特点。有的学生推测作者是想通过介绍王阳明"格竹"的过程，向听众证明：知识的获取不能仅仅通过心来想，更要通过亲身实验。在实验的过程中应有细致具体的计划，从而让听众具体了解格物致知的内涵与意义，希望听众恍然大悟，印象更深刻；有的说作者是为了展示格物致知在日常生活与学习中的具体表现，教会听众如何格物致知，这就使作者的演讲更有针对性，可以解决现实问题，也让听众更进一步了解实验对科学探究的重要性，使听众深信不疑；还有的认为作者是为了更形象具体地向听众说明，让格物致知精神这一抽象的概念变得通俗易懂，从而拉近与听众的距离。

关于第⑤点，作者指出中国学生存在的问题。有的学生推测作者考虑到在场的听众有中国学生，所以拿中国在美国的留学生来举例就很有针对性，指出中国学生的功课成绩常常很好，但当他们身处研究实验之中时，往往拿不定主意，不知所措，更有力地证明了传统教育并不重视格物致知精神这一现实问题；有的觉得作者是想引起在场中国学生的共鸣，希望他们能够进行自我反思，意识到自己的不足并做出改变，领悟到实验的重要性，让这种观点深入人心；还有的认为作者希望引起中国教育界人士的注意，拉响警报，提出警示，促使他们对中国现今的教育模式、教育现状进行反思与改进。

关于第⑥点，作者讲述个人求学、科研的经历。有的学生觉得作者曾经也是学生，将自己的经验分享出来，真实而亲切，能拉近与听众的心理距离，取得好的演讲效果；有的推测作者现身说法，是想告诉听众自己也曾受到传统教育的束缚，和大家一样重理论轻实验，所以吃了很多苦头，因此告诫听众，希望大家信服自己；有的说作者身份特殊，作为一名获得过诺贝尔奖的科学家，自己的求学经历对于广大青年学子来说，本身就具有很大的参考价值，更能让听众信服，且迎合了听众的心理期待，从而引起他们极大的兴趣和关注；还有的认为作者是为了使听众通过自己的亲身经历，更直观地感受到中国传统教育的弊端，既验证了作者的观点，又可以让听众易于接受并获得启示。

关于第⑦点，作者总结全文，提出希望。有的学生推测作者在结尾重申观点，从学术研究话题扩大到如何应对当下的世界环境，站在更高的视野强调格物致知精神在各个领域都是不可缺少的，大大提升了演讲的现实意义，加深了听众的印象；还有的认为作者最后提出号召，希望中国学生对格物致知有新的认知和思考，转变自己的学习方式和思维方式，培养实验的精神，甚至站在更高的层面上，希望中国能培养出创造型、实验型人才，使中国的科学事业能有重大的发展，这能体现作者的爱国情怀，从而打动听众，鼓舞人心，将现场气氛推向高潮。

4. 关于第⑧点，作者最终期望听众相信什么，请根据下列材料，继续揣摩演讲者的真正意图

材料一：

演讲，其实就是向听众表达自己的观点。在交际语境中，演讲者演讲时必然会考虑到不同的听众对象，因此必定会带有某种演讲目的和意图，以期达

到一定的交际效果。

材料二：

丁肇中曾不顾美国政府反对，在1976年诺贝尔奖的授奖典礼上，坚持用中文发表演讲。他说："中国有句古话：'劳心者治人，劳力者治于人。'这种落后的思想对发展中国家的青年们有很大的害处。由于这种思想，很多发展中国家的青年倾向于理论研究，而避免实验工作。我希望我这次得奖能够唤起发展中国家学生们的兴趣，注意实验工作的重要性。"

材料三：

1977年秋，丁肇中访华期间，向邓小平建议中国科学院派遣物理学家参加他的实验小组。自1977年1月他迎接第一个中国物理小组，迄今十年来，已有上百人去到他的身边。

（选自《青年科学向导》2002年第5期）

材料四：

1977年，邓小平在科学和教育工作座谈会上提出："我们国家要赶上世界先进水平，从何着手呢？我想，要从科学和教育着手。"明确把科教发展作为发展经济、建设现代化强国的先导，摆在中国发展战略的首位。

（1）学生阅读材料，揣摩思考，讨论交流

①作者作为接受过中西方教育并获得巨大成就的科学家，敏锐地认识到在久远的文化背景下，中国基础教育的缺点在于忽视培养学生的实验精神。长此以往，中国学生将不能适应新时代的需要，从而影响到国家的发展与民族的振兴。所以作者根据个人经验，想告诉中国学生应转变学习与思维方式，通过实践去获得新知，让实验精神真正成为中国文化的一部分。

②从更高层面看，作者是中国人的后代，身体里流淌的是中华民族的血脉，只不过出生在美国的土地上罢了。作为一名中国人，作者有着浓烈的家国情怀，非常关心祖国能否从落后贫穷走向繁荣富强，希望中国培养出振兴国家大业的创新实验型人才，希望中国的科学事业能有重大发展，希望中华民族能自信地屹立于世界之林。

（2）教师小结

在了解了丁肇中的身份经历、思想性格、精神品质、信念情怀及其特定处境下的特殊心情后，同学们深刻领悟到一位爱国的美籍华人真正的演讲意图：希望自己的祖国振兴、繁荣、强盛。

四、拓展延伸

1. 思考问题：在20世纪90年代，印度和中国一样同属于发展中国家。设想丁肇中先生受印度政府邀请，访问首都新德里，给青年学生做同题演讲，表达同样的"应有格物致知精神"的观点。想一想：他将会对我们所学的这份演讲词的哪些内容进行修改？为什么？

（1）学生根据要求，思考交流

①删去或替换第一段中写作者接受中国传统教育、接触中国学生的部分。因为作者此时在印度，说自己接受中国教育并不会达到原有效果，可能还会适得其反。

②删去《大学》所涉及的内容。因为印度没有"四书"，所以不用提及"四书"中的《大学》，提了也没人知道，无法产生共鸣。

③修改称谓。因为这是在印度的演讲，听众是印度学生，所以要把中国学生改为"印度学生"或"你们"，显得直截了当，也有针对性。

④修改与中国教育有关的部分。因为印度学生没有亲身经历过中国的教育，没有共同话题，所以应结合印度的教育，或者将二者进行对比。

⑤删改王阳明的例子。因为王阳明作为中国明代哲学家、教育家，他的思想很难被印度学生理解，也吸引不了听众的注意。应改为印度学生所广泛知晓的学者的例子，这样才有代表性，演讲也会更有针对性。

⑥修改与中国学生的问题有关的部分。因为中国学生的问题受到中国传统教育历史、文化的影响，而中印文化背景不同，思想也不同。所以中国学生的问题对于印度学生来说只能作为参考，不够典型。

⑦修改丁肇中自己的例子。因为印度人口多，经济不发达，受过高等教育的人也不多，所以他们对大科学家丁肇中的崇拜程度可能不高，也就不会对他的演讲产生很多期待。既然不感兴趣，就不会集中精力听。

（2）教师小结

国情不同，环境场合不同，听众对象的教育及文化背景不同，交际内容及话语方式也应该随之发生改变。

2. 阅读下列链接材料，思考问题：如果丁肇中先生在华盛顿给美国的青年学生也做《应有格物致知精神》的演讲，是否具有和在中国演讲同样的价值？为什么？

材料一：

1957年，苏联第一颗人造卫星的成功发射，不仅激发了世界强国之间的科技竞争，还引发了世界范围的大规模教育改革运动。美国从20世纪50年代末期开始进行了六次教育改革。

材料二：

杜威，美国人，实用主义教育思想的代表。主张"教育即生活"，认为学校活动应在一定程度上反映社会生活。主张儿童要通过直接经验来获得知识，提倡发现式学习，教学相长。

材料三：

受杜威实用主义教育思想的影响，美国课堂注重生活和学习相关联，重视知识在生活中的应用，重视参与的教育，教师会想方设法地为学生提供亲身体验的机会……同美国学生相比，中国学生实践能力差，课堂参与积极性不高。[①]

（1）学生大多认为二者不具有同等价值

①中国在教育思想与教育方式方面远远落后于美国，中国学生非常需要认识到实验的重要性，而且他们动手实践的机会实在太少了。但美国的教育注重生活与学习相关联，给学生创造了很多亲身体验的机会，可以提高他们适应社会的能力。所以在美国的同题演讲是没有价值的。

②丁肇中先生的演讲针对的是中国学生不了解格物致知精神真正内涵的问题，是为了让中国学生改掉重理论轻实验的毛病。但美国经过六次教育改革后，很注重培养学生的动手实践能力。如果将这次演讲放在美国，会显得多此一举。

（2）教师小结

通过对比，我们进一步明白，演讲必须具备极强的针对性才能有价值。

"语境教学是语文教学的发展方向，是改善语文课堂教学现状、提升语

---

① 张志娟. 美国中小学课堂学习的特点及启示 [J]. 现代中小学教育，2018（7）.

文教学质量的基底理论。"①很多老师会把丁肇中的《应有格物致知精神》当作议论文来教，这就忽视了文本的历史语境，也忽视了丁肇中其人作为语境要素之一，他发表本次演说的思想情感动机与目的，及其为实现交际目的在内容选择和言语表达上做出的努力。所谓还原交际语境，主要就是让学生了解演讲的背景与场合、演讲者特定的身份、演讲的对象及话题，这样学生才能真正理解演讲者的意图。

任务一，学生首先需以参会听众的身份，向班级同学介绍美籍华裔科学家、诺贝尔物理学奖获得者丁肇中先生演讲的相关信息，以满足大家的好奇心。完成任务的过程就是整体把握文章内容的过程，学生由此了解了交际语境的基本信息，如演讲者的特殊身份、听众对象的特点、演讲的场合、话题、意图等。

任务二，和班级同学交流分享自己的听后感受。"有大量研究证实，学生关于阅读材料的背景知识是影响阅读理解效果的重要变量。……如缺少阅读材料的背景知识，理解水平也会降低。因为阅读认知过程中重要信息的加工方式是同化加工，读者要利用原有的知识去解释、消化文章信息。"②由此可见，学生在阅读前是否具有适当的语境知识，在阅读时能否激活这些知识，影响着他们对所读文章理解的程度。丁肇中先生的演讲发表于20世纪90年代，时隔三十多年再来学习这篇文章，学生由于不了解中国教育的历史及当时的国情，必然会产生阅读障碍。为了帮助学生更好地理解本次演讲的深刻思想，我们提供了相关资料，还原了当时的历史文化语境，让学生了解到中国传统教育的弊端。

中国人重视知识，崇尚"学富五车""满腹经纶"，轻视动手实践。中国的应试教育脱离了社会现实，对青年人的进步及国家的发展产生了很大危害。学生阅读相关资料后，激活了已有的生活与学习经验，或联系背景，或分析现状，或反观自身，产生了丰富的感受，如：教育"内卷"形势严峻，应试教育不能培养动手能力，现实生活中的"高分低能儿"屡见不鲜，只有在实践中才能获得、消化新知，等等。可见，学生认同了丁肇中先生的观点。

任务三，鉴赏丁肇中的演讲艺术，感受他为听众所做的努力。首先，关

① 孔凡成.语境教学论[M].南京：南京大学出版社，2019：192.
② 孔凡成.语境教学论[M].南京：南京大学出版社，2019：193.

于演讲技巧和知识，作者是具备的，而学生恰恰缺乏。"当学生在学习中缺少相关认知背景时，教师可通过引入引导性材料创造认知背景，补充学生未有的经验，为后续学习提供认知背景，从而降低后续学习的难度。"①我们为学生提供有关演讲技巧的资料，就是还原作者演讲的认知语境，为学生提供言语思维的支架。课堂上，学生们强化了文本细读，了解了作者出于对交际对象的身份经历、文化教养、思想特征、心理需求等方面的考量，指出中国教育的不足及中国学生身上存在的问题，正是为了引起听众的强烈兴趣、高度关注与深刻思考。

"在理解别人的话语时单单理解词面意思而不理解谈伴的思想是不够的。但是理解谈伴的思想而不理解他的动机，不理解他表达思想的目的，也是一种不完全的理解。"②为了帮助学生深入作者动态的言语心理过程，理解作者深层的话语意图，我们还原了语境要素——演讲者的相关资料——如丁肇中的身份经历、思想性格、精神品质、信念情怀以及特定处境下的特殊心情等。学生进一步了解到丁肇中严谨的研究态度、赤忱的爱国情怀、殷切的报国之志及强烈的民族使命感。他虔诚地希望中国能够重视科学实验教育，培养出实践创新型人才，实现中华民族伟大复兴。由此，学生领悟到丁肇中的真正动机与意图，并为之感动。

接着，在延伸拓展环节，第一步是引导学生设想丁肇中给印度新德里的青年做同题演讲，他会修改课文中的哪些内容。学生经过讨论发现，丁肇中是根据中国教育的历史文化背景及国情发表的本次演讲，所以很多东西并不适合照搬到印度去，如《大学》等儒家经典、王阳明的例子、中国学生的例子等都应删除。通过这一层比较，学生认识到"到什么山上唱什么歌"，国家不同，文化、历史、认知等背景也随之不同，交际内容的选择与调整受制于演讲的场合与听众对象的特点。

延伸拓展的第二步，设想丁肇中给美国华盛顿的青年学生做同题演讲，是否具有和在中国演讲同样的价值。学生在比较中发现，此次演讲在中国具有极高的价值，而在美国则可能毫无价值。因为美国教育经历了六次改革，重视学生的实践能力。由此，学生进一步明白演讲必须具备针对性才能有价值，也

---

① 孔凡成.语境教学论 [M].南京：南京大学出版社，2019：193.
② 余震球.维果茨基教育论著选 [M].北京：人民教育出版社，2013：356.

更加深刻地领悟到作者希望中国实施教育改革的良苦用心。

　　还原交际语境可以培养学生关联文本内外语境思考、解决问题的语境言语思维能力。教师要以语境理论为指导，遵循语境教学原则，根据语境教学特点与途径，拉近学生与文本、作者之间的距离，促进学生与文本、作者进行对话，引导学生从原理上理解作者为了读者所做出的辛苦努力及表现出的言语智慧。这是建构语境阅读神经网络，形成语境言语思维规律、思维图式的过程。

《桃花源记》：在文本中嵌入交际语境

语文教学从学生语文生活实际出发，创设丰富多样的学习情境，设计富有挑战性的学习任务，可以激发学生的好奇心、想象力、求知欲，促进学生自主、合作、探究学习。

交际语境属于情境的一种，它对于言语表达和理解具有明显的制约作用。言语交际总是出于一定的目的，需要切合交际者的身份，并适应交际对象的特点，才能取得好的效果。阅读教学中，可选择文本合适的艺术空白，嵌入交际语境，引导学生展开想象，完成人物之间的言语交际。如阅读《阿长与〈山海经〉》，让学生想象阿长买《山海经》时与书店老板的对话；教学《我的叔叔于勒》，引导学生想象克拉丽丝为了促成女儿的婚事，向女婿介绍于勒的信的话语；学习《范进中举》，启发学生想象在范进中举后，胡屠户的儿子巴结范进的言语。像这种基于文本设计的交际活动，不仅能够引导学生结合上下文理解文本，拓展文本语境，丰富文本意蕴，而且还具有驱动学生言语思维，综合训练语境言语思维、具象言语思维、修辞言语思维等方面的作用。

陶渊明的《桃花源记》中，写渔人"及郡下，诣太守，说如此"，渔人究竟是怀着什么目的拜见太守，又是如何说服太守遣人"随其往"的呢？这里留下了艺术空白。笔者围绕"说如此"，嵌入交际语境，设计以下教学过程。

一、请学生以渔人的身份讲述"说如此"的内容

渔人离开桃花源做的第一件事是"及郡下，诣太守，说如此"，结合课文内容，展开联想与想象，渔人会向太守说些什么呢？以渔人的身份讲述"如此"的内容。

学生阅读课文，做书面的回答，大都是按照课文把渔人的所见所闻复述了一遍。这一步只是基本达到了疏通字词、把握课文内容的目的。

二、引导学生在揣度渔人目的的基础上讲述

任务一：品析"太守即遣人随其往"一句中"即"的表达作用。

"即"有"立刻""马上"的意思，说明太守很感兴趣，可见渔人"说"得很好，让太守一听就立即派人前往。

任务二：渔人是怀着什么目的"说"的？为了让太守很感兴趣，他到底会怎么说呢？请以渔人的身份把"如此"的内容说出来。

有交际话题、目的、身份（渔人）、对象和话语方式（叙述），就构成了一个交际语境。大部分学生认为，渔人的目的是想让太守带领百姓脱离现实的苦海。学生代入渔人的身份，在交际目的和效果的驱动下，其话语内容、话语策略和话语方式等方面发生了很大的变化。

渔人说："大人，我发现一片建功立业的宝地！那里土壤肥沃，环境优美，无论是和天下贤士饮酒作赋，还是召集百姓耕种作业，都十分适宜。事情是这样的，我几天前坐船捕鱼，沿着河流划着划着就迷路了。想着顺流而下，就任船随河水漂流。忽然抬头看到了一片桃花林，以前从来没有见过，就觉得十分奇怪，想去看看林子的尽头。说来也巧，林子尽头也是河流尽头。您猜怎么着？那里有一个洞穴，洞中还隐隐发着光，我就走进去。起初洞穴内还十分狭小，只能容纳我一人通过，又走了几十步，突然变得开阔明亮了。出了洞穴就有一个村子。这村子占地可不小，土地平坦宽阔，房屋整整齐齐。（村外）良田万亩，沃野千里。田间小路交错相通，稻谷的香味扑面而来。在村里走上两圈，各家各户鸡鸣狗吠声不断。那里家家户户都能喝酒吃肉，生活安乐富足。奇怪的是，他们居然自称秦朝后裔，自秦乱后一直生活在这里，和外面断绝往来，对外面的情况也一概不知。我在那里待了很久，顿顿有肉吃、有酒喝。这样的地方谁能不向往呢？看他们也不是恶人，若我们再去，他们一定会热情款待的！出来时，我一路上做好了记号，顺着标记，我们就能再到那儿。我想您是否能与之商议，看看能不能接济一下我们郡的难民，让一郡的百姓都迁往那里，结束战乱纷扰、流离失所的生活吧！在这动乱的年代，最困难的便是我们老百姓啊！像太守这样英明神武、一心为民的好官可不多见，请您派几个人再次与我前去探路吧！"

分析学生的习作内容，笔者总结了以下几个方面。

（一）话语内容

话语内容有所取舍。在起初的表达中，学生直言"临走时，他们叫我不要把这里的情况告诉别人"。修改后，学生则隐去了"此中人语云：'不足为外人道也。'"的事实，而重点凸显村中人的淳朴热情，从而让太守产生好感。

增添了自己的观点。在起初的表达中，学生如实描述桃花源的风貌，修改后，融入了自己的观点和感受，如"建功立业的宝地""无论是和天下贤士饮酒作赋，还是召集百姓耕种作业，都十分适宜""看他们也不是恶人"等，从而让太守感兴趣，以引起太守的向往。

（二）话语方式

设置悬念。学生意识到想要达成自己的目的，所说的话一定要引起太守的兴趣，而且要在一开始就吸引太守的注意力。所以开头就说"我发现了一片建功立业的宝地"，还有如"我发现了一个好地方"，"我有一要事禀报"。

夹叙夹议。如"忽然抬头就看到了一片桃花林，以前从来没有见过，就觉得十分奇怪"，"那里家家户户都能喝酒吃肉，生活安乐富足。奇怪的是，他们居然自称秦朝后裔"，其中"奇怪""生活安乐富足"都是"渔人"的主观感受。表达这些都是为了感染太守。

运用夸张的修辞手法。在起初的表达中，学生对桃花源环境的描绘是较为平实的。修改后，学生夸张地描绘桃花源为"良田万亩，沃野千里"，"家家户户都能喝酒吃肉"，强调桃花源面积广阔，资源丰富，暗示太守那里足够让一郡百姓迁入其中，并且都能过上好日子。

句式多变。增加了感叹句、反问句，以加强语气，如："最困难的便是我们老百姓啊！""这样的地方谁能不向往呢？"这样更容易感染太守，令其心动。

注意措辞。渔人和地方官太守讲话，首先要尊敬太守，所以用"您"这样的称呼，并且有意吹捧太守，想要赢得他的好感。

当然，对于渔人的言说目的，有多种不同的看法。但随着交际目的的变化，话语内容和话语方式也相应地发生了变化。当渔人的目的是让太守将桃花源归顺至郡下时，学生会强调村中没有赋税，村中人"富得流油"，还"警告我出来后定不能和他人说"。话语目的不同，渔人口中的桃花源人形象也有所不同，他们甚至不再是热情淳朴的村民，而变成了背叛者。

那里土壤肥沃，湖水清澈，树木茂密，家家都能喝酒吃肉，简直富得流油！惊奇的是，他们居然自称秦朝后裔，自秦乱后都在里边，还警告我出来后定不能和他人说。这群人占用我朝土地，却不用交税服役，还有没有王法了？简直是侮辱父母官大人您啊。若大人启禀圣上，收复其为我朝所用，您定能平步青云啊！

当渔人的目的是个人获益，学生则会强调进入与离开桃花源过程中的困难：

那里有一个洞穴，我细细观察，发现洞中发着光。我就走进去，一开始那洞穴狭窄极了，只能容得下我一个人，我缩着身子、低着头，心中很是害怕……出来以后，我找到了原来的船。回来的路上，水流再急，我也不敢松懈，一路上仔仔细细做好了标记。下了船，不敢休息，赶忙来到了太守这里禀告此事。要是大人想去，就让我为您带路，事后，念在草民来往辛苦，还望太守为小的免去些赋税！

三、引导学生根据渔人身份和交际对象讲述

教师可以引导学生揣度渔人的文化修养和可能的话语方式，引导学生讨论，面对太守这一对象，怎样做到礼貌、得体，取得好的劝说效果。并以上述第一份讲稿为例，让学生进行集体讨论修改。

从交际语境的角度看，说话要合乎身份，什么人说什么话；且必须考虑到交际对象的特点，注意对什么人说什么话。在自我身份和交际对象的制约下，学生的话语方式再次发生了变化，语言变得鲜活，有个性。

渔人说："草民拜见太守大人！启禀大人，草民发现了一个了不得的宝地！草民来自武陵，一家老小都是捕鱼的。俺几天前捕鱼，顺着老路行船。可不知为何跟鬼打墙似的，草民迷路了，忽然抬头就看到了一片桃花林，以前从来没有见过，怪得很。俺下船往前走，走到了尽头。说来也巧，林子尽头也

是河流尽头。您猜怎么着，那里有一个洞，洞中发着光咧！俺就走进去，那洞穴越走越宽敞。走着走着，出了洞穴就有一个村子，可是惊呆了俺嘞！竟然有一群人在里头生活！里头的景色哟，田地哟，那叫一个好呢！土地那个肥哟，一大片连着一大片，房子也都整整齐齐，漂漂亮亮。肥沃的田地里横横竖竖的小路交错相通，一看就是常年有人耕种打理，谷堆高高的，收成一定不错。在村里走上两圈，各家各户鸡鸣狗叫声不断，热闹极啦！家家户户都喝酒吃肉，快活得不得了哟！俺在那里待了很久，村民们都是好吃好喝的招待着。惊奇的是，他们居然说自己是秦朝后裔，打从秦乱后都在里边，和外头断绝了来往，啥也不知道。俺看他们都是好人，如果再去，他们肯定欢迎！俺想，大人您能不能和他们打个商量，看看能不能接济咱们外边的难民，或是教给我们一些良方，最好能把咱们一郡的百姓都带进去。这世道，最难的就是俺们老百姓啊！像太守您这样英明神武、一心为民的好官可不多见，草民求您派几个人再和俺去看看吧，草民感激不尽哪！"

通过比较修改前后文稿的内容，可以发现：

话语风格由典雅的书面语转为通俗的口头表达，显示出了个性。渔人的身份是普通百姓，文化水平不高，在兵荒马乱的年代里，急急忙忙找到太守，是说不出诗情画意的语言的。有了明确的身份意识和明确的交际对象，学生的改写在语言表达风格上就趋于口语化，删改了书面化的表达，说出的话更符合渔人的身份，如将先前的"土地平坦宽阔，房屋整整齐齐。（村外）良田万亩，沃野千里。田间小路交错相通，稻谷的香味扑面而来"，改为"里头的景色哟，田地哟，那叫一个好呢！土地那个肥哟，一大片连着一大片，房子也都整整齐齐，漂漂亮亮。肥沃的田地里横横竖竖的小路交错相通，一看就是常年有人耕种打理，谷堆高高的，收成一定不错"。

人物称呼上更礼貌、得体。渔人面对的交际对象毕竟是一郡的父母官，学生意识到渔人和太守在身份地位上的差距，自觉关照彼此的交际关系，便会注意到语言是否得体、礼貌。所以不仅增加了"拜见大人""启禀大人"等敬辞，还称自己为"草民"，语言更生活化，态度更诚恳谦卑。

添加了大量感叹词，语言更鲜活有趣，更有现场感，富有感染力。如"可是惊呆了俺嘞""洞中发着光咧"，"里头的景色哟，田地哟，那叫一个好呢""快活得不得了哟""草民感激不尽哪"等。

多用短句，便于直接对话，易于理解。如"俺几天前捕鱼，顺着老路行船。可不知为何跟鬼打墙似的，草民迷路了"，"土地那个肥哟，一大片连着一大片"等。

四、教师总结并引导学生探究写作意图

在学生揣度的渔人禀告太守的各种目的中，最可能的是什么呢？渔人最终并没有达到目的，作者设计这样的结局有什么意图呢？教师引导学生结合东晋兵连祸结、民不聊生、官场尔虞我诈的历史背景，讨论这两个问题，学生便很自然地走近了文本的主旨，触摸到作者的写作意图。

在上述教学实践中，随着交际的目的、对象、身份逐步明确，学生的交际内容和话语方式也随之发生变化。可见学生代入文本人物角色后，为了达到交际目的，他们的言语思维在不断地积极选择话语内容，努力采用恰当的话语策略，寻找合适的话语方式，努力生成让人信服、感动的言语形式。这样的言语实践活动，可以激发学生的积极性、主动性和创造性，驱动了言语思维。这种交际语境不仅成为学生阅读言语思维的支架，还使学生发现了语文学习与生活的关系，感受到了言语交际是生活的需要，也是解决问题、完成任务的需要，从而激发学生言语表达的动机，锻炼言语表达的动力，这正是言语思维发展必需的言语实践活动，是培养学生语境言语思维的一种有效途径。

《美丽的颜色》：利用文本创设交际语境

　　《美丽的颜色》是统编教材八年级上册第二单元中的一篇课文，节选自《居里夫人传》，作者是居里夫人的女儿艾芙·居里。课文主要写居里夫人和其丈夫比埃尔通过艰苦努力的科学研究，终于在沥青铀矿里提炼出镭的过程。艾芙·居里在《居里夫人传》的序言中说明了自己的创作意图，就是希望社会大众了解一个真实的居里夫人，了解这样一位伟大的女性——她是不被世俗定义的女性——坚韧、睿智，从不贪慕虚荣，品德高尚。作者为了达到创作目的，选取传主的典型事迹，通过刻画典型细节来表现人物精神，从而给读者以生动、真实的阅读感受。此外，作者大量引用居里夫人的原话，一是因为自己非常了解居里夫人，二是遵循"言为心生"的原则，通过人物语言表现人物精神，从而给读者切实的感受，让读者了解居里夫人的真正为人，并为之感动。最后，作者在写作本篇传记时还融入了自己的主观感受，丰富了文章内容，增强了感染力。

　　教学重点：

　　创设交际语境，驱动阅读思维，领悟文章细节描写和引用人物原话的作用，同时培养学生的语境言语思维。

　　课前准备：

　　阅读艾芙·居里的《美丽的颜色》、爱因斯坦的《悼念玛丽·居里》和居里夫人的《我的信念》三篇文章，了解居里夫人。

　　情境创设：

　　班级开展主题为"追寻科学家的足印"之居里夫人事迹演说会，每位学生都要发表一次关于居里夫人的事迹演说，目的在于激励班级同学汲取科学家的精神力量，学习科学家的杰出智慧。

　　课堂上分步完成三个任务：

一、拟写一个题目，让人喜欢

根据课文内容，准备一场演说，先制作一份演示文稿，在首页上拟写一个演说题目，努力让听众喜欢。

1. 学生浏览课文，提炼概括主旨，拟写题目，交流分享

①有的拟题简明直观，直接概括了课文主要叙述的内容，如"居里夫人和镭""居里夫人提取镭""镭的发现"；还有的运用了隐喻，如"镭的母亲""镭的诞生"。

②有的拟题展现了科研发现过程的特点，如"历尽艰辛，沐浴辉煌""大胆地猜测，小心地求证"，对称的短语，前后形成了鲜明的对比，令人印象深刻。

③有的从人物精神品质角度进行拟题，如"伟大的科学家""英勇的探索者""献身科学，忘我奉献"；还有的从因果逻辑角度进行构思，如"坚持不懈的果实"，采用比喻手法，是对居里夫人因坚持不懈而取得成功的一种形象化表达。

④有的拟题聚焦于居里夫妇发现镭的场景，如"美丽的光，神秘的镭""荧光的夜晚，神妙的奇观"，富有诗意，让人想象到镭闪烁出奇异的光彩，居里夫人沉浸在光芒中的画面，联想到这个伟大的发现即将给世界带来的奇光异彩。

⑤有的从科研成果的价值角度拟题，如"蓝色微光闪耀人性光芒""美丽的颜色，可爱的镭""蓝色微光照亮现实"，因为镭能绽放出美丽的颜色，且镭后来广泛运用于科技、医学、工业领域，造福了人类，创造了社会价值。这些题目中还蕴含了大家对居里夫人的崇敬、赞美之情。

2. 学生交流自己最喜欢的题目，并说明理由

大多数学生更喜欢诗意的、富有文采的题目，如"镭的母亲"。用对称的短语或短句作为标题，如"历尽艰辛，沐浴辉煌"，前后形成对比，让人耳目一新，进而产生继续聆听演说的兴趣。还有少部分同学更喜欢简明直观的题目，因为它可让听众快速便捷地捕捉到演说的主题或主要内容。

3. 学生讨论：作者在文中所写的这些事，是真实的还是虚构的？

经讨论，有学生注意到了书下注释，指出文章选自《居里夫人传》，作

者与传主是母女关系，有第一手详细且真实的资料。还有的说居里夫人其人是真实的，她发现镭并获得诺贝尔奖的事迹是真实的，她为世界做出了伟大的贡献，影响巨大，世人皆知。

4. 教师小结

由此可见，传记的一大特点就是叙述真人真事，并选取典型事迹来传达人物精神。在拟题的过程中，我们了解了课文的主要内容，概括了人物的主要事迹，感受到了居里夫人在艰辛的科研过程中，所表现出的顽强不屈、乐观忘我的崇高精神，及其对科学事业的热爱。

二、构思一幅图画，使人难忘

演说题目的下方需呈现一幅居里夫人的图画，请根据课文内容进行构思。可适当展开想象，努力通过图画中的细节，传达出人物的精神，使听众难忘。

1. 学生再读课文，圈点勾画，展开想象，进行构思

①我的图画取材于课文第二段，画面中有娄蒙路简陋的"棚屋"，狭小的棚屋里堆满了各种各样的"实验器材"。居里夫人正在工作台前弓着腰做实验，桌上是大大小小的"瓶瓶罐罐"，有一块标记号的区域空着，上方正在滴"水"。条件简陋，空间局促，环境恶劣，让人感受到居里夫人工作的艰难，但她却在这个地方坚持了四年。我还要在墙上画本"日历"，写上"1898"和"1902"，标志他们研究的重要年份。

②我的图画取材于课文的第六到第十一段，在棚屋的院中，居里夫人正拿着一根和她差不多高的"铁条"，在搅动着熔化锅里沸腾着的矿料。四周黑雾弥漫，锅中"黑烟"滚滚，居里夫人微微侧着脸，她的脸被熏黑，额上满是豆大的"汗珠"。她眯着眼睛，皱着眉，咬着牙，用手挡着口鼻，"头发"被风吹得飘起来，但也无暇顾及，只是专心地工作，这飞扬的发丝就是居里夫人飞扬的科研热情、信念与精神意志。她的"旧工作服"上满是尘污和酸渍，可见其顽强与忘我。

③我的图画取材于课文的第十四段，居里夫妇正坐在"炉"边喝茶，炉中的火苗并不旺盛，旁边的工作台上放满了实验器材，说明他们趁着工作间隙喝茶休息，杯中冒着"白烟"，腿上盖着"毯子"，说明天气寒冷。他们彼此望着对方，好像还在谈论着刚才的实验，笑语盈盈，温情脉脉。

④我的图画取材于课文的第二十二到二十三段，先画上居里夫人的一只眼睛，然后在深色的"瞳孔"里，用淡蓝色的颜料点上无数的小点，再用白色的颜料围着这些小蓝点画出白色的"荧光"。这就展现出居里夫人眼中镭的可爱模样了，那个发散着荧光的夜晚，神妙的奇观永远留在了居里夫人的眼里，也永远印在了她的心中。

2. 师生共评

例①中丰富的环境细节很有画面感，使人身临其境。例②中有很多生动的神态细节、动作细节和外貌细节，还加入了自己合理的想象，居里夫人"飞扬的头发"这个传神的细节令人印象深刻。例③让人联想到天气的寒冷、环境的恶劣，靠着炉子喝热茶的画面，反衬了人物的坚韧，且给人一种苦中作乐、以苦为乐的感觉。例④的构思和创意十分精彩，画面聚焦，中心突出。这些图画的构思，都使人难忘。

3. 教师小结

作者正是通过对居里夫人提炼镭的过程的细节刻画，传达出了人物的精神。可见，传记的写作虽以叙述为主，但需要生动的细节，才能使读者印象深刻。

三、发表一次演说，令人感动

即兴发表一次简短的居里夫人事迹演说，重点表达自己的阅读感受、感悟或感动，争取让每一位听众都能信服和感动。

1. 学生构思、练习，发表即兴演说

①我演说的题目是"伟大的居里夫人"。是谁，在用玻璃搭建屋顶的棚屋里工作？是谁，用铁条搅动着一大堆沸腾的矿物？是谁，一次炼制20公斤材料？是伟大的居里夫人。她使用简陋的工具在简陋的环境里进行科研工作，她做了常人难以做到的事。从工作日变成了工作月，工作月变成了工作年，历经艰辛，却永不放弃，最终提取出了镭。这不仅仅是居里夫人的成功，更是全人类的成功。这就是居里夫人，她伟大的精神值得我们敬佩，我们要向她学习！

②我演说的题目是"她，足够坚韧"。玛丽·居里放下青春年华，与丈夫一同在残破的小屋里工作。她没有叫过苦，在分工中她选择了壮工的活儿，让丈夫去专心做细致的实验。她自己也说，提炼这些材料是很辛苦的，耗时耗力，成果却很少。她独自一个人就是一家工厂。她，足够坚韧，甚至超过一位

强壮的男人。风雨中她没有抱怨过，她用自己的热爱让冰冷的身躯时时保持温暖。虽然实验的路上总是有一些失败，但她从没放弃过。一路走来，惊喜和辛酸杂糅在一起。四年说长也长，说短也短。走到最后，她凭自己的坚韧，看到了镭那最美丽的颜色。

2. 师生共评

第一，两位同学都把自己的阅读感受和感悟融入到演说中。例①中"历经艰辛，却永不放弃，最终提取出了镭，这不仅仅是居里夫人的成功，更是全人类的成功""她伟大的精神值得我们敬佩"；例②中"她，足够坚韧，甚至超过一位强壮的男人。风雨中她没有抱怨过，她用自己的热爱让冰冷的身躯时时保持温暖"。第二，两位同学都引用了艾芙·居里的抒情议论来表达自己的感受。例①引用了"工作日变成了工作月，工作月变成了工作年"，从工作时间的角度突出了居里夫人的坚持不懈；例②引用了"她独自一个人就是一家工厂"，从工作强度的角度突出了居里夫人的坚韧不拔。

3. 教师引导：艾芙·居里为了使自己写作的传记感动读者，她所采用的策略与方法，还有什么值得我们学习的？

学生在讨论的基础上明确：

（1）策略一：直接从课文中引用作者艾芙·居里的话，可增加真实感和感染力。因为艾芙·居里是居里夫人的女儿，她对居里夫人的情况非常熟悉。

（2）策略二：向艾芙·居里学习，适当引用居里夫人的原话。如引用课文第五段中的"我可以毫不夸大地说，现在这个时期是我丈夫和我的共同生活中的英勇时期"；第六段中的"然而我们生活中最美好而且最快乐的几年，还是在这个简陋的旧棚屋中度过的，我们把精力完全用在工作上"；第十四段中"我们在一种独特的专心景况中过日子，像是在梦里一样"等。

这次演说的是居里夫人的事迹，引用居里夫人的话显得更真实，也更具说服力和感染力，可让听众们直观感受到居里夫人乐观的精神态度和崇高的思想境界。居里夫人的语言与作者叙述的事实及表达的感受相一致，引用居里夫人的话也可印证作者的主观感受。

（3）策略三：为了让听众更信服、感动，我们还可引用其他资料中的相关内容。如果让你引用大科学家爱因斯坦《悼念玛丽·居里》中的话来表达你的阅读感受，你最想选哪一句，为什么？

有的学生选择第二段，"我对她的人格的伟大愈来愈感到钦佩。她的坚强，她的意志的纯洁，她的律己之严，她的客观，她的公正不阿的判断——所有这一切都难得地集中在一个人的身上"；有的选第三段，"一旦她认识到某一条道路是正确的，她就毫不妥协地并且极端顽强地坚持走下去"；还的学生选第四段，"她一生中最伟大的科学功绩——证明放射性元素的存在并把它们分离出来——所以能取得，不仅是靠着大胆的直觉，而且也靠着在难以想象的极端困难情况下工作的热忱和顽强，这样的困难，在实验科学的历史上是罕见的"。

因为以上这几部分内容，更贴近课文中人物的事迹，更能服务于演讲观点的表达，更适合借用来证明居里夫人提取镭的艰辛过程及其伟大的精神。

4. 阅读下列材料，从象征意义的角度展开联想，运用排比的句式把你对"美丽的颜色"的理解表达出来，以此作为演说的结尾

居里夫人是20世纪最著名的女科学家，居里夫妇发现镭对物理学、生物医学、化学、地质学做出了重大贡献，使人类社会开始进入原子时代。他们的研究工作的杰出应用之一就是应用放射性治疗癌症。

1914年第一次世界大战爆发时，居里夫人用X射线设备装备了救护车，并将其开到了前线。国际红十字会任命她为放射学救护部门的领导。居里夫人在镭研究所为部队医院的医生和护理员开设了一门课，教他们使用X射线这项新技术。20世纪20年代末期，居里夫人的健康状况开始走下坡路，长期受到放射线的照射使她患上白血病，于1934年7月4日不幸逝世。

学生交流。如：

①四年时光，居里夫人终于发现了镭，镭绽放出了美丽的颜色，也绽放出了美丽的笑容，美丽的青春，美丽的热情，美丽的生命。

②四年时光，居里夫人终于发现了镭，镭绽放出了美丽的颜色，也绽放出了美丽的希望，美丽的未来，美丽的新世界。

③四年时光，居里夫人终于发现了镭，镭绽放出了美丽的颜色，也绽放出了美丽的信念，美丽的意志，美丽的精神，美丽的品格，美丽的人生。

5. 教师小结

事实上，镭被人们广泛地运用，镭绽放出美丽的希望，也展现了一个无限光明的科学前景，可见，镭的颜色和光彩具有丰富的象征意义。

四、课后作业

结合课文《美丽的颜色》、爱因斯坦的《悼念玛丽·居里》和居里夫人的《我的信念》，将演说修改得更加充实，向班级同学呈现出一篇完整的居里夫人事迹报告。

1. 学生习作展示

回首来路漫漫，矢志不改初心
——居里夫人事迹报告

尊敬的老师，亲爱的同学们：

大家好！

席勒说过："只有恒心可以使你达到目的。"伟大的居里夫人深谙其道，她说："生活对于任何人都非易事，我们必须有坚韧不拔的精神。最要紧的，还是我们自己要有信心。"

著名的物理学家爱因斯坦在《悼念玛丽·居里》中这样评价她："她一生中最伟大的科学功绩——证明放射性元素的存在并把它们分离出来——所以能取得，不仅是靠着大胆的直觉，而且也靠着在难以想象的极端困难情况下工作的热忱和顽强，这样的困难，在实验科学的历史上是罕见的。"正如爱因斯坦所言，居里夫人有着超于常人的毅力与决心。

面对人生的种种艰难，居里夫人始终以积极乐观、顽强奋斗的姿态直面迎战。在提炼镭的那段时日里，她住的是冬寒夏热的简陋屋棚，过的是食不果腹的日子。她独自一个人就是一家工厂，如壮丁般拿着与自己一般高的铁条，终日在烟熏火燎中搅拌沸腾着的工业废渣，衣服上满是尘污和酸渍，头发在狂风中肆意地飞扬，周围的浓烟刺激着她的眼睛和咽喉。这些都不是她在意的事，她说："我们生活中最美好而且最快乐的几年，还是在这个简陋的旧棚屋中度过的。""我们在一种独特的专心景况中过日子，像是在梦里一样。"她把所有的热情都投注在科学研究中——关注实验进展时的专注与宁静，与志同道合的朋友畅谈设想时的憧憬和快乐，发现镭的微光时激动的话语、前倾的身子、热切的眼神……

不是所有的坚持都有结果，但总有一些坚持能从冰封的土壤里培育出千万朵怒放的蔷薇。四年时光，居里夫人终于发现了镭，镭绽放出了美丽的颜色，也绽放出了美丽的笑容、美丽的青春、美丽的初心、美丽的生命！

抱怨身处黑暗，不如提灯前行。这，就是玛丽·居里。

我的演说到此结束，谢谢大家！

2. 教师点评

例文侧重表现居里夫人顽强坚毅的精神品格，紧扣主题，中心突出。对称的标题富有诗意，易于激发听众的兴趣；开场白亲切自然，开门见山，便于听众理解；能够恰当地引用事实和细节来充分展现居里夫人的形象，并在演说中充分融入自己的感受，打动人心；适当引用居里夫人的原话，以及艾芙·居里和爱因斯坦对其的评价，增强了演说的说服力和真实感；语言优美流畅，表现力强；结束语运用排比的形式，揭示出"美丽的颜色"的多层象征意义，升华了演说主题，给读者留下深刻的感受。

由思想运动到外部言语，或者由外部言语运动到思想，都要经历复杂的言语思维过程。这一个性化的过程，学生只有在自己的言语实践中进行、完成，别人替代不了。"思想本身不是从其他思想中产生的，而是来自我们意识的动机领域，该领域包含着我们的欲望和需要、我们的兴趣和诱因、我们的激情和情绪。思想背后是情感和意志趋向。"①思想总是在包含情感和意志的情境中产生和发展的。教学中要努力创设真实的情境和任务，千方百计地激发学生言语实践活动的欲望、兴趣和激情，形成必要的"情感和意志趋向"，以此驱动言语思维，催生思想，推动思想向词语运动、发展的进程。

课前，学生进行互文阅读，熟悉《美丽的颜色》《悼念玛丽·居里》和《我的信念》的内容。三篇文章，互为补充，不仅帮助学生了解了居里夫人的相关事迹，而且为学生提供了完成情境任务的文本外语境。本课例创设了一个科学家事迹演说会的交际语境，话题为居里夫人的科研事迹，交际目的在于激励班级同学学习科学家居里夫人的智慧并汲取精神力量，交际者的身份为初二

① 余震球. 维果茨基教育论著选 [M]. 北京：人民教育出版社，2013：355.

学生，交际对象为同班同学。课堂上，学生依次完成三个任务。

任务一，"拟写一个题目，让人喜欢"。拟写一个题目不难，但要让自己的同学喜欢，不仅需要整体感知课文内容，提炼主要事实，领悟人物精神，概括演说主题，还要在拟题的过程中动一番脑筋，进行更高一层的创意表达，才能达到交际的目的。从思维训练角度看，简洁的题目需要概括，诗意的题目需要创造。拟题的过程就是一个对文本信息收集整理、提炼概括、分析综合的言语思维过程。学生在课堂情境中，面对特定的交际对象——自己的同学，完成交际任务，达成交际目的，做出了自己的努力，表现出言语的智慧。如"坚持不懈的果实"，具象化的表达直接点出人物的精神品质；"蓝色微光照亮现实"，诗意化的表达象征了居里夫人科研成果的巨大价值。

任务二，"构思一幅图画，使人难忘"，指向对文章细节的品析。"在理解别人的话语时单单理解词面意思而不理解谈伴的思想是不够的。但是理解谈伴的思想而不理解他的动机，不理解他表达思想的目的，也是一种不完全的理解。"[1]阅读教学要重视引导学生在真实的交际语境中，深入作者动态的语境心理，更深透地理解文本言语内容、言语形式和言语意图，习得语境言语思维规律和原理。艾芙·居里为了让读者对居里夫人的事迹产生深刻的印象，在传记写作中选取了不少典型事迹，描写了大量典型细节。学生为了完成任务二，就必须深入文本语境，触摸文本语言，展开想象，感受领悟。解说构思的过程就是选择细节、分析细节、品味细节的过程。交际的目的就是努力让班级同学透过这些细节，想象演讲者的想象，感受演讲者的感受，最终留下深刻印象。比如，有学生构思了一幅居里夫人眼睛的图画，深色的"瞳孔"里点上无数淡蓝色的小点，再用白点渲染出"荧光"的效果，便于听众想象居里夫人发现镭的那种神妙奇异的景象，并感受到人物内心的激动与欣喜。这就令人产生了深刻的印象。

任务三，"发表一次演说，令人感动"，指向学习"引用"，把握文章主旨，训练综合表达。学生需即兴发表一次简短的居里夫人事迹演说，重点表达自己的阅读感受、感悟或感动，争取让每一位听众都信服和感动。为了达成这个目标，学生首先要学习艾芙·居里的写作策略与方法，整合并提炼文中那些最为动人的事实和细节，然后尝试多种形式的"引用"，充分利用文本资源

---

[1] 余震球. 维果茨基教育论著选 [M]. 北京：人民教育出版社，2013：356.

及课外材料。学生不仅可以引用居里夫人的原话和艾芙·居里的抒情议论，还可引用爱因斯坦的评价，以此来印证人物事迹，体现人物精神，从而增强演说的真实性与感染力。最后，还可学习艾芙·居里，在演说中融入自己真实的抒情和议论，如学生在演讲稿的结尾用诗意的语言热情赞颂了居里夫人的坚毅品格，并运用排比点出课文标题"美丽的颜色"的象征意义，完成了对文章主旨的把握。课堂上，学习资源、学习过程、学习方法、情感态度和价值观点得以整合，学生的综合表达能力得以训练。

叶圣陶先生指出，语文教学要"思想语言文字一并训练"，即要通过具体的情境和任务设计，引导学生参与言语实践，激发他们的思考，并鼓励他们努力用语言把自己的思想表达出来，这样的过程便是最好的训练方式。本课中，学生自身充当交际者，同班同学即为交际对象，以课文内容为话题发表演说，就是一种真实的情境，没有任何虚拟的成分（当然，我们并不是说虚拟的情境不好）。另外，本课设置的任务，实践操作性强且合乎学情。课文语境与所创设的语境高度契合，促使学生阅读文本，深入文本语境，理解文本、运用文本，从中习得语境言语思维，尤其是作者为特定读者群体写作时所表现出的那种言语智慧。

渲染言语思维

谓语化、简略化的内部言语转化为外部言语的过程，是一个对内部言语的语义进行语境化扩展，生成可供阅读的外部言语，以实现交际意图的过程。心理学家研究证明，内部言语是自明的、简略的，别人无法理解的"成语"；而外部言语需要明人、感人、服人。因为外部言语由内部言语的语义扩展生成，所以内部言语的语义就必然保留在外部言语之中，成为外部言语的基本语义，或者说句旨、段旨、篇旨。因此，言语主体总是围绕语句、段落、篇章的基本语义，选择与主题信息、性质、意思、情调等相同、相近、相似的文章因素，如文章材料、结构单元、语句、词汇等，进行谋篇、结构、造句，就像绘画渲染一样重复强化，以增强言语表达的感染力、说服力、说明力。

《关雎》：理解重章叠句渲染情感的作用

《关雎》是统编教材八年级下册第三单元中的一篇课文，选自我国第一部诗歌总集《诗经》中的"国风"。"国风"保存了不少劳动人民的口头创作，善于以简朴的语言描摹事物，以朴素的生活画面反映社会现实，以比兴手法、重章叠句的艺术形式抒发感情，对后世诗歌创作产生了很大影响。《关雎》这首诗中，重章叠句的手法不仅强化了诗歌的节奏感、音韵美，而且在情感的重复渲染上发挥了三方面的作用：

延展了渲染情感的时间长度。如诗中的第一组重章叠句"参差荇菜，左右流之""参差荇菜，左右采之""参差荇菜，左右芼之"，反复描写女子的活动，让人联想到勤劳的女子在清澈的河水边，长时间左右采摘荇菜的景象。阅读古典诗歌时，要注意品读"象外象"。诗歌描写的画面外，其实还有在岸边仔细观察、默默欣赏的男子的一双眼。这位男子看了多久呢？从重章叠句中，我们可以找到答案。相同或相似的句子每重复出现一次，给读者带来的感受就好像是男子来到河边一次，一次又一次，日日都来；来了，又无时无刻不如痴如醉地盯着女子。由此，时间长度在重章叠句中得以延展。

拓展了渲染情感的空间广度。白天在河边邂逅了女子，待夜幕降临回到家中见不到女子的时候，男子就开始了想念。"参差荇菜，左右流之"，相同或相似的句子每出现一次，可以让读者感受到女子采摘荇菜的优美身影再现了一次，一次又一次，印象深刻，挥之不去。这样美好的画面会出现在哪里呢？也许会浮现在男子眼前，抑或是回荡在他的脑海，萦绕在他的心头，延续至他的梦中，可谓无处不在。由此，空间的广度在重章叠句中得以扩展。

加深了渲染情感的浓度。如诗中的第二组重章叠句"窈窕淑女，寤寐求之""窈窕淑女，琴瑟友之""窈窕淑女，钟鼓乐之"，让人联想到男子为追求女子，不仅"寤寐求""琴瑟友""钟鼓乐"，还可能采用了其他各种各样的方法，可以引导学生想象出"歌舞愉""诗词献""鲜花奉"等，可谓想方设法，苦心孤诣；三个"窈窕淑女"连读，让人想象到男子反复念叨女子，念念不忘。情感的浓度在重章叠句中逐渐加深。

教学重点：

通过测量爱情温度，理解通过重章叠句重复渲染感情的作用。

教学过程：

一、激趣导入

1. 教师引导：《诗经》是我国第一部诗歌总集，我们中国人将之奉为经典，且是儒家学派的一部经典。《诗经》的首篇就是我们今天要学习的《关雎》。同学们课前都读了这首诗，它主要写了一个怎样的故事呢？请用一句话概括。

2. 学生概括：男子追求一位在河边采摘荇菜的女子。

3. 教师引导：由此，我们可以明确《关雎》的题材是一首爱情诗。几千年以来，世世代代的人们都在读《关雎》，人们到底想从这首爱情诗里读出些什么呢？今天，我们也来读一读，看看其中到底藏着什么奥秘。同学们努力啊！

二、读诗品韵，感受节奏

1. 请一位同学朗读一遍全文，读准字音

雎鸠 jū jiū 窈窕 yǎo tiǎo 好逑 hǎo qiú 芼 mào

辗转 zhǎn zhuǎn 参差 cēn cī 荇 xìng 菜 寤寐 wù mèi

2. 请大家自由大声地练习朗读，读出节奏，读出韵律

教师提示：读准字音后，还要读好节奏，通常四字一句，两字一顿。这首诗在词语运用上有一个特点，我们称之为"双声叠韵"。所谓"双声"，即声母相同，如"雎鸠""参差"；所谓"叠韵"，即韵母相同，如"窈窕"；还有的就是既双声又叠韵，如"关关""辗转"。

3. 学生自由诵读双声叠韵的词语

谈谈它们读起来的感觉，有的学生觉得发音很轻松，十分自然，有的学生读出了一种音乐感、节奏感、旋律感，觉得朗朗上口，很好听（教师板书：好听）

4. 师生共读

三、测量温度，品味情感

1. 这首诗写了男子追求女子的爱情故事，假如男子对女子的这份爱情可

用温度计测量，请给每小节打上一个爱情温度值（最低0℃，最高100℃），并结合具体内容说明理由

2.学生测量第一小节的爱情温度值，讨论交流

> 关关雎鸠，在河之洲。
> 窈窕淑女，君子好逑。

①10℃。一开始的爱情温度不能太高，因为这时男子刚看见女子，刚刚爱上这个女子，是第一次见面。

②30℃。君子看到淑女眼前一亮，被她的外貌和气质吸引了，对她一见倾心，想娶她为妻。（教师引导：男子因什么而爱慕女子，甚至想娶她为妻？学生交流后明确：窈窕淑女，善良文静，秀外慧中，品貌双全，这就是男子心目中最理想的配偶。）

③50℃。君子与淑女初见，诗歌用雎鸠鸟相伴相爱，来衬托君子对女子一见钟情，想和她永远在一起。（教师引导：诗歌写的是男女主人公的爱情，为什么开头却写雎鸠鸟呢？学生交流后明确：诗歌打了一个比方引起我们的联想，由自然界中的关雎鸟联想到人类的爱情，这种手法就叫"比兴"。）

3.学生测量第二小节的爱情温度值，讨论交流

> 参差荇菜，左右流之。
> 窈窕淑女，寤寐求之。
> 求之不得，寤寐思服。
> 悠哉悠哉，辗转反侧。

①70℃。男子遇到淑女后，被女子采摘荇菜时的优美身姿深深吸引，无法自拔。他无时无刻不在想，对女子念念不忘，整天魂不守舍，甚至难以入眠，在床上"辗转反侧"，翻来覆去，十分煎熬。这表现男子已经对女子非常痴迷了，一门心思想要追求到女子，爱情温度值开始升高。

②80℃。爱一个人是幸福的，想一个人却是煎熬的。通过写男子的动作和心理，表现出他患上单相思。"寤寐"说明男子从早到晚都想着追求女子，

渴望迷恋着她，爱情的火苗开始旺盛。"求之不得"说明女子拒绝了男子，让他忧愁烦恼。因为无法得到，所以更加思念。

③38℃。为什么不增反降呢？因为诗中说男子"求之不得"，说明女子拒绝了他，并不喜欢他，所以他内心非常失落，焦灼不安，感觉和发烧生病了一样难受。（教师引导：从"求之不得"就可以断定，女子不喜欢这位男子吗？学生经讨论明确：女子可能不是不喜欢这位男子，这恰恰体现了她的矜持端庄与自尊自爱，并不是一有追求者，便随口答应，可能还要试探下男子是否出于真心。）

4. 学生测量第三小节的爱情温度值，讨论交流

> 参差荇菜，左右采之。
> 窈窕淑女，琴瑟友之。
> 参差荇菜，左右芼之。
> 窈窕淑女，钟鼓乐之。

图5 "友"的写法（选自《说文解字》第65页）

①90℃。"友"是亲近的意思，男子希望和女子一辈子在一起。"乐"指让女子感到快乐。因为爱，所以希望她幸福快乐，爱的境界很高，是奉献的爱。（教师出示《说文解字》中"友"的写法。学生经观察发现，图5中两只手交叉着，就好像握在一起，相互牵着，由此明白了男子"琴瑟友之"的真正心愿是想和女子牵手，与她在一起。）

②99.9℃。男子观察到女子的善良文静后愈发爱她了，"求之不得"，但是又太想"得"，两情未能相悦，所以深夜难以入眠，以至于出现了幻觉，幻想和女子在一起了，甚至幻想出自己与女子热恋的美好时光，以及举行婚礼的欢乐场面。正所谓"日有所思，夜有所梦"，可见男子想得疯癫，爱得痴狂。少打0.1度是因为我觉得第三小节是男子的幻想，没有成真。

③100℃。男子的追求从"想"到开始有了实际行动，以琴瑟声亲近她，以钟鼓声取悦她，两人的情愫在交往中逐渐升温。琴瑟是弦乐器，声音悠扬婉转轻快，钟鼓是打击乐器，声音热情奔放厚重，无论哪一种音乐都承载着男主人公对女子的一往情深。男子的热情最终感动了女子，两人甜蜜幸福地一起

生活。

④100℃。此时男子已经完全爱上这位女子，虽然女子拒绝了他，但他依旧十分卖力地执着追求，很用心地去讨好取悦女子，为她弹琴鼓瑟，敲钟打鼓，给予她快乐。他想尽一切方法，愿意做任何事情，为之疯狂，十分执着。

5. 教师小结

在测量爱情温度的环节，大家给不同小节打的数值各不相同。但有趣的是，我们发现大多数同学打的爱情温度数值总体呈现上升趋势。可见男子的大脑越来越发热，对女子的情感在不断升温，爱情越来越热烈了！

四、聚焦形式，揣摩重章叠句

1. 尝试背诵，分享诀窍

（1）教师引导：从诗歌的语言形式上看，如果要以最快的速度背出《关雎》，你有什么小诀窍？

（2）师生交流分享：诗歌中有很多相同或相似的句子重复出现，如"参差荇菜，左右流之""参差荇菜，左右采之""参差荇菜，左右芼之"，再如"窈窕淑女，寤寐求之""窈窕淑女，琴瑟友之""窈窕淑女，钟鼓乐之"。可以先背出其中相同的句子，然后按照时间顺序记住其中变换的字词。如"流""采""芼"是女子活动的过程，"寤寐求""琴瑟友""钟鼓乐"是男子活动的过程，情感也在层层递进。

（3）教师提示：这首诗在段落句式上有一个重要特点，我们叫作"重章叠句"，即上下句或上下章基本相同，只变换几个字，营造出回环往复的效果。"章"在诗歌中就是一段，"重章"就是相似的段落重复出现，"叠句"就是相似的句式重复出现。重章叠句的形式，不仅好听，而且好记。（教师板书：重章叠句，好记）

2. 一唱三叹，读好重章叠句

（1）为了读出回环往复的旋律感，读出段落与段落之间的呼应感，我们需要突出重章叠句中那些变化的字词。方法提示：①在变化的字词前停顿一下；②适当重读变化的字词；③读时适当拖长变化的字词。

（2）师生共读诗歌中的两组重章叠句，思考：《关雎》是首民歌，是民间老百姓唱的歌，重章叠句的形式让《关雎》具有了好听好记的特点，这有什么作用呢？

（3）师生交流：具有了好听好记的特点，就可以让人喜爱，也便于口耳相传，所以《关雎》流传至今。（教师板书：便于传唱）

3.再测爱情温度总值

（1）教师引导：几千年前古老民歌中重章叠句的形式流传至今，现代歌曲中的歌词大多会运用这种形式，重章叠句俨然已经成了我们的一种民族文化。除了好听好记、便于传唱，重章叠句的形式到底还会带来怎样独特的艺术表达效果呢？请大家跟着老师继续探秘！

（2）请给整首诗打上一个爱情温度的总值，并从重章叠句的角度进行分析，努力把自己的感觉想明白，说清楚。

（3）学生讨论交流。

①我会将前三小节的数值相加得到总值。"参差荇菜，左右流之""参差荇菜，左右采之""参差荇菜，左右芼之"，相似的句子重复出现，印象越来越深刻。美丽的女子用灵巧的双手，在清澈晶亮的河水里，左右捞取着翠绿的荇菜，水面涟漪荡漾，女子乌黑的发丝也被清风吹拂着。这样美好的画面不断重现，挥之不去，刻骨铭心。

（教师点评：这位同学加入了自己的想象，丰富了诗歌的画面。三个句子每重复一次，就好似女子的身影再现了一次，产生了时间上的延宕感，可谓无时不有；且这样美好的画面也许会浮现在男子眼前，抑或是回荡在脑海，萦绕在心头，乃至延续到梦中，拓展了空间上的广阔感，可谓无处不在。）

②我打1314℃的总值，与"一生一世"谐音。"流""采""芼"三个动词，分别指"捞取""采摘""挑选"，意思相近的句子出现三次，让人联想到男子第一天在河边邂逅女子后，第二天和第三天又来了，一次又一次，天天都来，就这样仔细观察、默默欣赏。

（教师点评：换了一种角度理解，也很有道理。这位同学读到了画面外的一双眼睛，正是男子那出神凝望、如痴如醉的一双眼。他的视线紧随着女子不断流转，一天又一天，一次又一次，通过重章叠句的手法，使得时间得到了延展。）

③我打10000℃。"窈窕淑女，寤寐求之""窈窕淑女，琴瑟友之""窈窕淑女，钟鼓乐之"，三次写"窈窕淑女"，感觉男子一直在念叨着女子的各种美好，简直要走火入魔了。三次写男子求爱的行为，强调男子为了取悦女子

一直在想方设法地努力，花尽了心思，付出了很多。

（教师点评：重章叠句写出男子为追求女子采用了各种各样的方法，可谓千方百计，绞尽脑汁。）

4. 教师小结

重章叠句的形式，以回环荡漾的旋律，一次又一次反复渲染，不仅延展了时间的长度，拓宽了空间的广度，还加深了情感的浓度，丰厚了诗歌的意味。（教师板书：加深情感的浓度）

五、研讨思辨，体悟思想境界

1. 想象补白：在"寤寐求之""琴瑟友之""钟鼓乐之"这组重章叠句中，我们可以了解到男子想方设法地追求女子。如果你是这位男子，会如何求爱？请仿照诗歌句式，写一写

学生交流。如：

①窈窕淑女，歌舞愉之。 ②窈窕淑女，佳肴悦之。

③窈窕淑女，锦衣美之。 ④窈窕淑女，珠玉饰之。

⑤窈窕淑女，鲜花奉之。 ⑥窈窕淑女，诗词献之。

⑦窈窕淑女，豪车予之。 ⑧窈窕淑女，华居赠之。

2. 分类：请将上述想象出的求爱方式进行分类，哪些可与文中男子的求爱方式归为一类？

师生交流。如："琴瑟友之""钟鼓乐之"与"歌舞愉之""诗词献之"的求爱方式属于一类，同属于精神层面的交往，是用音乐、艺术或文学来表达感情，十分高雅。而"佳肴""锦衣""珠玉""鲜花""豪车""华居"，同属于世俗的物质层面，满足的是人们的物质需求。

3. 讨论：这两种不同性质的求爱方式，你更认同哪一种？为什么？

学生交流。如：

①我赞同物质层面的求爱方式，因为这样显得更实在，不虚无缥缈。喜欢一个人，就是要对她好，给她买好吃的，送她好玩的，投其所好，她自然会很开心，从而感受到我的爱意。

②我赞同精神层面的求爱方式。我更看重的是对方是否有才华，兴趣爱好是什么，能否与我合得来。如果这些不符合我的期待，哪怕他给我买再多好吃的，我也不会喜欢他。

③我更赞同精神层面的求爱方式。如果喜欢上一个人，只有当我准备好"佳肴""锦衣""珠玉"或是"豪车""华居"去求爱，她才愿意和我在一起，那么她爱的可能并不是我这个人，她只是把我当成了一部提款机。一旦哪天我失去了这些物质，她也许就会离开我。

4. 教师小结

原来，《关雎》中藏着这样的秘密。在我们的先民看来，爱情是圣洁的，它是灵魂的相遇，情感的交往，精神的沟通，而非物质利益的交易。它是一种崇高的向往，一种高雅的追求。重章叠句的形式渲染出了先民的爱情价值观。

六、课堂总结

这堂课，我们一起读了一首好听好记的民歌，品味了一份真挚热烈的爱情，学了一种重章叠句的方法。穿越几千年的时空，《诗经》中重章叠句的形式依然生机勃勃，《关雎》中描摹的爱情模样依然鲜活动人，给我们后世读者带来的情感体验依然丰满多姿。

由意到言是一个由内部言语到外部言语转化的过程。文本生成的过程总是围绕内部言语的基本语义加以扩展，重复表达、重复渲染，以达到交际目的。不同体裁的文章基本语义展开的渲染，各有其言语思维路径。抒情文行文渲染言语思维的内容，主要是对某种独特的感情、艺术感觉、艺术意境的重复与渲染。其主要言语思维路径，如选择具有相似性质的事物或景物（意象）进行展开；抓住某种独特的感觉、气息、韵律来展开；抓住某种具有张力性的情绪来展开；等等。《关雎》中，女子采摘荇菜的画面反复出现，这是作者选择具有相似性的景物展开的一层渲染；以重章叠句的形式营造了段与段之间回环往复、回旋荡漾的旋律感，又增一层渲染；男子"求"而不得，形成了诗歌情节内容上的张力，再添一层渲染；艺术形式上，读者可以从文本反复描绘的虚实相生的形象中，联想到丰富的情景，又是一层渲染。

本课例教学的重点与难点，在于引导学生理解重章叠句的形式在表情达意上的独特作用。

环节一，"读诗品韵，感受节奏"。教师有意识地引导学生关注其中重复出现的双声叠韵词语，感受诗歌悦耳动听的美妙旋律，这也是重章叠句所渲染出来的听觉效果。

环节二，"测量温度，品味情感"。"测量温度"运用了一种具象化的方法，相当于给学生设置了一个有趣的游戏，能有效点燃学生品读与表达的兴趣与热情，激发学生展开想象，完成任务的愿望。具象化的表达还具有开放性，学生通过触摸诗歌语言文字，窥探男主人公内心丰富的心理活动及情感变化，可以见仁见智地发表见解，生成丰富多样的复杂意义。有的学生想象到男子白天对女子一见钟情后，晚上睡不着觉，一直想念着女子，两个"寤寐"也点明男子时时刻刻都在想念女子，时间漫长。还有学生关注到"琴瑟友之""钟鼓乐之"，从音乐特点的角度捕捉到男子对女子的爱意愈发浓烈。学生所打的爱情温度数值各不相同，但总体呈上升趋势，可见大家都能感受到男子的大脑越来越发热，对女子的情感在不断升温。这就为后面深入理解重章叠句的渲染作用做了铺垫。

环节三，"聚焦形式，揣摩重章叠句"，是中心环节。学生尝试背诵诗歌，分享诀窍，进而聚焦重章叠句的言语形式。教师随即指导学生诵读体味，重点感受诗歌回环荡漾的节奏旋律。之后，学生要打出一个爱情温度的总值，并说明理由，就必须再次聚焦重章叠句，进而深透理解其在渲染感情上的作用。

环节四，"研讨思辨，体悟思想境界"。先引导学生从重章叠句的角度想象男子各种各样的求爱形式，再分类、比较。学生发现"琴瑟友之""钟鼓乐之"的求爱方式属于精神层面，是通过高雅的音乐、艺术来表达感情，进而理解全诗借重章叠句的手法渲染一种圣洁的爱情价值观。

再如教学《蒹葭》时，引导学生分析诗中"三"的组合作用，如"白露为霜""白露未晞""白露未已""道阻且长""道阻且跻""道阻且右""在水一方""在水之湄""在水之涘"等，帮助学生理解重章叠句的形式渲染了一种清冷的氛围，突显了主人公反复追寻的漫长过程，而伊人的身影却总是飘忽不定，难以捉摸。由此，我们可感受到诗歌的艺术张力及主人公深沉的情感。

实践证明，有了这样的学习基础，学生升入初三阅读《周总理，你在哪里》《乡愁》时，能更容易地理解重章叠句在表情达意上的作用。由此也可见，重章叠句这种渲染言语思维的规律，在学生大脑中的神经元连接得到了强化和巩固，并可能形成渲染言语思维的图式。

《梦回繁华》：通过空间构成事物的分析领略题意

　　文章的题目往往是言语思维的凝结点。教师在阅读教学中抓住了文题，犹如掌握了展开文本的钥匙。通过合理化的教学活动设计，启发学生的思维，带领学生走进文本的深处，既可以优化课堂教学，又发展了学生的言语思维。

　　《梦回繁华》是一篇独具特色的文艺性说明文，颇有文学色彩，典雅而有韵味。文题虽仅四字，但其"外延"之大足以供学生理解文本的全部意蕴。文章鉴赏的对象是张择端的名画《清明上河图》，作者抓住了画面的主要特征——"繁华"，折射出隐藏在画作背后的情感——"梦回"。"繁"，即"繁多"；"华"，即"昌盛"。全文采用铺陈渲染的手法，描摹了北宋都城汴梁这个特定空间内众多的人、事、景、物，从不同的角度重复渲染了"繁多"。与此同时，向我们展现了一个王朝在经济、文化、生活等各个方面"昌盛"的本质。"繁华"二字，一表一里。"梦回"二字，是该文区别于一般说明文的特征所在——抒情性。汴京的盛世景象，从繁华到衰败仅仅维持了十四年，如梦境一般，转瞬即逝。人们只能凭借画作，在"梦回"中寻求慰藉。作者毛宁深知，《清明上河图》寄托了以张择端为代表的北宋遗民们对故土的怀念，对北宋繁华不再的惆怅与失落之情。

教学重点：

　　通过品析空间构成事物，理解文本渲染的梦回之情，习得渲染言语思维。

教学过程：

　　本课在正式教学前，先带领学生通读全文，初步感知课文内容，明确写作顺序：①画出每一段的中心句，完成段落提纲的补充；②理清行文的思路：对象——意义——内容——价值；明确写作顺序：时间、空间、逻辑顺序，主体部分是空间顺序；③明确说明对象特征：繁华。主要教学环节的设计大致如下：

一、欣赏画面，品读"繁"

抓住文题，设计巧妙的言语活动，可以提高学生的文艺鉴赏能力，还能将学生的思维往深处开发。因此，笔者先用"繁"撬动文本，引导学生追溯语言形式，了解说明对象《清明上河图》的突出特征。为了完成这一任务，笔者主要设计了三个活动。

1. 精读第四自然段，圈画出"繁多"的人、事、景、物，并批注赏析。

2. 请在"多"前加上一个表示程度的修饰语来表达你的感受："啊！_____多。"

3. "整个长卷犹如一部乐章，有慢板、柔板，逐渐进入快板、紧板，转而进入尾声，留下无尽的回味"。联系语境，思考如何理解"快板、紧板"。

学生初读文本后，不难找出众多的人、事、景、物。如：

人多、车多、代步工具多、仆从多、船多、船工多、房屋多、店铺多、商品多、桥多、粮食多、马多、驴多、街道多、桥多、河多、树多（景物多）、岔道多、田多、权贵多、赶集乡人多、行人多、公共设施多、商人多、郊外活动多、顾客多、职业多、行业多、事故多、牲畜多……

接着，启发学生追溯言语形式，在语言品析中解释如何"繁多"。例如第四自然段中，"忙碌的船工从停泊在河边的粮船上卸下沉重的粮包"，运用摹状貌的手法，细致、生动地展现了船工、粮包、漕船众多。交流过后，教师引导学生从不同的角度看待这些人、事、物，除了"繁多"，是否还有其他的特点。学生交流发现：

行人还很热情、激动、兴奋，因为船夫们呼喊叫喊，人们就呼应相接，船夫握篙盘索，人们挥臂助阵，还有人聚在桥头围观；行人还很淳朴、善良、团结，因为船将相撞时，大家齐心协力，共渡难关；行人还很悠闲，因为人们在桥上围观，凑热闹。船工还很辛苦，因为要卸下沉重的粮包；船工还很焦急，因为船的桅杆马上要撞到桥了。

船还很大、很重，因为能装沉重的粮包，是"巨大的漕船"。河道还很宽大，有许多船停靠、穿行。商铺还很齐全，一应俱全。商品质量很好，如

"罗锦布匹，沉檀香料"。交通工具还很精美，如权贵们的"轿乘"。郊外活动还很盛大，因为权贵们带着仆从，抬着花轿簇拥。树木还很有生机，因为树木新发了枝芽。郊外景观还很优美，近郊的风光美妙绝伦……

教师将学生圈画出的事物一并呈现出来，并引导学生一口气、连贯地朗读：

乡人多、仆从多、权贵多、行旅多、漕船多、车多、轿子多、马多、毛驴多、船夫多、船工多、粮食多、赶脚推车挑担人多、行人多、街道多、房屋多、店铺多、商品多、顾客多、职业多、声音多、事情多……

这一设计在视觉和听觉上，更直观地强化了学生对"繁多"的认识和印象。这便是写作言语思维中常运用的方法——重复渲染。此时，请学生在"多"字前加上一个表示程度的修饰语，学生惊叹："真多、好多、非常多、很多、极其多、如此多、甚多、这么多、超多、惊人的多、十分多、太多！"这样，学生就从事物表面感受到文本的渲染之法。

在品味语言中，学生很容易就理解了"快板、慢板"的内涵。作者用打比方的说明方法，生动地概括了画作中段部分的人、事、物更繁多，如同乐章的快板节奏，紧张、热烈。

实际上，作为一个故事的落幕，后段的生活节奏是快于开端的，并没有恢复到开端时的状态。因此，有专家指证，这幅画并不完整。教者补充资料。

"预期会有新的发展，却唐突收尾。城门在边界上欠缺平衡，街景才刚开始却就结束，可以想象应该有相当的长度被截断。"研究《清明上河图》的学者古原宏伸的著作《中国画卷之研究》中，记录着这段文字。

于是，学生便理解了作者为何会在文中说"留有无尽的余味"。

二、深入本质，品读"华"

不仅只有童话、小说、寓言有深层寓意，任何文章，甚至短小的描写性片段，都需要我们品味其内在的意蕴。抓住文题"华"，引导学生透过现象看本质，发展渲染言语思维的深刻性。因此，设计以下活动。

再读第四自然段，透过繁多的景象，你看到了怎样昌盛的社会？

学生交流。

"行人摩肩接踵，络绎不绝"，说明"繁华"背后是百姓安康，社会安定；

"房屋林立"，说明"繁华"背后是国家强大，经济繁荣；

"士农工商，各行各业，无所不备"，说明"繁华"背后是市场繁荣，人民勤劳；

"行人聚集在桥头围观，挥臂助阵"，说明"繁华"背后是团结和谐，生活悠闲；

"忙碌的船工"，说明"繁华"背后是人民工作充实；

"疏林薄雾，农舍田畴，春寒料峭"，说明"繁华"背后是景色优美，人们生活平静；

"宛如飞虹，巨大的漕船、舳舻相接"，说明"繁华"背后是漕运发达，经济厚实；

"医药门诊"，说明"繁华"背后是医疗有保障；

"一应俱全，应有尽有"，说明"繁华"背后是生活便利，人民幸福；

"踏青扫墓归来的权贵"，说明"繁华"背后是贫富差距，生活丰富；

"看相算命，修面整容"，说明"繁华"背后是休闲娱乐，生活轻松；

"南北交通孔道""车水马龙"，说明"繁荣"背后是交通发达，贸易发达；

"新发的枝芽"，说明"繁荣"背后的生机与活力。

透过繁多的表象，学生们能想象到一个生活富足、百业兴旺、安居乐业、积极向上的社会。通过对"华"字的深度挖掘，学生透过现象清晰地看到了本质，对"繁华"这一特征有了全面的认识和体会，从而理解写"繁"是为了深入渲染"华"。

三、还原语境，品读"梦回"

心理学家波扬研究发现，在人的内部言语中，"一个词的意思比它的意义更占优势"，"一个词的意思是由该词在我们意识中引起的一切心理事件的总和"。①理解"梦回"一词，需要还原语境。语境有狭义和广义之分，狭义的语境指语言环境，即上下文；广义的语境指伴随着言语交际活动的背景和条件，包括上下文语境、情景语境、社会文化语境、认知语境以及虚拟语境等。语境对文本内在含义起到解释的作用，因此，笔者还原语境，设计以下活动。

1. 回读第二自然段，思考：这个"梦"是谁的梦？他们的"梦"有什么特点？

2. 文题"梦回"可以改为"梦中""梦里"或"梦想"吗？作者所说的"隐藏于繁华背后的心情"是怎样的？

3. 除了北宋遗民，还有谁借《清明上河图》"梦回"呢？

学生结合文本第二自然段的关键词发现：

"梦"在时间上是短暂的；"盛世假象"说明"梦"是虚幻的，"回不去的繁华"点出"梦"是令人怀念的、向往的，也是自欺欺人的。

比较的方法是人们辨别事物特征的一种重要方法。教学一些课文时，不妨引导学生给课文换个题目，帮助学生通过比较理解课文，形成自己独特的感悟。此处学生理解起来可能有些难度，教师可以补充背景资料，还原历史语境。

（1）北宋"南渡"

1126年（靖康元年），北方的金兵攻克宋城汴京。1127年（靖康二年）三月，金军大肆搜掠后，立张邦昌为楚帝，驱掳徽、钦二帝和宗室等北返，北宋灭亡，史称"靖康之变"。随着金军肆虐中原，大批中原汉族人士，尤其是士大夫开始大规模向南方逃难、迁移，过着漂泊贫穷的生活。

（2）结合李清照的词理解

永夜恹恹欢意少。空梦长安，认取长安道。为报今年春色好。花光月影宜相照。

——宋·李清照《蝶恋花·上巳召亲族》

【注解】漫漫长夜让人提不起一点精神，心情也郁郁寡欢，只能在梦里梦见京城，还能认出那些熟悉的京都街道。为了报答眼下的好春色，花儿与月

---

① 维果茨基. 语言与思维 [M]. 北京：北京大学出版社，2017：171.

影也是相互映照。

故乡何处是，忘了除非醉。沉水卧时烧，香消酒未消。

——宋·李清照《菩萨蛮·风柔日薄春犹早》

【注解】我日夜思念的故乡在哪里呢？只有在醉梦中才能忘却思乡的愁苦。香炉是我睡的时候点着的，现在沉水香的烟雾已经散了，而我的酒气却还未全消失。

为了使学生更快速、清晰地提炼"回"的情感内涵，教师搭建言语思维的支架，学生完成填空。

梦回繁华——

从_____回到 _____ ，

从_____回到_____ ，

从 _____回到_____ ，

从 _____回到_____ ，

从 _____回到_____ ，

…………

学生交流。

从内忧外患回到盛世繁华；从异地回到故土；从凄清回到繁华；从南宋回到北宋；

从荒凉回到繁华；从南方回到中原；从衰微回到强盛；从软弱回到无畏；

从颠沛流离回到国泰民安；从战乱纷飞回到和平安定；从妻离子散回到阖家团圆；

从颠沛流离回到自由闲适；从破败回到繁华；从漂泊不定回到安居乐业；

从家破人亡回到幸福安康；从贫穷回到富足；从伤感回到喜悦；从恐慌回到安心……

学生自然可以归纳出"隐藏于繁华背后的心情"：

表达了对国破家亡的悲痛；对故乡的深深思念；对繁荣京城的怀念；

对繁华易逝的无奈和感慨；对北宋灭亡的惋惜；对长夜漫漫的悲苦；对美好生活的向往；

对现实生活的厌烦；对战乱的厌恶；对和平的追求；对物是人非和昔盛今衰的感慨；

对南宋小朝廷的失望；对远离故土的悲痛；对国家命运的担忧；对现实的悲哀失望；

对长安春色的留恋；对羁旅漂泊的郁郁寡欢；对回到故都的渴望。

繁华不再，只能"梦回"。人们沉醉在美梦中是为了寻求一份现实生活得不到的慰藉。这就是"梦回"二字的情感内涵，也是文章的情感主旨所在。有"梦回"情怀的主人公不仅是文章提及的北宋遗民，这需要学生跳出文本，结合搜集的资料进一步探究。笔者此时提供两则资料。

材料一：作者张择端生活于北宋末年至南宋初年，儿时曾"读书游学于汴京"，那么他必然亲历了北宋一步步走向灭亡、汴京从繁华走向衰败的巨变。随着北宋遗民的南迁，也必然经历了从入城到出城的生死别离。这样的人生经历与《清明上河图》形成了完美的契合。如此说来，作者说《清明上河图》必是包括张择端在内的南渡北宋遗民怀念故土、梦回繁华的写照。[①]

材料二：画中丰富的内容，有着文字无法取代的历史价值，在表现艺术的同时，也为12世纪中国城市的生活状况留下了重要的形象资料。——毛宁《梦回繁华》

学生们进一步思索发现：

还有张择端。张择端亲身经历了北宋从繁荣走向衰败，从安定走向漂泊，他也同样对繁华充满无限的怀念和向往。

还有历史学家。那段繁华的历史是研究那个朝代与时期的重要资料，寻访历史，很有艺术价值。

还有21世纪的我们，对京城繁荣盛景的美好和生活的自由闲适十分向往。

到此，学生更深一层体会到作者渲染"繁"与"华"，实质是为了渲染繁杂的"梦回"之情。

---

① 郭瑶.繁华过后终一梦——《梦回繁华》写作意蕴 [J]. 中学语文教学，2021（6）.

相似言语思维

　　语文世界中的相似言语思维无处不在。象形、会意的造字方法、拟声造词的方法、修辞中的喻拟通感、诗歌的立象尽意、散文的托物寓意等，都要运用相似言语思维。乃至说明文中分类别、议论文中论据使用、小说中典型人物塑造等，也都离不开相似言语思维。言语生成的过程中，作者围绕语句、段落、篇章的基本语义重复渲染，其中的各种成分或各个部分，大都具有语义内涵的相似性。学生能发现文本的相似性，就更能理解文本的重复渲染功用，从而更准确地把握文本的基本语义，习得相似言语思维规律。

《驿路梨花》：在寻求相似中走进小说的深层结构

　　《驿路梨花》是统编教材七年级下册第四单元中的一篇课文，主要讲述一个与哀牢山深处的一所小茅屋有关的故事，围绕"小茅屋的主人到底是谁"，设置了两次误会、三次悬念，刻画了一组人物，表现了"驿路梨花处处开，雷锋精神代代传"的主旨。那么，小说是如何将主旨传达给读者的呢？作者运用了相似言语思维来描写自然环境、构建故事情节以及塑造人物形象。小说通过物与物、人与人、物与人的多重相似，层层渲染，突出主旨。作者设置了一个开放式的嵌套结构，即一个故事下嵌套着多条故事线，由此打通了过去、现在与未来。从十多年前解放军战士建造小茅屋，到姐姐梨花深受感动，多年持续照料小茅屋，直至姐姐出嫁，再到妹妹哈尼小姑娘接过接力棒，继续照料小茅屋，再到瑶族老人出现，最后是"我"和老余到访，时间层层向后推进，未来还会有更多人成为小茅屋的主人。无论是建造、照料小茅屋，还是为其补给、修缮；无论是男人女人，还是老人孩子；无论是各行各业，还是各个民族，他们都有一个共性，那就是处处为他人着想，人人以助人为乐。文眼"驿路梨花处处开"，"梨花"不仅指自然界中美丽芳香、生机勃勃的花朵，也象征了美好的人性；"驿路"是通往远方的道路，具有延伸性；"处处开"强调花开之繁盛，花开之广袤。读者由此进行物与人的相似关联，进而领悟到"雷锋精神代代相传、发扬光大"的主旨。

　　教学重点：聚焦多重相似，关联想象，分类比较，感受人物形象，探究小说主题，习得相似言语思维规律。

　　教学过程：让学生课前熟悉文本，了解故事的起因、经过和结果。

　　一、拟人想象：替物品说句话

　　文章讲了一个关于小茅屋的故事，作者写到了小茅屋里的多种物品，如"火塘""竹床""稻草"等。假如小茅屋中的每一件物品都会说话，请以其中某一件物品的身份，对"我"和老余说几句表达心意的话。

1. 学生交流

①米：你们好，不要看我很小，但我是补充能量最好的食物。你们的肚子一定饿了，快来饱餐一顿吧。不要担心用完，经常会有人送来更新鲜的米。

②水：欢迎你们来到小茅屋，请你们用我洗净一路的风尘和一身的疲惫。请你们畅快地大口饮用，湿润干哑的喉咙吧。

③竹床：旅行者们好，我虽然有些简陋，但很结实，我身上还铺着又厚又软的稻草，一定可以让你们拥有一个熟睡的夜晚，快来好好休息吧。我们一直在等待着像你们一样需要帮助的过路人。

④火塘：你们好，迷路的人，外面太冷了，进来暖和一下吧。在我的身边烧起热水，让我的火苗温暖你的身子，驱散一路的辛劳吧。

⑤盐巴：新朋友你们好，我是洁白的盐巴，我虽然只是简单的调味品，却能让你们吃得有滋有味，还能补充身体所需的钠元素和氯元素，看到你们露出笑容我就满足了。

2. 教师引导

作者描写小茅屋里的物品陈设，有什么意图呢？学生交流如下：

①让人感觉小茅屋里的东西很丰富，一应俱全。

②虽然小茅屋的主人没有露面，却能让借宿的人感到很温暖，主人一定非常热情。

③路人最需要食物和水，还有睡觉的地方，茅屋的主人非常细心，替别人都想到了。

3. 教师小结

其实，小茅屋里的每一种事物都体现出茅屋主人乐于助人、热情好客、体贴周到的美好品德，他能想过路人之所想，急过路人之所急。

二、解决悬念：谁是小茅屋的主人

那么，谁才是小茅屋的主人？"我"和老余寻找小茅屋主人的过程中，又发生了哪些曲折呢？请以"我"的口吻说一说。

1. 学生梳理

①悬念一：我们正焦急地寻找落脚的住所时，意外发现了小茅屋，可屋里漆黑，没有灯也没有人。我们不禁产生疑问："这是什么人的小茅屋呢？"

②误会一、悬念二：正说着，一位瑶族老人扛着一袋米进门来了，我们

以为这就是小茅屋的主人，连声感谢，可老人却说："我不是主人，也是过路人呢！"原来我们误会了这位瑶族老人，那么小茅屋的主人到底是谁呢？

③误会二、悬念三：瑶族老人说，他也到处打听谁是小茅屋的主人，从一个赶马人那里了解到，小茅屋的主人是对门山头上一个名叫梨花的哈尼小姑娘。后来，我们终于见到了哈尼小姑娘，当我们急着要表达感谢时，她说："不要谢我们！不要谢我们！房子是解放军叔叔盖的。"可解放军为什么要盖茅屋呢？

④真相大白：原来，解放军学习雷锋同志，给过路人造了一个遮风挡雨的小屋，而其中一位哈尼小姑娘的姐姐名叫梨花，常常趁砍柴、拾菌子、找草药的机会来照料这小茅屋，姐姐出嫁后，妹妹接管了这里。原来，小说写到的人物，都是小茅屋的主人。

2. 教师小结

围绕"谁是小茅屋的主人"，众多人物依次出场。作者设置悬念和误会，使故事情节一波三折，引人入胜。

三、分类比较：为什么要写这么多人

1. 每一个照顾过小茅屋的人，其实都是小茅屋的主人。请试着给这些人物分类，说说他们的异同。学生交流如下：

（1）分类

①年龄：老年人、中年人、青年人

②身份：过路人、猎户、山民、军人

③性别：男人、女人

④民族：汉族、瑶族、哈尼族

⑤照料茅屋的时间：长期、临时

⑥照料茅屋的方式：搭建、添物资、修葺

⑦出场时间：过去、现在

（2）异同

①不同：年龄、身份、性别、民族、照顾茅屋的时间和方式、出场时间。

②相同：都是小茅屋的主人，既享受了小茅屋带来的便利，又悉心照料小茅屋，都为别人着想，而且都付出了实际行动，都有助人为乐、无私奉献的雷锋精神。

2. 他们助人为乐的精神体现在哪里呢？请聚焦文中细节，揣摩品味。学生交流如下：

①"一个须眉花白的瑶族老人站在门前，手里提着一杆明火枪，肩上扛着一袋米。"瑶族老人只是上个月在小茅屋借宿了一晚，消耗了一些柴、米、水，这次却不顾路途遥远，再来补上远超用量的米，动词"扛"和量词"袋"，突出米很重很多，可见老人知恩图报，乐于助人。

②"我"和老余还有瑶族老人，"决定把小茅屋修葺一下，给屋顶加点草，把房前屋后的排水沟再挖深一些"。"我们"没有立即出发赶路，而是留下来修缮茅屋，为的就是方便之后再来借宿的路人，可见"我们"为他人着想。

3. 小说的人物形象是作者虚构的，如果将文中的瑶族老人和哈尼小姑娘分别换成瑶族青年和瑶族少年好不好？学生交流如下：

①不好。如果修改，雷锋精神就只体现在男性身上，不具有广泛性、普遍性。

②不好。小说塑造了各种各样的人，男女老少都有，在这么多不同人的身上，都体现出相同的雷锋精神，突出了每一代人都具有助人为乐的精神，表现了雷锋精神代代相传、发扬光大的主旨。

③不好。修改后，雷锋精神的延续性、传承性就无法体现了。

4. 教师小结

每一种人，每一代人，他们都具有乐于助人的雷锋精神，并将这种雷锋精神一路传承，发扬光大。

四、聚焦文眼：驿路梨花处处开

文章结尾引用陆游的诗句"驿路梨花处处开"，有何丰富的内涵？

1. 学生交流如下：

①"梨花"出现在哀牢山那偏远、冷寂的深山老林中，洁白无瑕，花瓣轻盈柔美，烘托出环境的优美、诗意；"梨花"暗喻年轻美丽，内心善良，纯洁可爱的哈尼族姑娘们；"梨花"象征助人为乐、无私奉献的雷锋精神。

②"驿路"是通往远方的道路，有延伸传递之意，象征雷锋精神在一代又一代人之间传播延续。

③"处处开"表明空间范围之广，每一个人都深受雷锋精神的影响，每一个人都是雷锋精神的传递者，形成了一种无私奉献、助人为乐的社会氛围。

2. 教师小结

通过理解物与物、人与人、物与人之间的相似关联，我们不仅感受到小茅屋里各种物品所体现出主人的热情周到，也感受到了故事中众多人物热情善良、助人为乐的美好人性，更感受到了"梨花"所蕴含的丰富的象征意义。梨花洁白美丽、芳香四溢、生机勃勃，景和人融为一体，升华了雷锋精神代代相传、发扬光大的主旨。

语文课文中的相似言语思维最常见、最基本的有以下几种类型：

① 物与人的相似。从某种客观事物现象身上，看到某种人类行为或状态性质特征，于是运用了隐喻和象征手法。许多讽喻性的文章和托物言志的诗歌、散文，就是运用这种相似言语思维方法展开创作、表达主题的，如《狮子与蚊子》。

② 古与今的相似。从古代的某个人物、某件历史事件，看到当代人类类似行为或状态的性质特征。许多借古讽今的诗歌、散文、历史剧就是运用这种相似言语思维方法展开创作的，如杜牧的《泊秦淮》。

③ 人与人的相似。在各个不同的人物身上，发现他们共同存在的某种相似性质（性格、精神、思想、心态）特征。如《变色龙》中，除警官奥楚蔑洛夫外，其余包括赫留金、巡警及厨师在内的所有人，个个都是"变色龙"。

④ 事与事的相似。前一个"事"具有表面性、能指性、生活性，后一个"事"具有深层性、所指性、主题性。二者在某种性质上具有表面的相似性，能够从前者联想到后者，从而表达作者的真正意旨，如《穿井得一人》。

⑤ 物与物的相似。在各个不同的物上，发现它们共同存在的某种相似性质特征，如诗歌创作中相似性典型意象的选择与组合。如曹操的《观沧海》，诗人选择"碣石""山岛""丛树""百草""日月""星汉"等多种宏大的意象，组合渲染，突出沧海之雄伟壮阔和诗人的宏大胸襟。

《驿路梨花》课例紧扣文本中的多重相似言语思维，设计形式多样的言语实践活动，引导学生探究小说在情节设置、人物塑造等方面的独特性。在"替茅屋中的物品说几句表达心意的话"环节，学生关联文本细节，展开联想想象，生成鲜活丰富的阅读体验，如学生关联稻草"厚厚"的特点，感受到茅屋的主人希望路人借宿时能睡个舒适安稳的好觉。随后在相似言语思维的分析中，综合得出一个共性，即茅屋主人热情好客，乐于助人。

在探究作者为什么要写这么多人物的环节中，学生的思维逐渐活跃，他们对小说中出场的众多人物进行多角度的分类重组，梳理出人与人之间的异同，"比异"的目的是"求同"。作者正是从多角度进行重复渲染，写了各行各业，各个民族，男男女女，老老少少，他们都具有助人为乐的雷锋精神，从而突出雷锋精神代代相传、发扬光大的主旨。

在聚焦文眼"驿路梨花处处开"环节，学生逐字逐句进行层层关联，品读文眼丰富的象征隐喻意义。那真是"驿路梨花处处开"，助人为乐人人有，雷锋精神代代传。

学生在寻求物与物、人与人、物与人的相似性的活动过程中，走进了文本相似言语思维的深层结构，触摸到了小说的主旨，领略到了小说描写环境、建构情节、塑造人物的艺术。这样的教学过程，可以发展学生的相似言语思维，促进学生的相似言语思维阅读神经网络的建构。

《皇帝的新装》：从人物言语的相似性中读出人性的相似

  《皇帝的新装》是统编教材七年级上册第六单元中的一篇课文，是丹麦作家安徒生创作的童话，描写了一出愚蠢的皇帝被两个骗子愚弄，穿上了一件看不见的——实际上根本不存在的新装，赤裸裸地举行游行大典的丑剧。整个故事由一个骗局开始，而骗局之所以能成功，就要"归功于"那无处不在的相似人性。也正是在对各种相似人性的重复渲染中，作者深刻地揭露了皇帝、宫中众人及普通百姓的丑陋本质。正是这种自上而下的虚伪、自私、狡猾、愚蠢、怯懦的人性，造成了社会风气的腐败。

  人与人语言的相似。皇宫之内的众人对新装的评价有许多相同或相似之处，人物语言中重复出现"美丽""漂亮""色彩""花纹"等笼统、模糊的词语，大量运用语气词和感叹句，极尽夸张，这些评价本质上都是空洞、虚假的。与宫中之人相比，宫外百姓对新装的评价也是如此。因为没有人能看到这件新装，如果自作聪明贸然添加细节，就容易暴露自己。为了掩饰自己并未看见新装的事实，所有人都狡猾地使用含糊其词的语言评价，以求自保，如："多么美的花纹！多么美的色彩！""这衣服多么合身啊！"可见人人自危，察言观色，生怕祸从口出。

  人与人心理的相似。第一位被派去检验新装的是诚实的老大臣，他首先感到震惊，随之开始怀疑自我，最后强装镇定，开始努力伪装自己。第二位出场的也是一位诚实的官员，他首先感到匪夷所思，进而开始自我解释，最后觉得十分滑稽，开始伪装自己。接着，直接描写皇帝的心理活动，他先是疑惑，后是惊恐，但同样选择伪装。最后，宫中所有的人都随声附和："这布是华丽的！精致的！无双的！"再看宫外百姓的表现，站在街上和窗子里的人都说："乖乖！皇上的新装真是漂亮！他上衣下面的后裙是多么美丽！这件衣服真合他的身材！"在百姓异口同声地夸赞皇帝的新装之前，他们的心理其实也经历了震惊、疑惑、恐惧的变化，然后开始小心试探，最后人云亦云，随波逐流地选择伪装自己，极尽谄媚。作者通过人与人语言和心理的相似，揭示了宫内宫外人人自危、虚伪自私、狡猾怯懦的相似本质。

事与事的相似。两个骗子骗了所有人，而被骗了的官员们也在互相欺骗。上至宫廷内部的统治阶级，下至普通底层百姓，人人出于对自身利益的考量，不约而同地采用相似的语气说着相似的话语来自骗、助骗、行骗，同时也都在受骗。谎言从宫内蔓延到宫外，全国上下，无一不在说谎，无一不在遮掩，无一不在谄媚。在这个国家中，除了不谙世事的天真孩童，人人已然被谎言荼毒。童话如此，现实生活又何尝不是？在个人利益面前，谁都有可能选择同样的欺骗行为。看似夸张荒诞的情节，其实却有着极其顽固的社会现实根基。这就是事与事的相似。

教学重点：

聚焦人物话语的相似，揣摩品味，体会人性的相似，领悟文章的主旨。

教学过程：

一、情境导入，发现"相似"

1. 正值学校文化艺术节，每个班需出一个节目。有同学提议将《皇帝的新装》这一有趣的故事搬上舞台，不过也有人反对，认为其中人物的台词过于相似，显得单调而没个性，不能吸引观众

①老大臣："哎呀，美极了！真是美极了！"

"多么美的花纹！多么美的色彩！我对这布料非常满意。"

②诚实的官员："是的，那真是太美了！"

"陛下请看，多么美的花纹！多么美的色彩！"

③其他官员："哎呀，真是美极了！"

"这布是华丽的！精致的！无双的！"

"上帝，这衣服多么合身啊！裁得多么好看啊！"

"多么美的花纹！多么美的色彩！这真是一套贵重的衣服！"

2. 文中不同人物对新装的评价有何相同、相似之处？学生交流

①有关美丽、色彩、花纹的内容反复出现。"美丽"和"美"在骗子、大臣、皇帝的语言里共出现了16次，"色彩"一词共出现了7次，"花纹"出

现了6次。其内容均出自骗子之口，众人紧紧抓住这虚无的细节进行赞美。

②话语中的感叹句反复出现，比如："哎呀，美极了！真是美极了！""多么美的花纹！多么美的色彩！""陛下请看，多么美的花纹！多么美的色彩！"众人的语气是惊讶、夸张的。

③"哎呀""啊"等表感叹的词反复出现，语气夸张，写出众人装模作样称赞的嘴脸。

④"多么"等程度副词反复出现，突出众人对新装华贵美丽的赞美。

⑤"美丽"等修饰语反复出现，语言啰唆，虽是正面的、满意的评价，但显得空洞、虚假。虽有变化，却都是模糊的，言不由衷，以讹传讹。

3.教师小结

人物语言中"美丽""漂亮"等词反复出现，本质上都是空洞、虚假、夸张的评价。

二、修改台词，演绎台词

1. 作为舞台剧，人物的台词相似之处过多。为了避免雷同，能否考虑修改各自的语言使描述更具体一些，进而体现出人物的个性

起初，多数学生认为可以修改人物单调的台词，于是努力想象，争取改出个性。

①衣服上的第二个扣子竟然是用拳头大的钻石缝上的。

②衣服的针脚是由金线缝制而成，绘制出了国家的万里江山，后摆也镶嵌了翡翠、玛瑙等珠宝。

③衣服上绣着在云端翱翔的金龙和凤凰。

④衣服上点缀的珠宝像是黑夜里的漫天星辰，闪烁着耀眼夺目的光彩。

后来，课堂上逐渐有不同的声音冒出来。

①不能修改。因为这件衣服根本不存在，雷同的、空洞的词语也足以说明他们根本没看见新装，所以只有靠想象才能把它具体化。但不同人的想象一定会有差异，说得越具体详细，越容易出错，谎言就越容易被戳穿。一旦皇帝怀疑，就可能被认为是愚蠢或是不称职的，官位丢了不说，可能连性命都不保。

②人物的语言不能具体，不能贸然加入细节，更不能有自己的个性，因为这样会暴露自己并没有看见衣服，就说明他们在撒谎。为了掩饰真相，证明

自己不愚蠢，保护自己的利益，他们只能察言观色，人云亦云，使用模糊笼统的词语极尽夸赞，只求蒙混过关。

2. 教师引导

他们虽没有个性，却具有鲜明的共性。不管是老大臣还是官员，他们都具有怎样的特点？学生讨论交流如下：

①自私虚伪，胆小怯懦。他们不愿也不敢承认自己的愚蠢，因为他们都想保全名利和地位，都惧怕皇帝的质疑与责罚。

②奸诈狡猾。宫中所有的人对新装的描述，其实都源于骗子先入为主的形容，所以这些大臣绝对不会自作聪明地贸然改动，而是自欺欺人地极力伪装，巧妙掩盖自己什么也没有看到的可怕真相。

3. 教师小结

"美丽""花纹""色彩"等雷同的台词，源于两位骗子，骗子欺骗大臣，大臣再欺骗皇帝和其他官员，其他官员再互相欺骗，皇宫内的众人既是受骗者，也是骗人者。不同的人物说出相似的语言，相似的语言体现出相似的人性。（板书：怯弱狡猾，自私虚伪）

4. 为了让人们相信你确实看到了这件新装，你会如何演绎人物的台词，从而提升舞台效果？（提示：可从音量高低、语速快慢、语调起伏、重音停连、表情动作等角度设计）

学生自选角色，反复朗读，揣摩人物的语言，选用恰当的方式来演绎人物的语言。

①老大臣：哎呀，美极了！真是美极了！多么美的花纹！多么美的色彩！是的，我将要呈报皇上，我对这布料非常满意。（语速加快，重读"多么"，表现出内心的激动以及没看到新装企图快速蒙混过关的心虚。）

②老大臣：哎呀，真是美妙极了呀！多么美的花纹！多么美的色彩啊！是的，我将要呈报皇上，我对这布料，非常满意！（学生紧闭双眼，展现出一副陶醉的神情，企图让皇帝相信自己已深深地被新装的美丽所打动。）

③两位官员：您看这布华丽不华丽？陛下请看，多么美的花纹！多么美的色彩！（学生瞪大双眼表现出认真审视新装时的震撼，语气放缓表现出内心的紧张焦虑——在思考如何形容才能让皇帝满意。）

④其他官员：上帝，这衣服多么合身啊！裁得多么好看啊！多么美的花

纹！多么美的色彩！这真是一套贵重的衣服！（学生用手在胸前摆出祈祷的姿势，假装看到新装的样子，以上帝之名赞美新装的美丽，强调自己的诚实。还有的学生用手比画出皇帝的身材，强调衣服是量体定做，独一无二，特别合身。）

⑤其他官员：这布是华丽的！精致的！无双的！（三个形容词的音量逐渐上升，语调逐渐提高，音量逐渐变大，语气越来越激昂，企图掩盖内心的虚伪，让人信以为真。）

5. 教师小结

同学们通过语音高低、语速快慢、语调起伏、重音停连、表情动作等设计，用极尽夸张的方式，演绎出大臣们奸诈狡猾、阿谀奉承的虚假嘴脸，及其心虚、焦虑、紧张不安的复杂心理。（板书：阿谀奉承，自欺欺人）

三、比同求异，再探"相似"

1. 当宫外的百姓们来参观皇帝的游行时，他们的说法和宫中人的有何异同呢？

站在街上和窗子里的人都说："乖乖！皇上的新装真是漂亮！他上衣下面的后裙是多么美丽！这件衣服真合他的身材！"

学生经过思考交流后明确：

①同：无论宫内宫外，人人对新装都极尽夸赞，但依旧只能用"漂亮""美丽""合身"等模糊笼统的词语来形容，免得露馅，可见百姓和宫中人一样，都虚伪、谄媚、狡猾。

②异：百姓的描述中提及新装的后裙和皇帝的身材，却少了宫中人反复说到的花纹、色彩等内容。因为百姓事先并不知道宫中人的形容，但他们善于察言观色，不仅看到了皇帝的赤身裸体，还敏锐地察觉到大臣们假装托后裙的动作，所以强调了衣服很合身。

2. 教师引导

既然宫外的百姓不知道宫内的骗子对新装的描述，为什么会异口同声地说出一样的话？请想象百姓见到皇帝时的场景，添加人物的心理活动。

学生经交流后明确：百姓一开始看到皇帝肯定是惊讶、疑惑的，堂堂一国之君，为什么光着身子在大街上游行？惊讶之余，他们开始感到焦虑紧张，甚至是恐惧不安，不知所措，因为稍有不慎说错话，就会暴露自己的愚蠢，可能还会得罪皇帝，遭受灭顶之灾。接着，他们开始鬼鬼祟祟，左右打量，直到有一人小心翼翼、试探性地夸赞一句新装真漂亮，于是大家就像抓到了一根救命稻草，赶紧随声附和。最后，街上和窗子里的所有百姓都大声地、坚定地对皇帝的新装大加赞赏。

3. 教师小结

原来，皇宫内外的人本质上是一样的，无论是地位卑贱的百姓，还是权势滔天的大臣，都一样虚伪懦弱、自私狡猾，没有人愿意承认自己是愚蠢的，更没有人有说真话的勇气。在真相面前，他们无力拨乱反正，所以只能人人自危，随波逐流，以讹传讹。从宫内到宫外，这样的情形何其相似，骗局开始蔓延，渐渐扩大，直至吞噬整个国家！（板书：个人——国家）

四、聚焦结尾，探究主旨

1. 一个小孩最终揭穿了真相，其他人物有没有可能揭穿？（提示：可以关注人物的心理描写）学生交流如下：

①其他人都没有可能。大人们看破不说破，揣着明白装糊涂，都想要明哲保身。老大臣从没有怀疑过自己的智慧，坚信自己是称职的；诚实的官员不想让人觉得自己不配现有的好官职；皇帝更是认为自己看不见新装是一件骇人听闻的事情，他害怕臣民觉得自己不够资格当皇帝；百姓不愿让人知道自己什么也看不见，显得他们很愚蠢。

②孩子天真单纯，童言无忌，而其他人有的惧怕受到皇帝的惩罚，有的担心丢了荣华富贵，有的害怕被别人嘲笑。因为皇帝想通过衣服辨别哪些人不称职，哪些人是愚蠢的。

③对大臣和百姓而言，皇帝穿了什么衣服，甚至穿没穿衣服都不重要，只要对自己的利益没有损害，恭维几句又有何妨。

④即使后来知道真相，大家也不敢揭穿，臣子害怕乌纱帽不保，百姓害怕小命不保，官员们对名与利的追求，百姓们低贱的社会地位，决定了他们坚决不能揭穿真相。孩子不谙世事，天真无邪，所以能讲出真话。

2. 教师小结

大人们出于对自身利益的考量，用雷同的话语掩盖自己虚伪、自私、狡猾、愚蠢的本质。不仅是宫廷内部的统治阶级，连普通百姓都不自觉地成了这场骗局的帮凶。

3.《皇帝的新装》是关于皇帝的故事，能不能把百姓看到新装的游行场景删去？学生交流如下：

①把游行的情节删掉，会使文章不完整，给人戛然而止的感受。如果故事停留在皇帝穿上新装，就会缺少高潮部分。

②故事的矛盾冲突在游行的场景中集中展现，人物的虚伪、愚蠢在游行的场景中被放大，所以不能删去。

③如果删去，就没人揭穿骗局，故事的趣味性和思想性会大打折扣。

④宫廷内虚伪、腐朽的风气已经影响到了百姓，将讽刺的范围扩大，使主题更深刻。

⑤小孩揭露真相的行为与大人的虚伪形成对比，加深了讽刺的意味，突出了大人的虚伪狡猾。

4. 教师小结

游行的场景是故事矛盾冲突的焦点，使故事的主题更加深刻，充分反映了黑暗的社会现实。

5. 这样虚伪、自私、狡猾的社会风气是如何形成的？请结合背景资料思考

背景资料：安徒生所处的社会是一个等级制度森严的社会。拿破仑战争失败后，丹麦人民的生活变得非常艰苦。大地主和贵族所形成的统治阶级不仅把战争的负担加在人民身上，而且还更加紧了对人民的剥削，以保持他们穷奢极侈的生活。

学生交流如下：

①统治阶级的高压政策和剥削，导致百姓不得不委曲求全，麻木跟随，丧失了说真话的勇气。

②上层统治阶级的腐败、虚伪渗透到了下层百姓中，这种自上而下的虚伪、自私、狡猾、愚蠢造成了社会风气的腐败。

6. 教师小结

看似夸张荒诞的情节，其实却有着极其顽固的社会现实根基。（板书：

夸张荒诞——社会现实）

五、联系生活，获得启示

1. 舞台剧谢幕时，需要配上画外音。请你写一段画外音，分享给在场的观众，让他们观有所得

提示：画外音不是由故事中的人物发出的，而是由故事之外的编剧等人对故事的总结与补充，以便人们能更详细、明确地理解事实。它往往与主题相关，也可以是对人物或事件的评论。

2. 学生交流如下：

①虚伪的腐败，终将导致灭亡。那虚伪中的最后一句诚实，就是整个社会的希望。从上到下都需要改变，社会才能变得真诚美好。

②统治者无知无能、自欺欺人；大人们私心重重，愚蠢狡猾。这揭穿骗局的小男孩，就像穿透虚伪黑夜的一束光。

③如果你因不想让人觉得自己愚蠢便说了谎，那说谎这件事本身就是愚蠢的。我们要保持内心的纯真，敢于揭露虚伪的表象。

④再高超的谎言迟早都有被揭穿的一天。这就是安徒生对虚伪社会的痛恨，也是他对改变现状的呼吁。

⑤统治阶级的虚伪狡猾不仅祸及宫廷，更荼毒百姓。当统治者都沾满污秽，那么整个社会必然黑暗，小男孩这样的天真还能保持多久呢？

⑥皇帝直到游行的最后还在自欺欺人，可笑又可悲。外表的华丽无法掩盖其内心的愚蠢懦弱，然而现实中仍有无数《皇帝的新装》正在上演。

⑦人们为了自己的利益要撒下一个又一个谎言，虚伪就像瘟疫，无情地肆虐，传染给社会上的每一个人，唯一的解药就是勇气。

⑧愚蠢的国王和他愚蠢的子民会导致这个愚蠢的国家走向衰亡，但这并不是这个国家最后的结局，我们相信总会有像小男孩那样勇敢的人站出来。

明明是一场漏洞百出的拙劣骗局，为什么没有被揭穿？这场骗局到底是怎样实施的？为什么全国上下的人都不约而同地说着相似的话，有着相似的表现？要理解文本夸张荒诞的情节，必然要聚焦其中的多重"相似"。本课例在课堂伊始创设情境，引导学生直接聚焦文中人物语言的相似性，学生通过关联相似的情节，进行想象补白，以丰富阅读感受。

朗读设计，从"哪里相似"到"能否不相似"再到"为什么要相似"，

环环相扣，多角度探索"相似"背后的本质，最后直抵童话主旨：上层统治阶级的腐败、虚伪渗透到了下层百姓中，这种自上而下的虚伪、自私、狡猾、愚蠢，造成了社会风气的腐败。

在最后的交流中，有的同学能进行事与事的相似关联，谈及自己对现实生活的思考；更有同学有了"小男孩这样的天真还能保持多久呢？"的疑问，还产生了"虚伪的腐败，终将导致灭亡"的深刻感悟。

学生在分析文本的过程中潜移默化地内化了相似言语思维路径。除了《皇帝的新装》，教材中还有很多课文都蕴含着相似言语思维，如《白杨礼赞》中，茅盾从白杨树和抗日军民身上看到相似、共通的精神、性格——齐心协力、团结向上、伟岸昂扬——这是物与人的相似；又如《愚公移山》中，愚公不畏艰难，坚持不懈，挖山不止，最终感动天帝而将山挪走的故事，与现实生活中持之以恒、攻坚克难的事迹相似，这是事与事的相似；再如《山坡羊·怀古》中，作者抚今追昔，这是古与今的相似。在教学中，我们需要关注到这些相似言语思维的运用，引导学生理解各种结构的相似性，还原相似言语思维的内容，由言得意，由意品言，渗透相似言语思维，帮助学生建构相似言语思维阅读神经网络与图式。

拓展链接一

《闻王昌龄左迁龙标遥有此寄》：意象怎么教？

古典诗歌创作以形象思维为主，"立象尽意"是其基本的言语思维方法。它往往通过意象的象征、隐喻和暗示，来表达复杂的、抽象的思想感情，让读者从中获得丰富的联想和想象，含不尽之意，见于言外，充满着艺术的魅力。"意以象尽，象以言著。"（王弼《周易略例·明象》）诗人通过具象言语思维对物象进行加工提炼，同时用语言表达出来，如此便生成可供读者阅读的言语形式。

能够提取语言表达出形象思维内容的言语思维能力，是语文学科专属的核心能力。"要让学生们留在学校直至15岁、20岁，我们需要有一个更有力的理由。我的理由是训练他们的学科思维。"[1]因为"学科不只是用事实和概念堆积起来的教科书上的词汇表、附录、全国标准的概略和每周的考试内容。学科的内涵存在于该领域人士发展出来的特定思考方式，借着这种思考方式，他们可以从特定的而非直觉的角度了解这个世界"[2]。古典诗歌教学中，品味意象，还原、转化语境中诗人具象言语思维的内容和方法，吸收、内化意象中的具象言语思维方法，就是训练语文学科思维，发展言语思维。那么，古诗中的意象怎么教呢？下面仅以李白"杨花落尽子规啼"中的"杨花"意象教学为例，简要说明。

据《新唐书·文艺传》载，王昌龄因"不护细行"，被左迁龙标。李白听到他的不幸遭遇后，写下《闻王昌龄左迁龙标遥有此寄》这首诗，表达了深切的同情。首句"杨花落尽子规啼"，运用杨花、子规两个意象，蕴含飘零之感、离别之恨，渲染了伤感的氛围。笔者听几位青年教师教学这首诗，关于这

---

[1]霍华德·加德纳.受过学科思维训练的心智[M].张开冰，译.北京：学苑出版社，2008：1.

[2]霍华德·加德纳.受过学科思维训练的心智[M].张开冰，译.北京：学苑出版社，2008：135.

一句的教学，可以归纳为两种教法。

第一种：

第一步，理解诗意。树上柳絮落尽，杜鹃在不停地啼叫。

第二步，理解表达作用。由于学生对杨花、子规的意象陌生，教师适当讲解："杨花落尽"写出了春光消逝时的萧条景况，杜鹃泣血悲鸣，进一步渲染了伤感的氛围，表达了诗人的哀愁伤感。

第三步，总结提问。"杨花落尽子规啼"写了哪两种景物？有什么表达作用？

学生利用教师教给的知识回答。这种教学的实质是思想内容的灌注与记忆。

第二种：

第一步、第二步与第一种教法相同，不同的是，后面设计了一个讨论环节："杨花落尽子规啼"蕴含着怎样的感情？诗人是如何表达这种感情的？

讨论明确：诗句蕴含对友人被贬谪的哀伤之情；诗人借景抒情，通过描写"杨花落尽"，春光消逝的萧条景象，又描写杜鹃哀叫，渲染伤感的氛围，从而表达了哀愁伤感的心情。

这一种教法与第一种相比，有了明显的进步。它引入"借景抒情"这一概念，是中国古典诗歌最核心的知识。可以这样说，如果没有借景抒情，就不会矗立起中国古典诗歌的高峰。引导学生讨论，可以促进学生对知识的大致理解。我们不妨将这种教法称作知识的接受与记忆。

这两种教法都忽视了对"杨花""子规"这两个意象具体深入的品味，主要的不足是未能将学生的知识经验融入意象理解之中，切实进行相似具象言语思维训练，因此不能有效地促进知识迁移，提高古典诗歌的鉴赏能力。

笔者尝试了第三种教法：

第一步是知识铺垫。

师：诗中描写了哪两种景物？

生："杨花""子规"。

师：人们常常用赠送鲜花来表达感情，请举两例。

生：赠送玫瑰，表达爱情；赠送百合，祝福新婚夫妇百年好合。

师：玫瑰、百合分别象征什么？

生：玫瑰象征爱情；百合象征白头偕老。

师："如花似玉""花样年华"中的"花"象征什么？

生：象征如花一样的美好的青春年华。

师："落花流水"中"花"象征什么？

生：象征美好的事物。

师：子规又叫杜鹃，对这种鸟你知道些什么？请说出来和同学分享。

生：春夏季节，杜鹃彻夜不停地啼鸣。杜鹃口腔上皮和舌部都为红色，古人误以为它啼得满嘴流血。杜鹃啼叫的时节，正值杜鹃花盛开。人们见杜鹃花那样鲜红，便误以为这种颜色是杜鹃啼的血。

生：杜鹃的啼叫又好像是说"不如归去，不如归去"，容易触动人们的乡思乡愁。

…………

做这样铺垫的目的，就是为了充分调动学生已有的知识经验。有一个"鱼就是鱼"的寓言故事，大概内容是：有一条鱼，它很想了解陆地上发生的事，但没有办法。与它一起在池塘里的蝌蚪长成青蛙后，便跳上了陆地。几周后，青蛙回来告诉它在陆地上看到的鸟、牛、人。鱼根据青蛙的描述创作了图画：人被想象为用尾巴走路的鱼，鸟是长着翅膀的鱼，奶牛是长着乳房的鱼。这个故事的寓意是，人总是基于已有的知识理解和构建新的知识。我国清代学者王夫之说"作者用一致之思，读者各以其情而自得"[1]，其实说的就是这种含义。美国著名的教育心理学家奥苏泊尔说："假如让我把全部教育心理学原理仅仅归纳为一条原理的话，那么，我将一言以蔽之，影响学习的唯一重要的因素，就是学生已经知道了什么，要探明这一点，并据此进行教学。"[2]这句话的含义，如果用苏霍姆林斯基的话来理解，那就是"教学生借助已有的知识去获取知识，这是最高的教学技巧之所在"[3]。这些大学者都极其强调引导学生利用旧知建构新知的重要性。古典诗歌的意象既具有形象性，又具有概括性

① 王夫之. 清诗话 [M]. 上海：上海古籍出版社，1982：3.

② 韦志成. 语文教学艺术论 [M]. 南宁：广西教育出版社，1999：66.

③ 苏霍姆林斯基. 给教师的建议 [M]. 北京：教育科学出版社，1984：24.

和抽象性。初中学生的抽象思维还很不成熟，因此理解起来常常感到困难，所以教学中要努力唤醒学生沉睡的知识经验，以旧带新，促进意象品味，这有利于学生大脑中的新旧知识形成神经元连接。

第二步，想象并描述画面。

暮春时节，东风无力，百花凋零。柳絮不由自主，随风飘荡，落尽繁华。正当春意阑珊，一片萧条，又闻杜鹃哀啼，"不如归去，不如归去"，声声凄切，令人伤感。

意象是具象化言语思维的结果，借助意象想象并描述画面，是一种感受活动，是一种理解方法，也是一种感悟过程。就是将意象的品味活动化、方法化、过程化，由此体会诗句蕴含的哀愁、伤感、凄凉之情，从而还原意象蕴含的具象言语思维过程和内容，促进言语思维的发展。

第三步，知识的建构与运用。

师：诗人是如何表达这种感情的？

生：借景抒情。

师：你能否发现景物的特点与诗人情感之间的关系？

生：杨花不由自主地飘荡，让人联想到漂泊；杜鹃"不如归去"的叫声，引发离别的伤感。景与情之间有相似之处。

师：你还学过哪些描写落花或者杜鹃的诗句？这些诗句中蕴含着怎样的情感？

生："杜鹃声似哭，湘竹斑如血"（白居易《江上送客》），杜鹃叫着"不如归去"，声音凄婉，烘托了离别的伤感。

生："夜来风雨声，花落知多少"（孟浩然《春晓》），用落花象征美好的春天消逝，蕴含了伤春之感。

生："正是江南好风景，落花时节又逢君"（杜甫《江南逢李龟年》），用落花象征诗人和李龟年美好年华的消逝、人生的漂泊，也象征唐朝繁华时代的衰落，表达了诗人的悲哀和感慨。

师：请同学们仿句：我想送你一朵水仙花，象征你的高雅；我想送你一

朵 ＿＿＿＿＿＿＿＿，象征你的＿＿＿＿＿＿＿＿。

生：我想送你一朵太阳花，象征你的热情。

生：我想送你一朵野菊花，象征你的顽强。

生：我想送你一朵红牡丹，象征你的尊贵。

生：我想送你一朵雪莲花，象征你的纯洁。

…………

这样的教学看上去似乎很费时间，但如果采用群文教学，引导学生理解意象蕴含的象征、隐喻思维方法，触类旁通，就可以极大地拓展教学内容，提高教学效率。比如植物的意象，由"莲"拓展到"花中四君子"梅、兰、菊、竹，然后再由此类推，拓展到牡丹、红豆、柳、浮萍、松柏等。动物意象也是如此，比如由杜鹃拓展到鸳鸯、关雎、鹧鸪等。不仅如此，还可以将诗歌意象蕴含的这种相似言语思维方法拓展到散文，如周敦颐的《爱莲说》、韩愈的《马说》，甚至还可以拓展到寓言故事，如《郑人买履》《刻舟求剑》《买椟还珠》等。

学生能把在一个情境里学到的知识运用到新的情境中，才能真正实现知识的建构与运用。叶圣陶先生说："阅读要善于触发，也就是由阅读的课文，联想到平时阅读过的相关内容、经历过的相关事情，受到启发和共鸣；或者觉得课文内容可以用来说明某种道理，印证某种想法，借以表达某种感情；或者想到了自己某种思想感情的创意表达等。触发要有新意才好，它可以丰富阅读的感受，积累写作素材，提高读写能力。"[1]以上教学中引导学生触发学过的诗句，就是为了让学生"受到启发和共鸣"，丰富对杨花意象的感受，深入理解借景抒情这一概念。仿写则是为了触发学生"想到自己某种思想感情的创意表达"，把学到的知识运用到新的情境中，实现知识的运用与迁移。

语用能力迁移的本质应该就是言语思维方法的迁移。如"杨花落尽子规啼"，"杨花"之所以能够蕴含漂泊之感，是因为人生漂泊与"杨花"飘零之间有着相似之处。学生的仿句中联想到的各种花所蕴含的感情色彩与诗句中的"杨花"显然不同，以"太阳花"象征热情、以"野菊花"象征顽强、以"雪莲花"象征纯洁等，虽然情境不同，但都经历了寻求意象相似性的思维，并提

---

① 夏丏尊，叶圣陶．文心 [M]．北京：九州出版社，2016：90．

取了言语表达出来的过程，从而促进了具象性言语思维方法的迁移，有效建立了意象理解的神经网络。

　　具象思维是中国人典型的思维方式。中国的文学作品善于深入浅出，用象征、比喻说明道理。中国古典诗歌意象感性中渗透着理性，大都蕴含着象征、隐喻的言语思维方法，其本质是由物象到思想感情之间的相似性联想和想象。抓住这种言语思维规律品析诗歌意象的过程，实质就是潜移默化地习得具象言语思维的方式，有效建立具象言语思维图式，深入促进言语思维的发展。

拓展链接二

《绿》：比喻怎么教？

朱自清的散文《绿》主要描写了梅雨潭的水，描写潭水又主要写其绿色。作者在抒情语句中，两次运用"惊诧""醉人""奇异""可爱"四个词语，强调了惊异的审美印象和强烈的审美感受。作者要将这种印象和感受传达给读者，就要让读者通过他的语言，真切地想象出他的审美印象，感受到他的审美感受。用梁启超先生的话说，就是："所传达的，恰如自己所要说的；令读者恰恰领会到我的原意。"①

这其实是很不容易的。语言具有概括性，"可以言论者，物之粗也；可以意致者，物之精也。"（《庄子·秋水》）面对那一潭之"绿"，作者获得的印象和感受可以说是精微的、独特的，要将之清楚明白地传达给读者，是难以直接言说的。同时语言表达还具有历时的、线性的特点，而作者眼中的"绿"、心中之感，却是共时的、整体的，这也会造成"满腹的话儿不知从何讲"的困难。

那么，作者是如何把印象和感受传达给读者的呢？主要是借助相似的联想和想象，从多个不同的角度寻找一系列相似的物象，并依靠相似言语思维提取适当的词语，将其生动形象地描述出来，生成一系列比喻句，"意以象尽，象以言著"（王弼《周易略例·明象》），这才得以实现表达的目的。我国很多语文教育家对此有着十分深刻的体悟，如叶圣陶先生认为："语言和思维分拆不开。语言说得正确，有条有理，其实是头脑里要想得正确，有条有理。"②"文字的依据即是语言，语言和思想又是二而一的东西，所以文字该和语言思想一贯训练。"③语言和思维"二而一""分拆不开"，说的就是言

① 梁启超. 中学以上作文教学法 [M]. 北京：首都经济贸易大学出版社，2018：2.
② 叶至善. 叶圣陶集 [M]. 南京：江苏教育出版社，1994：470.
③ 刘国正. 叶圣陶教育文集 [M]. 北京：人民教育出版社，1994：383.

语思维。

比喻是依靠言语思维传递出的一种表达事物特征的特殊言语形式，它是作者为了表达内心的感受与情感，而找到的那个最能表达此情此感的言词。这个言词，可以是词、短语，也可以是句子。笔者教学本文，先引导学生展开联想和想象，品析比喻句的言语表达，首先需要由本体到喻体，联想出喻体形象；重点是由喻体回到本体，联想出本体形象，还原作者相似性联想和想象的内容，还原作者对"绿"的印象，想象出梅雨潭之"绿"的景象，体会到作者"惊诧""醉人""奇异""可爱"的感受，从中学习相似言语思维的方法；接下来将原文中的比喻删去，压缩成几段概括性文字，与原文比较，理解比喻运用的原理，知其然且知其所以然；最后迁移运用，促进学生内化比喻运用的相似言语思维方法、规律。

课前要求学生完成自读任务：①阅读课文，理解生字词，理清课文移步换景的思路，概括课文内容；②画出文中直接抒情的语句，圈出其中的关键词；③画出描写梅雨潭之"绿"的比喻句，联想和想象梅雨潭"绿"的景象。

一、自读交流

1. 学生概括课文内容（略）

2. 朗读文中的直接抒情语句，摘出关键词语

（1）主要语句：①我第二次到仙岩的时候，我惊诧于梅雨潭的绿了。②那醉人的绿呀，……满是奇异的绿呀。③这平铺着，厚积着的绿，着实可爱。④可爱的，我将什么来比拟你呢？我怎么比拟得出呢？⑤大约潭是很深的，故能蕴蓄着这样奇异的绿。⑥那醉人的绿呀！⑦我第二次到仙岩的时候，我不禁惊诧于梅雨潭的绿了。

（2）关键词语："惊诧""醉人""奇异""可爱"。

（3）作者如何把这样的印象和感受传达给没有到过梅雨潭的读者呢？——主要是运用比喻句。

3. 朗读文中描写梅雨潭"绿"的比喻句（具体语句略）

二、品析比喻

1. 方法指导

（1）引导学生结合写作思维图示，以描写梅雨潭"绿"的第一个比喻句为例，说明作者写出比喻句的言语思维过程。

①观察写作思维图示：

$$潭水（本体）\xrightarrow[\text{联想、想象}]{\text{相似}}荷叶　（喻体）$$

②阅读例句：那醉人的绿呀，仿佛一张极大的荷叶铺着，满是奇异的绿呀。

③例句说明：作者为了把梅雨潭"绿"的印象和感受传达给读者，展开相似联想和想象，寻找到了"荷叶"这一喻体，并用"一张极大的""铺着"进行描写，完成了这一比喻句。

（2）引导学生结合阅读思维图示，进行由喻体到本体的反向相似联想和想象，多角度发现其中的相似点，想象出梅雨潭"绿"的景象（而不是把想象停留在喻体上），说出"绿"的特点。

①观察阅读思维图示：

$$荷叶（喻体）\xrightarrow[\text{联想、想象}]{\text{相似}}潭水　（本体）$$

②阅读例句：那醉人的绿呀，仿佛一张极大的荷叶铺着，满是奇异的绿呀。

③品析例句：按照与作者相反的思维方向，联想和想象喻体和本体的相似点，想象"绿"的景象，说出"绿"的特点。

喻体和本体的相似点：这一句描写对梅雨潭的总体印象，荷叶的颜色相似于潭水的绿色；荷叶的圆形相似于潭面的形状；铺着的荷叶相似于潭水的平面；荷叶的盎然生机相似于"绿"的生命活力。

"绿"的特点是绿色的、圆形的、开阔的、平铺的、充满活力的。

2. 引导学生品析其他比喻句的语言表达，发现作者描写"绿"（潭水）的角度，找出喻体和本体的相似点，想象出"绿"的景象，说出"绿"的特点

学生先独立品析，然后小组交流，最后全班交流。

（1）这平铺着，厚积着的绿，着实可爱。她松松的皱缬着，像少妇拖着的裙幅；她轻轻地摆弄着，像跳动的初恋的处女的心；她滑滑的明亮着，像涂

了"明油"一般，有鸡蛋清那样软，那样嫩；她又不杂些儿尘滓，宛然一块温润的碧玉，只清清的一色——但你却看不透她！

为了便于学生参与，教学中将这个博喻分为五个比喻句，学生可以自由选择其中一句和同学交流。

①她松松的皱缬着，像少妇拖着的裙幅。

这一句主要描写"绿"的波纹形态，实际是"她像少妇拖着的松松的皱缬着的裙幅"，原句意在突出"松松的皱缬着"的特点。"裙幅"相似于其圆，"皱缬"相似于其波纹，"松松"相似于其波纹稀疏，"拖"相似于其水波荡漾，"少妇"相似于其优雅而富有活力。

"绿"的特点是波纹稀疏的，水波荡漾的，优雅的，富有活力的。

②她轻轻地摆弄着，像跳动的初恋的处女的心。

这一句主要描写"绿"的水波。"心"近似于其圆形；"跳动"相似于其"轻轻地摆弄"，即水波轻轻荡漾；"初恋的处女"相似于其"摆弄"时娇羞的情态。

"绿"的特点是轻轻荡漾的，娇羞的。

③她滑滑的明亮着，像涂了"明油"一般。

这一句主要描写"绿"的光亮。"明油"之"明"相似于其明亮，"油"相似于其质地细腻、滑溜，这就表达出"滑滑"的感受；"明亮着"，相似于其不断闪着光泽。

"绿"的特点是明亮的，滑溜的，闪着光泽的。

④（潭水）有鸡蛋清那样软，那样嫩。

这一句主要描写"绿"的质感。"鸡蛋清"相似于其软、其嫩、其纯净，也相似于其明亮。两个"那样"复指鸡蛋清，强调了这种相似点。

"绿"的特点是柔嫩的，纯净的。

⑤她又不杂些儿尘滓，宛然一块温润的碧玉，只清清的一色——但你却看不透她。

这一句主要描写"绿"的纯净、温润与含蓄。"碧玉"之"碧"相似于其绿，"温润"相似于其色彩温和、润泽，"清清一色"相似于其纯净。"只"强调潭水一尘不染的纯净。"看不透她"，相似于其含蓄的韵致，"但……却"表转折，强调了其含蓄的特点。

"绿"的特点是纯净的，温和的，润泽的，含蓄的。

（2）大约潭是很深的，故能蕴蓄着这样奇异的绿；仿佛蔚蓝的天融了一块在里面似的，这才这般的鲜润呀。

这一句主要写"绿"的鲜润，由实写到虚写。以"蔚蓝的天"相似于其纯净、新鲜、润泽。因为"蔚蓝的天融了一块在里面"，所以酝酿出了奇异的"绿"，形容"绿"是天工造化的鲜润。

"绿"的特点是纯净的，新鲜的，润泽的，天工造化的，奇异的。

（3）我若能裁你以为带，我将赠给那轻盈的舞女；她必能临风飘举了。我若能把你以为眼，我将赠给那善歌的盲妹；她必明眸善睐了。

这一句幻想"绿"的神奇。轻盈的舞女，本来姿态已够优美，有了裁"绿"而成的带，就能"临风飘举"，有如飞天了，以此相似于"绿"的轻盈、飘逸、优美。善歌的盲妹，美中不足，有了把"绿"而成的眼，就能"明眸善睐"，脉脉含情了，以此相似于"绿"的明亮、闪烁、传神。两个"必"强化了"绿"的奇异。

"绿"的特点是轻盈的，飘逸的，明亮的，闪烁的，传神的。

（4）我用手拍着你，抚摩着你，如同一个十二三岁的小姑娘。

这一句主要写"绿"的活泼可爱。用"小姑娘"比喻"绿"，用"十二三岁"加以修饰，意在相似于其清纯、美丽、温柔、活泼等特点。

"绿"的特点是清纯的，美丽的，温柔的，活泼的，有活力的。

（5）我送你一个名字，我从此叫你"女儿绿"，好么？

◎链接资料（一）：仿词是根据表达的需要，更换现成词语的某个成分，临时仿造出新的词语，改变词语原来特定的词义，创造出新意的修辞手法。这种修辞手法可以突出事物的本质特征，表意更强烈，给人的印象更深刻。

◎链接资料（二）：祖母绿图片。

◎链接资料（三）：祖母绿是一种很古老的宝石，它总是发出柔和而浓艳的绿色光芒，有着丰富的象征意义，如象征春天、爱情、仁慈、信心、永恒、幸运等。

①这一句主要写"绿"的色彩。作者先经过相似联想，想到祖母绿；仿"祖母绿"为"女儿绿"，妙在阻断了词中"祖母"给人以衰老的联想，而保留了其"绿"的色彩特点，又增加了"女儿"这个修饰语的内涵，以此相似于"绿"的色彩柔和、秾艳，以及清纯、温柔、妩媚、朝气等特点。

②引导学生整合"女儿绿"的内涵：作者说"我从此就叫你女儿绿"，可见"女儿绿"这个名字涵盖了"绿"的所有特点。学生结合对以上所有比喻句的品析，填空：

"女儿绿"是＿＿＿＿＿＿的，＿＿＿＿＿＿的，＿＿＿＿＿＿……

又是＿＿＿＿＿的，＿＿＿＿＿的，＿＿＿＿＿＿……

也是＿＿＿＿＿的，＿＿＿＿＿的，＿＿＿＿＿＿……

还是＿＿＿＿＿的，＿＿＿＿＿的，＿＿＿＿＿＿……

如："女儿绿"（即梅雨潭的水）是绿色的，圆形的，平铺的，波纹稀疏的，轻轻荡漾的；又是明亮的，新鲜的，清纯的，温和的，细腻的，润泽的；也是轻盈的，飘逸的，妩媚的，朝气的，活泼的；还是娇羞的，含蓄的，含情的，传神的。

三、删改比较

1. 假如作者只写了如下三段文字，对想了解梅雨潭的读者来说，有什么不好呢？

我第二次到仙岩的时候，我惊诧于梅雨潭的绿了。

那醉人的绿呀，满是奇异的绿呀。这平铺着，厚积着的绿，着实可爱。可爱的，我将什么来比拟你呢？我怎么比拟得出呢？大约潭是很深的，故能蕴蓄着这样奇异的绿。那醉人的绿呀！

我第二次到仙岩的时候，我不禁惊诧于梅雨潭的绿了。

读者对这样几段文字会感到概括的、抽象的、陌生的，无法想象到梅雨潭的生动景象，也无法体会到作者的丰富感受。

2. 作者运用若干比喻到底有什么好处呢？

作者选取读者熟悉的喻体，荷叶、裙幅、明油、处女的心、鸡蛋清、碧玉、蓝天、轻盈舞女的带、明眸善睐的眼、小姑娘、女儿绿等，用以描写读者没见过的"绿"，这样可以化陌生为熟悉，化概括为具体，化抽象为形象，让读者想象到作者头脑中"绿"的"奇异""可爱"的印象，体会到作者心中"醉人""惊诧"的感受。

四、迁移练习

1. 课后习作

你一定欣赏过很多地方的风景，请选择其中你喜爱的、印象深刻的某种景物，从多种角度展开联想和想象，寻找不同的喻体对其加以描写，努力让读者想象到你的印象，体会到你的感受。

要求：自拟题目，400字左右。

2. 学生习作点评

（1）学生习作

雪白夹竹桃

那是一棵奇异的树，她雪白的花容可爱得让我惊诧，让我陶醉。

去年夏天，我和这棵树邂逅在一个绿意荡漾的荷塘边。那日有凉风，有晚霞。远看，那树分明是高高的一大堆雪，仿佛几天几夜纷飞的大雪刚刚停歇。走近些，那一树灿烂的花朵，就是一树璀璨的繁星。对！就是满天的繁星。来到树下，满树粉白的星星啊，一簇簇、一簇簇，挤挤挨挨，几乎遮蔽青枝绿叶。那密密的花儿，又似一树明眸忽闪忽闪的呢。来到树下，我禁不住伸出双手，将一团粉白的花儿捧在手上，借着晚霞的余晖仔细端详。花朵通体一色，粉中带白，白中有粉，就像幼儿白嫩嫩的脸庞，咯咯地笑着。每一朵都是五瓣花型，像一群孩童手里的风车，全都在迎风转动似的。每片花瓣都薄如蝴蝶的翅翼，细腻如酥，柔嫩如水，似有晶莹的露珠滋润其表，浸透内里；又如雪山冰晶，仿佛就要融化在我的手心里。离开她的时候，我回望又回望，她又像夕阳中的新娘，披上了一身圣洁的婚纱。

此花只应天上有，人间哪得几回见。这一定就是天女散下的花吧。对了，这雪白的夹竹桃一定就是花仙子啊！

（2）习作评点

习作为了向读者传达对夹竹桃的印象和感受，运用相似的联想和想象，从不同的角度寻找喻体，择取恰当的语词，生成了一群比喻句。先用"高高的一大堆雪"写出远看夹竹桃树的整体印象，因在夏天，所以蕴含奇异之感；再用"璀璨的繁星""明眸忽闪忽闪"写出了花儿的繁密，闪烁、传神；接着用"幼儿白嫩嫩的脸庞""孩童手里的风车"描绘出了花朵洁白、娇嫩、活泼；又接着用"蝴蝶翅翼""酥""水""露珠""冰晶"，仔细描写花朵、花瓣，表现出其质地娇嫩、细腻、温柔、纯洁；最后又回到整体，用"夕阳中的新娘"形容夹竹桃娇羞的美。结尾由实到虚，用"花仙子"形容夹竹桃神奇、灵异，传达了天工造化的美感，照应开头"奇异""可爱"的印象和"惊诧""醉人"的感受。

在比喻生成的过程中，言语思维的功能主要是传达出难以直接言说的印象和感受，其途径主要是凭借相似的联想和想象，寻找契合内在印象和感受的物象，同时择取恰当的言词将其描述出来，结果是生成比喻这种特殊的言语形式。这是言语思维在比喻运用中的基本规律。将表达对象化陌生为熟悉，化抽象为形象，化概括为具体，引导读者凭借相似的联想和想象，透过形象化的语言，由本体到喻体，再由喻体到本体，还原出作者的审美印象，体会到作者的审美感受。这是理解比喻的基本方法。

比拟、通感、类比、仿词、象征等手法的运用，也都要在相似的联想和想象中，依靠言语思维，择取契合事物特征和内心思想感情的言词。如："小草偷偷地从土里钻出来，嫩嫩的，绿绿的。"（朱自清《春》）作者凭借相似的联想和想象，运用拟人的手法，之所以提取词语"偷偷"，就是因为小草悄然破土而出，与孩童"偷偷"的行为相似，契合了作者对小草潜滋暗长、活泼而有活力的心理感受。再如："那种正直的眼光，使我立刻感到身上受了父亲的抚摩，严肃和慈爱交织着的抚摩似的。"（阿累《一面》）在作者运用通感手法的相似联想、想象的过程中，言语思维所以能择取"使我立刻感到身上受了父亲的抚摩，严肃和慈爱交织着的抚摩似的"，生成通感语句，就是因为从这个言词中，寻求到了与鲁迅先生"那种正直的眼光"相似、相通、相契合的感受。

研究言语思维生成比喻的过程，探索由喻体到本体，还原作者印象和感受的理解方法，对学生理解比喻句，发展相似性言语思维十分重要。

具象言语思维

  具象言语思维是中国人最显著的思维特点。中国人擅长运用具体形象来表达抽象的思想感情。一个意象，如"黄叶"象征人生的衰老或飘零；一则寓言故事，如蒲松龄的《狼》隐喻狡诈贪婪必定自食其果；一部著作，如曹雪芹的《红楼梦》诠释了一首《好了歌》。所有这些都是具象言语思维的创造。阅读文学作品，要引导学生打开联想想象，充分感受形象、品析形象，见仁见智地生成作品意义，这是学生获得文学审美体验，发展形象思维、创造思维的必由路径。由此，学生可以逐渐形成具象言语思维的阅读神经网络和图式。

《爱莲说》：品读自然莲、君子莲、作者莲

具象言语思维是文学创作中最基本、最重要、最活跃的思维形态，它主要通过对具体形象的描写表达抽象的思想感情。读者通过丰富的联想和想象，从作品形象中获得感受、感悟，获得审美体验。《爱莲说》虽篇幅短小，但立意新颖，议论精辟，语言优美。作者独出机杼，描绘了莲的独特形象，来象征君子的品格，表达人格追求，使它成为一篇千古传诵的小品文佳作。

教学重点：引导学生充分想象莲的形象，层层深入领悟其所象征的君子品格，以及作者的人格追求，习得具象言语思维规律。

教学过程：课上先回顾有关咏莲的诗句，引导学生诵读课文，注意重音和停连，感受文章节奏、韵律之美。

接下来的教学过程如下：

一、描述：感受自然莲的形象

周敦颐究竟爱什么样的"莲"呢？请结合注释阅读课文，圈画出集中描写"莲"的语句，并展开联想想象，用拟人的修辞手法，融入自己的感受，以第一人称，生动形象地描述"莲"的形象。

1.疏通词句

（1）请一学生朗读一遍课文，其余学生判断字音是否正确，断句是否合适。

提示①：

蕃（fán） 敦（dūn） 颐（yí） 濯（zhuó） 淤（yū）

涟（lián） 蔓（màn） 亵（xiè） 噫（yī） 鲜（xiǎn）

提示②：

水陆草木/之花，可爱者/甚蕃。晋/陶渊明/独爱菊。自/李唐来，世人/甚

爱牡丹。予/独爱/莲之/出淤泥/而不染，濯清涟/而不妖，中通/外直，不蔓/不枝，香远/益清，亭亭/净植，可远观/而不可亵玩焉。

予谓菊，花之/隐逸者也；牡丹，花之/富贵者也；莲，花之/君子者也。噫！菊之爱，陶后/鲜有闻；莲之爱，同予者/何人？牡丹之爱，宜乎/众矣！

（2）结合书下注释，尝试自主翻译课文，将翻译有困难的地方做好标记，同时举手交流自己读不明白的地方，其他同学尝试帮忙解答。

①"予独爱莲之出淤泥而不染"："独"在这里是"只、唯独"的意思，整句话的意思就是"我只爱莲花从淤泥里生长出来却不被沾染"。

②"牡丹，花之富贵者也"：这是判断句，翻译时要加上"是"。

③"菊之爱""莲之爱""牡丹之爱"：都属于倒装句，在这里"之"起倒装作用。

2. 教师提供思维支架

拟人是把物当人来写，赋予物以人的动作行为或者思想感情的修辞手法。

①盼望着，盼望着，东风来了，春天的脚步近了。（模拟人的动作）

②山朗润起来了，水涨起来了，太阳的脸红起来了。（模拟人的神态）

③小草偷偷地从土里钻出来。（既模拟动作又模拟神态）

——朱自清《春》

④这一圈小山在冬天特别可爱，好像是把济南放在一个小摇篮里，他们全安静不动地低声地说："你们放心吧，这儿准保暖和。"（模拟人的语言）

——老舍《济南的冬天》

3. 学生诵读，想象，交流

①在其他花儿你争我抢、哗众取宠之时，我默默地从黑乎乎、黏稠稠、臭烘烘的淤泥中钻了出来，抖落污秽，在清水中洗涤干净全身，挺直青翠的腰杆，清清爽爽，迎风而立。烈日炎炎下，我敞开心扉，任清风吹拂，内心通透明亮，坦坦荡荡，平静庄严。

②我朴素淡雅的花瓣，并不像玫瑰那么娇艳欲滴，也不如牡丹那么雍容华贵。微风拂过，我随风摇摆，跳起了优美的舞蹈，花瓣上的水珠咕咕滚动，

闪耀着晶莹的光芒。艳阳之下，我仰起头颅，绽放出天真无邪的笑容。洁白的花瓣，明亮了天空，沁人心脾的幽香，澄澈了污浊的空气。我不在意能否有人欣赏到我的高雅，只是默默地坚守这份永恒的纯粹。

③我一身洁净地挺立在蓝天之下、清水之中，从不与其他花朵争论美丑，但总会有蜻蜓飞来与我分享它们的奇遇，总会有蝴蝶飘来向我展示它们的舞姿，总会有鱼儿、蛙儿游来在我周身欢快自由地嬉戏，正可谓"你若盛开，清风徐来"。洁身自好、淡泊名利是我一生的追求，就算无人关注，无人喜爱，我也自得其乐。

④微风徐来，清澈的河水荡漾起层层涟漪，也拨动着我翠绿的叶片，我孤傲地挺立其中，清新明亮，朴素清雅。我的茎干净得不生一根杂枝，我的花瓣洁白得不沾一点污秽，我的香气清淡得不染一丝烟火。我不屑与其他花朵争艳，更不愿取悦世俗之人。

4. 周敦颐在描写"莲"的形象时，用了五个"不"字，若都改为"未"，从表达效果上看是否更好呢？

原文：予独爱莲之出淤泥而不染，濯清涟而不妖，中通外直，不蔓不枝，香远益清，亭亭净植，可远观而不可亵玩焉。

改文：予独爱莲之出淤泥而未染，濯清涟而未妖，中通外直，未蔓未枝，香远益清，亭亭净植，可远观而未可亵玩焉。

学生比较，讨论交流。

①"未"给人一种暂时的感觉，好像莲暂时还没有染上淤泥，但并不代表以后不会染上。而"不"的语气就非常坚决，给我的感觉是现在不会染上，以后也同样不会。

②"未"感觉是已经有一些动摇了，想过可能会被沾染，变得妖艳。"不"能让我读到莲自己根本不愿意也绝不会被沾染分毫。

③"未"的意思是还没有，还没发生，不曾。"不"比"未"的否定语气更强烈，表现出莲是发自内心的"不愿意""不妥协"。

5. 教师小结

同学们能替代莲的角色，展开拟人的想象，角度多样，不仅注意到了莲的生长环境，还聚焦其形态、香气、风度等角度，生动描述富有情感追求的莲的形象。

二、联想：理解君子莲的品格

周敦颐评价莲说：莲，花之君子者也。请以第一人称的口吻具体说说，莲想做一个怎样的君子呢？

1. 教师提供思维支架

①"夜来风雨声，花落知多少。"孟浩然的《春晓》，用"落花"象征春天的消逝，抒伤春之情。

②"杨花落尽子规啼，闻道龙标过五溪。"李白的《闻王昌龄左迁龙标遥有此寄》，用"杨花"象征漂泊离散的命运。

③"乡书何处达，归雁洛阳边。"王湾的《次北固山下》，用"归雁"象征游子思乡的情感。

④"晴空一鹤排云上，便引诗情到碧霄。"刘禹锡的《秋词》，用"鹤"象征凌云壮志。

2. 学生讨论交流

①我出淤泥而不染，想做一个洁身自好的君子。

②我濯清涟而不妖，想做一个矜持自爱、质朴庄重的君子。

③我中通外直，想做一个豁达乐观、虚怀若谷的君子。

④我中通外直，想做一个忠贞不屈、正直坦荡的君子。

⑤我中通外直，想做一个心思通透、心胸宽广的君子。

⑥我不蔓不枝，想做一个光明磊落、独立自尊、自强不息的君子。

⑦我香远益清，想做一个淡泊名利、德行美好的君子。

⑧我香远益清，想做一个对他人有益的君子。

3. 现将全文浓缩，改写为："予独爱莲之洁身自好，庄重自持，通达谦虚，心胸宽广，独立自尊，刚正不阿，淡泊名利，美名远扬。莲，花之君子者也。"这样行文更简洁，意思更明白。你认同这种改法和观点吗？

学生比较、思考，讨论交流：

①原文的描写更形象生动，给人以具体的印象，能引发我们的想象和

共鸣。

②原文的表述更委婉含蓄，不会显得太生硬直白，作者用托物言志的写法，就是要通过具体的形象表露自己的心志，很有艺术感。

③改文并不能让我们在头脑中产生"莲"的形象，就不会留下很深的印象。

④原文除了写莲，还用菊和牡丹来对比衬托，突出了作者对莲的"独爱"。

4. 教师小结

为突出莲的君子品格，作者有目的地具体描写莲的生长环境、外形、香气、风度气质。作者根据立意，从不同角度描写事物的特征，用以象征抽象的思想感情，这种写作手法叫作"托物言志"。

三、探究：作者莲的丰富内涵

周敦颐说自己"独爱莲"，你如何理解"独"的丰富含义呢？力求角度多样，层次丰富。

1. 关联文本语境：请结合文章内容，说说你对"独"的理解

学生交流：

①"水陆草木之花，可爱者甚蕃"，"独"是"唯独，仅仅"的意思。世上的花朵有很多，但作者唯独爱莲这一种。表现出对莲的喜爱达到最高级别，莲在作者心中是无可替代的。（教师板书：情有独钟）

②"晋陶渊明独爱菊，自李唐来世人甚爱牡丹"，"独"指唯一一个，单个，有"只"的意思。作者用陶渊明和世人衬托自己"独爱莲"的与众不同，独异于人。（教师板书：独异于人）

2. 关联历史语境：请结合下列资料，丰富你对"独"的认识

①周敦颐，北宋哲学家。学高德重，胸怀磊落，为官清正，深得民心。晚年在庐山莲花峰下建濂溪书堂讲学，世称"濂溪先生"。他在南康（现江西星子）任职时曾亲自带领属下挖池种莲，名曰"爱莲池"。北宋中期，士大夫追求富贵名利，耽于享乐之风盛行。周敦颐凭栏放目，触景生情，深感官场黑暗，写下著名的《爱莲说》。

②东晋末期，政治黑暗，官场上腐败成风，陶渊明虽做了彭泽县县令，

但依旧无法实现政治理想，他又不愿与污浊官场同流合污，且他生性热爱自由与田园，受不了世俗的羁绊，更受不了官场上功名利禄的束缚，所以选择归隐自然，回到他所热爱的自由安逸的田园生活。

③唐人甚爱牡丹：

"唯有牡丹真国色，花开时节动京城。"——刘禹锡《赏牡丹》

"花开花落二十日，一城之人皆若狂。"——白居易《牡丹芳》

"种以求利，一本有直数万者。"——李肇《唐国史补》

学生交流：

①世上的人们大多都去追捧牡丹，牡丹象征着财富，代表世人都贪图享乐，追名逐利，甚至为此勾心斗角。而周敦颐为官时非常清廉，他偏爱莲，爱莲的君子品格，代表他坚决不与世俗同流合污，定要洁身自好。

②陶渊明虽然也清廉，厌弃肮脏的官场，但他没有去斗争，只是退隐田园，选择远离。周敦颐的态度和陶渊明的不一样，他选择勇敢面对黑暗的官场，和它对抗，努力改变这一切。（教师板书：价值追求上，独立坚守）

3. 关联文化语境：自古以来爱莲的人很多，周敦颐爱莲与别人有什么不同？

（1）学生回顾写莲的诗句：

①汉乐府《江南》："江南可采莲，莲叶何田田。"

②唐·王昌龄《采莲曲》："荷叶罗裙一色裁，芙蓉向脸两边开。"

③宋·杨万里《晓出净慈寺送林子方》："接天莲叶无穷碧，映日荷花别样红。"

（2）学生经过交流后明确："独"也指特别、独到、独特。同是"爱莲"，其他人爱莲的外形、颜色、生命力量等，周敦颐却看到了莲洁身自好、清正独立的内在品格。

（3）教师小结：作者根据立意来描写事物的特征，创新了咏莲类作品的立意，丰富了莲的精神文化内涵。（教师板书：独具慧眼）

4. 作者最后慨叹"莲之爱，同予者何人"，他想表达什么呢？学生交流

①作者感叹自己所处的时代，追名逐利者实在是太多了，世风日下，他感到愤慨，又很无奈。

②作者感叹自己志在君子，却没有同路之人，感到失落孤独。

③作者感叹像他这样清高正直、淡泊名利，想要为国为民做实事的人实在是太少了。但遗憾惋惜的同时，他也以此为傲，并坚定了内心的想法。

④作者不仅是问自己"同予者何人"，更是向天下人追问"同予者何人"，他十分尊崇莲的君子品格，希望影响更多的人，呼吁更多的人成为自己的"同路人"，传承并发扬莲的君子品格。

5. 教师总结

作者目击时弊，慨然提笔，根据立意描写莲的形象，突出莲的特征，写成了托物言志的名篇。作者既是在写自然之莲，也是在写莲所代表的君子形象，更是在写他自己。通过对莲的热情礼赞，表明自己洁身自好，不与世俗同流合污的愿望，以及对庸俗世态的憎恶。

四、写作：迁移具象言语思维

周敦颐用莲花来象征君子品格，你能用什么事物来象征你心中的君子品格呢？简要地写一段话。

学生习作如下：

①幽静的山谷间，我的目光不禁被它吸引。我未见过开得如此清透的铃兰，只见一片浅绿中点缀着几抹雪白的铃兰花，像灯笼垂挂在枝头，不见其艳，也不见其媚，只见晶莹剔透的白，似有若无的雪花萦绕其间。层层叠叠的翠绿随着微风轻轻摇曳，像一串风铃。细看时，又觉得像随风轻叩的乐声舒缓地荡在耳边，让人怎样都看不腻、听不腻。"芝兰生于深谷，不以无人而不芳。君子修道立德，不为困穷而改节。"此花如君子，不需要赏花的人，也不需要停留的蝶，有的就是一串纯粹的初心、仁心。

②茫茫白雪中，梅绽放开来。我爱梅，是因为它"凌寒独自开"中带有的傲雪经霜。许多人认为梅应是窈窕淑女，我则认为它是一位君子。虽没有桃花的鲜红艳丽，没有梨花的洁白无瑕，但却在冬日绽放。那一抹红色，仿佛海上的灯塔，指引着道路。当所有花都因寒冷而沉睡时，是它不惧严寒，将色彩带到世间，把芬芳留在冬天，在无人注意时，迎来了令人向往的春天，自己却埋在深处，静静地看着繁荣的世间。奉献自己，以待春日，此为君子。

③前方茂林修竹，清流映带左右，从斜错生长的枝干刚好能窥见太阳。继续徐行，笔直的干，笔直的茎，极力向上的枝和叶，就只是静静地伫立在

那里，亭亭玉立，却让人心底里油然而生一股敬意。它生于山崖之上，立于石缝之间，历经严寒酷暑，狂风暴雨，日复一日，年复一年，依旧劲挺，绿意盎然，宛若一位有骨气，不肯低头的君子，与"粉骨碎身浑不怕，要留清白在人间"的于谦何等相似。"残雪压枝犹有桔"，它倔强、坚强，即使被困难所压迫，但仍凭着其顽强的意志，迸发出耀眼的无限生机。"不种闲花，池亭畔，几竿修竹。"它正直，高风亮节，是古往今来多少文人墨客所追求的终极目标。

本课例中第一个环节，想象莲的形象，由言入象，还原具象言语思维的内容。引导学生根据周敦颐对莲的描写，展开多角度的联想与想象，并运用拟人修辞，采用第一人称生动的描绘，突出莲的特征，丰满莲的形象。改"不"为"未"，学生在比较中初步触摸到莲清正坚守的品格。这个学习过程，既是生动感受莲形象的过程，也是训练具象言语思维的过程。

第二个环节，展开联想，因象得意，理解作者的托物言志。引导学生以第一人称的口吻具体说说自己想做一个怎样的君子。这就由"自然莲"进入到"君子莲"形象的品读，从而理解托物言志的写法。象征想象的关键在于打破"以物观物"的思路，从具体的事物超脱出来，根据外在或内在的某种具体特征，想象出某种与之相应的精神、品格或含义，联想到它的某种内蕴意义。此环节引导学生从物关联到人，从莲的特征联想到与之相似的君子品性，由具象到抽象，由实及虚，读出莲的内在之美，理解托物言志的方法，领悟莲所象征的君子品格，进而理解作者根据立意从不同的角度描写事物特征的创作手法。

第三个环节，探究"独"的含义，理解作者丰富的思想感情。依次关联文本语境、历史语境和文化语境，引导学生与具体的时代和社会生活融通对接，探究"独"的丰富内涵，步步深入，突出"我"之品性——"予独爱""同予者何人"等——不断强化体会作者清正自守的自得、自傲的人格形象，最终理解莲的形象实际就是作者自我形象的自况。

第四个环节促使学生将托物言志的写法迁移到写作实践中，读写融通，迁移具象言语思维能力。用开放性的语言训练，促使学生由文中所学转移到对自身生活经验的思考，如第一位学生想赞美拥有"纯粹的初心、仁心"的君子，于是选择铃兰花这一物象，具体展开描写山谷间的铃兰花浅绿雪白的颜色和下垂的形态，突出其"清透"的特点。第二位学生想赞美淡泊名利、默默奉献的君子，便描写冰天雪地中傲然开放的梅花。第三位学生想赞美顽强不屈、清高正直的君子，就描写立于山崖石缝间，历经风吹日晒雨淋却依旧笔直挺拔的竹子。可见，学生都能根据自己表达的需要，有针对性地描写事物的特征。这个过程可帮助学生进一步内化具象言语思维的方法。

在古诗文的创作中，作者常常假托自然之物，如梅、兰、竹、菊等来表达某种思想，而这些假托的自然之物与君子之美誉息息相关。它们本身独特自然习性的形象化、文学化，则是君子之誉的具象言语思维表达。作者正是借助这种物与人的相通与相似性来阐发思想，抒发感情，所以创作中往往会采用拟人或比喻的修辞，巧借形象，志隐物中，建立客观事物独特属性与人类情感相交融的关系。因此，教学托物言志类的古诗文作品时，应引导学生展开联想想象，通过形似的类比，发现神似的精髓，读出作者意图，从而发展具象言语思维。

《背影》：在语境关联中领悟"背影"意象的丰富内涵

　　《背影》中"背影"一词凝聚了作者全部的思想感情。心理学家波扬研究发现，在人的内部言语中，"一个词的意思比它的意义更占优势""一个词的意思是由该词在我们意识中引起的一切心理事件的总和"[①]，对此，维果茨基给予了充分肯定，他说："在内部言语里，我们总能用一个名称来表达全部的思想和感受，甚至完整的深刻的推论。"[②]品读《背影》，完全可以印证这一观点。

　　"背影"一词在文章首尾、中间出现四次。作者只有"立象尽意"，才能让读者结合语境，获得丰富的联想、想象和感受。所以，《背影》中作者对父亲衣着的颜色、质地和一连串的动作做出了细致、生动的描写：

　　我看见他戴着黑布小帽，穿着黑布大马褂，深青布棉袍，蹒跚地走到铁道边，慢慢探身下去，尚不大难。可是他穿过铁道，要爬上那边月台，就不容易了。他用两手攀着上面，两脚再向上缩；他肥胖的身子向左微倾，显出努力的样子。

　　这是当年作者印象中"背影"的具象化。它舍弃了其中次要的非本质的成分，使之更集中、更鲜明、更生动，更具有概括性，更能够反映父亲的本质特征，因而具有典型化意义。因此，作者行文中必定"前注之"，为具象化的"背影"做铺垫，做解释；也必定"后顾之"，回望具象化的"背影"，丰富和深化它要表达的意思，而且这个"前前后后"，必定都是与"背影"相关的"心理事件"，都是在为读者理解"背影"创造语境，方便读者关联语境，

---

① 维果茨基. 语言与思维 [M]. 北京：北京大学出版社，2017：171.
② 维果茨基. 维果茨基教育论著选 [M]. 余震球，译. 北京：人民教育出版社，2013：349.

聚焦具象化的"背影",探索其蕴含的"全部思想和感受"。这是具象言语思维的规律,阅读《背影》应该遵循这种规律。

发展学生的言语思维,要善于发掘、利用、转化文本中作者的言语思维规律,引导学生内化文本的言语思维图式。由此观之,教学《背影》时应该引导学生关联语境,聚焦作者对"背影"的具象描写,探究"背影"意象蕴含的复杂内涵,内化文本"立象尽意"的具象言语思维方法和"象以言著"的具象言语思维规律。

笔者执教《背影》,课前要求学生了解写作背景,概括课文内容;课堂主要设计两大主问题,引导学生探究"背影"中蕴含的复杂感情,还原具象言语思维内容。

主问题一:父亲的背影是一个怎样的"背影"?

设计这一主问题的目的是引导学生聚焦"背影",把描写"背影"的文字放在全文语境中,循着作者的言语思维过程,反复品读,理解"背影"蕴藏的父亲形象,发现并内化言语思维规律、思维方法和语用规律。

一读"背影":这是一个暗淡、衰老、艰难的"背影"。

1. 指名朗读课文描写"背影"的文字。

2. 品读:这是一个_____的"背影"。

这次的读,是"裸读""背影"。两个"黑",一个"深青",可见这是一个暗淡的"背影";由"步履的蹒跚",可见这是一个衰老的"背影";由"慢慢探身""攀""缩""微倾",再结合"肥胖",可见这是一个艰难的"背影"。

二读"背影":这还是一个穷困、惨淡、颓唐的背影。

1. 联系课文第二、三两段中的家庭背景,分别从中提炼一个词语,概括"我"家当时的境况。

"我"家当时的境况:"祸不单行""惨淡"。

2. 品读:这还是一个_____的"背影"。

"背影"里折射出的家庭境况:父亲穿着黑布大马褂,深青布棉袍,既烘托了祖母去世后哀伤的氛围,也暗示父亲赋闲的惨淡处境;父亲穿着布制衣服,而非绫罗丝绸,或是狐裘皮革,透露家庭境遇的困窘;父亲步履的蹒跚,行动的艰难,也可见父亲无往日的精气神,明显有些颓唐。

三读"背影"：这还是一个无微不至的"背影"。

1. 阅读叙写送行过程中父亲为"我"所做事情的文字，用若干三字短语概括事情的内容。

送行过程中的主要事情："嘱茶房""行小费""讲价钱""找座位""买橘子""铺大衣"等。

2. 从送行过程中父亲为"我"所做的事情中，我们感受到了一个怎样的父亲形象？

此时的父亲：细心体贴，无微不至。

3. 品读：这还是一个_____的"背影"。

买橘是一件小事，而父亲必须艰难地攀爬上月台才能实现。当时，如果是父亲看着行李，"我"自己去买，显然会容易得多。可是，父亲还是自己去买了，而且是在他还要忙着谋事的情况下。在扬州，把"走运"说成"走局"，因为"局"与"橘"同音，所以送橘就是希望亲友走运。显然，父亲买橘给"我"送行，除了让"我"路上食用，还有一番寄托。由此可见，父亲艰难攀爬的一举一动，都蕴含了父亲对"我"无微不至的关爱。

四读"背影"：这还是一个真诚、执着且充满挚爱的"背影"。

1. 阅读父亲买橘前的相关语句。

①走到那边月台，须穿过铁道，须跳下去又爬上去。父亲是一个胖子，走过去自然要费事些。我本来要去的，他不肯，只好让他去。

②父亲因为事忙，本已说定不送我……他踌躇了一会儿，终于决定还是自己送我去。我再三劝他不必去；他只说："不要紧，他们去不好！"

2. 品读：这还是一个_____的"背影"。

当时，父亲为了谋生，本已说定不送"我"，可最终还是不放心，非要去；"我"本来要去买橘，可父亲不肯；再结合描写父亲艰难攀爬月台买橘的文字，就可感受到父亲的真诚、执着，以及对"我"的挚爱。

五读"背影"：这还是父爱永不褪色、永不变形的"背影"。

1. 阅读课文最后一段。

2. 品读：这还是一个_____的"背影"。

七八年过去了，父亲的境况有没有好起来呢？没有。"父亲和我都是东奔西走，家中光景是一日不如一日"，父亲的境况不仅没有好起来，而且每况愈下。那么，父亲对"我"的爱有没有变化呢？没有。父亲和"我"虽然曾经有过不和谐，但父亲"终于忘却了我的不好，只是惦记着我，惦记着我的儿子"。由此可见，"我"最不能忘记晶莹泪光中再现的那个色彩惨淡、行动艰难的"背影"里蕴含着的深沉的父爱，而且这父爱一直没有褪色，也一直没有变形，时常萦绕在"我"的心头。

3. 整合：五次阅读"背影"，不仅读出父亲身体的衰老、行动的艰难、境遇的困窘，更读出了父亲对儿子的爱——无微不至的爱、真挚的爱、执着的爱、恒久不变的爱，而且前者将后者反衬得更加感人。

主问题二：父亲的"背影"融入了"我"怎样的感情？

设计这一主问题的目的是在全文的语境中，结合背景材料，探究"背影"中蕴含的作者复杂的思想感情，进一步发现并习得具象言语思维规律。

1. 链接

◎链接背景资料（一）

文章写于1925年，这之前发生过许多事情。据《朱自清年谱》记载，朱自清的祖父和父亲都做过官，家道富有，积蓄颇丰。1912年，军阀徐宝山以逮捕和杀头作要挟，勒索朱家钱财。祖父为保家人安全，被迫捐出大半家财，终因不堪勒索而辞世。父亲惊惧交加，累倒生病，被迫辞去宝应厘捐局局长职务。经此变故，家道中落。至1917年淮阴籍潘姓姨太太得知，朱自清的父亲在徐州纳了几房妾，赶去闹事，朱自清的父亲被撤职，花了很多钱，即便卖家变产仍亏空500元，祖母不堪承受而辞世。至此，朱家家道彻底败落。[①]

◎链接背景资料（二）

朱自清祖母的丧事办完之后，朱自清父亲肩上的负担更重了。他虽然也为谋事东奔西走，但一直没有成功，家庭经济几近破产。再加之娶有一妾，家庭开销增多，朱自清和母亲过得都很压抑。为了改善家庭经济条件，朱自清前往扬州任教，但校长是父亲的故交，将全部薪资都交给了父亲。朱自清于是辞职往他处谋生，结果"触他之怒"，与父亲失和，两年不相见。这些事情，归

---

① 姜建，吴为公.朱自清年谱[M].北京：光明日报出版社，2010：6—9.

根结底，都是由经济窘迫引发的。[①]

◎链接背景资料（三）

1925年朱自清写作《背影》时，已生有四个子女。他在《儿女》一文中写到很多抚养子女的艰难情形："我曾给叶圣陶写信，说孩子们的折磨，实在无可奈何；有时竟觉得还是自杀的好。""近来差不多是中年人了，才渐渐觉得自己的残酷；想着孩子们受过的体罚和斥责，始终不能辩解，我的心里酸溜溜的。""觉得从前真是一个'不成材'的父亲。""去年父亲来信，问起阿九，那时阿九还在白马湖呢；信上说，'我没有耽误你，你也不要耽误他才好。'我为这句话哭了一场；我为什么不像父亲的仁慈？我不该忘记，父亲怎样待我来着。"想到"只为家贫成聚散"，不禁凄然。[②]

2. 品读

学生结合背景材料，关联文本最后一段的每一句话，获得了丰富的感受。"当家方知柴米贵，养儿方知父母恩。"多年后再忆"背影"，其中浸润了"我"对父爱深刻的生活感悟与情感体验，融入了"我"对父亲的理解、同情、悲伤、感动、敬爱，对曾经不理解父爱的懊悔忏悔，对年迈父亲的愧疚、牵挂、担忧，对家道衰败的悲哀，对生活不幸的无奈……

3. 总结

回忆当年的"背影"，似乎这七八年来父亲还一直艰难地攀爬在那个月台上。那个"背影"，记录着父亲许多年的风雨历程，凝聚着父亲生活的种种不幸，镌刻着父亲的拳拳爱心，已经成了父爱的象征，使"我"懂得了父爱的至真精神，终成铭心刻骨的思念与难以忘却的记忆。

语意具有不定性，只有在语境中才能获得确切的解释，也只有在语境中才能生成具体的、丰富的内涵。《背影》一文中，作者以"背影"为文眼，前后呼应，在具象化的"背影"中，蕴含着"全部思想和感受"。教学《背影》，引导学生在语境关联和推理中，反复品读具象化的"背影"的内涵，还原作者具象言语思维的内容和过程，发现、吸收、转化作者具象言语思维的规律，进而发展具象言语思维的能力。

---

① 孙绍振.《背影》的美学问题 [J].语文建设，2010（6）.
② 朱自清.朱自清全集：第二卷 [M].南京：江苏教育出版社，1990.

体式言语思维

　　体式包括文体和语体。文体是指独立成篇的文本体裁，是文本构成的规格和模式，反映了文本从内容到形式的整体特点，属于形式范畴，主要包括实用文的记叙文、说明文、议论文等，文学作品的诗歌、散文、小说、戏剧、童话、寓言等。

　　语体是为适应不同的交际领域、目的、对象和方式需要，在语言表达上形成的相对稳定的形式积淀。"这种形式上的积淀逐步体系化和相对封闭化的结果，就产生了语体"，语体有不同角度的分类，如李海林的《言语教学论》分为口语语体与书卷语体、逻辑语体与形象语体、学术语体与事务语体、典雅语体与通俗语体。语体构成的语言要素，"在语体系统中，主要是通过词语、句式和某些修辞手法的运用来体现的"。不同的语体其构成的语言要素有不同的特点，如形象语体多用描述性的、带感情的词汇，多用拟声词来加强感染力，隐含意义丰富。而逻辑语体概括性词语多，语义明确，限定严格，内含逻辑推导过程。这种言语表达上相对稳定的特点就是语体规律。

《悼念玛丽·居里》：

品读形容词，走进文本的语体言语思维

语体规律中蕴含了言语思维的规律和方法。因为"交际目的决定说写者思维类型的选取，思维类型又决定有不同特点和功能的表达手段的选取"[①]。所以不同语体中不同语言手段的运用，是由不同思维类型决定的，如形象语体主要由形象思维决定。形象思维内容的表达，需要更多地运用形象化的语言手段。当然，语体还具有渗透和交融的现象。一个特定的文本的语用，既具有大部分语体运用的通用语言成分，又有自身的个性特点，而且也只能体现某种语体局部的共性规律，因此需要做具体分析。阅读教学中需要彰显语体规律，引导学生领悟、运用和内化语体规律，促进学生语体言语思维的发展。

《悼念玛丽·居里》是爱因斯坦在居里夫人悼念会上的演讲。1935年11月23日，爱因斯坦专程来到纽约的罗里奇博物馆，以惺惺相惜的同行、友人的身份，面对参加悼念会的知识分子发表演讲，目的是表达悼念之情，宣扬居里夫人的道德品质，呼吁欧洲知识分子继承居里夫人的道德品质。本文可以看作逻辑语体，主要运用逻辑思维，形成了"总分总"的逻辑结构。作者独辟蹊径，主要悼念居里夫人道德品质方面的成就。先通过比较分析，概括提出观点：居里夫人的道德品质方面对于历史和时代的进程意义重大。再从人格、品德、热忱及其力量四个方面，概括性评价居里夫人的道德品质，证明观点。最后指出其现实意义。但作为悼词这种事务语体，文章并没有严密的逻辑分析与论证。它体现出来的语体特点主要有三个：一是运用了很多对居里夫人道德品质恰如其分的评价的语句，这些语句都是基于居里夫人事迹的高度概括；二是运用了很多褒义词，这些词语是文本的核心内容；三是运用了一些简短的语句，还有一些句式，如"即使……也……""……哪怕……"等，增强了感染力和说服力。

　　教学本文充分彰显这样的语体特点，引导学生循着作者的逻辑思路，结

---

① 李海林. 言语教学论 [M]. 上海：上海教育出版社，2006：398.

合一定的背景材料，品析这些词句，还原作者语体言语思维的过程和内容，体会这些语体特点的语境效果，学习文本的语体特点，吸收、内化语体言语思维的规律和方法，可以更好地发展学生的语体言语思维。

笔者在教学实践中，课前要求学生了解有关居里夫人的故事，课堂教学的重点是：理解概括性的评价语句（包括其中的一些句式）和褒义词的表达作用，并在言语实践中迁移运用。

教学主要由四个板块组成：

一、分析段落结构，带入文本言语逻辑思路

具体活动：将课文分为三部分，并请说说划分的理由。

第一部分：第一段，写居里夫人的道德品质，总领全文。

第二部分：第二至三段，评价居里夫人的道德品质，证明观点。

第三部分：第四段，指出居里夫人道德品质的现实意义，呼吁人们学习居里夫人的道德品质。

"作者思有路，遵路识斯真。"（叶圣陶）通过分析和说明文章的段落结构，将学生带入作者的逻辑思路，感受文章的逻辑思维，这就为发现文章的逻辑语体规律，感受和领悟文章概括性言语思维的方法建立了基础。

二、发现语体特点，感受语体言语思维方法

具体活动：画出文中评价居里夫人的语句，标出句中的关键词，反复朗读，体会作者的思想感情，从中发现语体特点，感受语体言语思维的方法。

1.学生朗读课文，然后圈画批注

①在像居里夫人这样一位崇高人物结束她的一生的时候，我们不要仅仅满足于回忆她的工作成果对人类已经做出的贡献。第一流人物对于时代和历史进程的意义，在其道德品质方面，也许比单纯的才智成就方面还要大。即使是后者，它们取决于品格的程度，也远超过通常所认为的那样。

"崇高""第一流"，突出了居里夫人对时代和历史进程做出的重大贡献；"即使……也……"，强调了才智取决于品格的程度；"远超过"，充分肯定和赞扬了居里夫人在道德品质方面的成就。

②我对她人格的伟大越来越感到钦佩。她的坚强，她的意志的纯洁，她的律己之严，她的客观，她的公正不阿的判断——所有这一切都难得地集中在一个人的身上。

"伟大"，高度赞扬居里夫人的人格；"坚强""意志的纯洁""律己之严""客观""公正不阿的判断"，强调了居里夫人有着多方面的优秀人格，排比式短句的运用便于宣泄积郁的思想感情，增强感染力；"这一切""难得""一个人"，表达了居里夫人人格的难能可贵，饱含钦佩之情。

③她在任何时候都意识到自己是社会的公仆，她的极端的谦虚，永远不给自满留下任何余地。

"任何时候""极端的谦虚""永远不给""任何余地"，充分表现了居里夫人的谦虚精神，强调了她全心全意为社会服务的优秀品质。

④这是一种无法用任何艺术气质来解脱的少见的严肃性。

"无法用任何艺术气质""少见的"，强调了居里夫人极端的严肃性，表现了她对科学事业的专注、执着。

⑤一旦她认识到某一条道路是正确的，她就毫不妥协地并且极端顽强地坚持走下去。

"一旦……就……""毫不妥协""极端顽强"，表现了居里夫人执着追求的精神和坚韧不拔的毅力。

⑥她一生中最伟大的科学功绩——证明放射性元素的存在并把它们分离出来——所以能取得，不仅是靠着大胆的直觉，而且也靠着在难以想象的极端困难的情况下工作的热忱和顽强，这样的困难，在实验科学的历史中是罕见的。

"最伟大"突出了她对人类贡献的伟大；"不仅……而且……""难以想象""极端困难""罕见的"突出了居里夫人的热忱、顽强和品德力量。

⑦居里夫人的品德力量和热忱，哪怕只要有一小部分存在于欧洲的知识分子中间，欧洲就会面临一个比较光明的未来。

"哪怕……就……""一小部分""光明的未来"表达了居里夫人的品德力量对欧洲未来的重大意义。

2. 回顾品析的词语，说说你的发现

崇高　第一流　还要大　远超过　坚强　意志的纯洁　律己之严
客观　公正不阿　所有这一切　难得地集中　严肃　顽强　最伟大
极端的谦虚　毫不妥协　极端顽强　坚持走下去　罕见的
热忱和顽强　光明

这些词语都是评价居里夫人的关键性词语，有很多褒义词。作者选用大量褒义词，是为了充分肯定和高度概括地赞扬居里夫人的道德品质，表达悼念之情，增强感染力。

三、比较表达方式，领悟语体言语思维方法

具体活动：请根据你对居里夫人的了解，举例印证作者对居里夫人的评价。然后，比较叙述事实与概括评价这两种表达方式的语用效果，领悟概括评价的语体特点及其言语思维方法。

1. 举例印证

①居里夫人的"极端困难"

居里夫人和丈夫为了提取出"镭"，借用一间简陋的木板房，用大量沥青铀矿的残渣做实验。他们既是科学家，又是技师、工人、苦力。居里夫人个子矮小，每次就站在凳子上，用大棍子在盛矿渣的大桶里搅拌好几个小时，有时候是一整天，还要忍受着刺激性很强的几乎使人窒息的蒸汽，到晚上累得都站不住了。

②居里夫的"热忱和顽强"

居里夫妇潜心研究了四年，可是把镭分析出来的试验还是没有成功。常年不卫生的工作环境又使皮埃尔·居里患上了四肢疼痛的病症，居里夫人身上的担子就更重了。她每天白天进行实验研究，到晚上照料孩子，之后又要开始他们的论文写作，有时整年的时间都在实验室里度过。

③居里夫人的"律己之严"

居里夫妇结婚时，新房里只有两把椅子，正好两人各一把。皮埃尔·居里觉得椅子太少，建议多添几把，以免客人来了没地方坐。居里夫人却说："有椅子是好的，可是客人坐下来就不走啦！为了多一点时间搞研究，还是算了吧！"

④居里夫人"意志的纯洁"

居里夫妇发现了放射性元素"镭"，有人建议他们申请专利权，这会给他们带来巨大的财富。居里夫人认为"这是违反科学精神的"。她说："镭是一种元素，它是属于全体人民的，任何人不能拿它来发财致富。"

⑤居里夫人"极端的谦虚"

一次，居里夫人的朋友来她家里做客，看见她的女儿正摆弄着英国皇家学会刚刚颁发给她的金质奖章。她的朋友极为惊讶并询问原因，居里夫人笑着回答："我只是想让我的女儿从小就知道，荣誉就像玩具，只能玩玩而已，绝不能看得太重，否则将会一事无成。"

2. 为什么作者不在悼词中讲述这些事迹呢？

首先，作者主要想充分肯定和赞扬居里夫人的道德品质，采用基于事实的概括性评价方式，更能直接地、集中地表达自己的观点，也更庄重、严肃；其次，演讲也会受到时间的限制，采用概括性评价的方式可以在短时间内传达更加丰富的信息；再次，参加悼念会的都是知识分子，课文的表达内容更适合听众；最后，居里夫人分别于1903年、1911年两次获得诺贝尔奖，1934年去世，作者的演说是在1935年，上述事迹应该早已为人所知，所以没有必要讲述。

四、运用语体特点，迁移语体言语思维能力

具体活动：我们很多同学可能也经历过亲人或朋友的不幸去世，这些人身上都有值得悼念的地方。设想你要在死者的葬礼上做一个简短的演说，请写一篇短文，用概括性语句，选用合适的褒义词，简要评价死者的事迹，表达庄重的悼念之情。

1. 学生习作例文

悼念奶奶

奶奶是一位普通的劳动人民，我要以悼念崇高人物的神圣心情来悼念她。作为奶奶的亲孙女以及知心朋友，我以沉痛的心情向奶奶致以最崇高的敬意和深切的悼念。

我与奶奶有着十四年真挚而无法割舍的亲情。我对奶奶的品德感到无比钦佩，并从中受益匪浅。她的勤劳，她的善良，她的善解人意，她的极端坚强，她的对生活极端的热爱，这一切无不让我感动流泪。她对家里的每一个人，对亲戚，对朋友的爱心，都是十分真挚的，她对我的爱甚至到了十分护短的程度。她的爱是极端仁慈的，毫无自私之心的。她淳朴的性格，纯洁的心地，总是使她展现出爽朗而和善的外表，很容易让身边的人喜欢上她，这是一种神奇的魅力。

奶奶在她生命的最后一个冬天，还送给我一件珍贵的礼物，那是一双手织的粉红棉鞋。这总让我回忆起她因宠爱我而为我做的所有事情，让我总是感到她温暖到心灵深处的温柔。她的爱的光辉，已经指引我走上正确的人生道路，并将不断给我生活的勇气和力量。

2. 师生共同评点

习作主要运用了概括性的评价语句，评价奶奶的品德，如"她对家里的每一个人，对亲戚，对朋友的爱心，是十分真挚的，她对我的爱甚至到了十分护短的程度"，"她的爱是极端的仁慈，而毫无自私之心的"，这使短小的文章包含了丰富的内容。习作还选用了大量的褒义词，如"勤劳""善良""善解人意""真挚""仁慈""淳朴""纯洁""爽朗""珍贵""温暖""温柔"等，评价奶奶的性格和人格，既增强了语言的概括性，也充分表达出了对奶奶的敬意和悼念之情。

"语体是语用教学的一个极其重要的方面。准确把握语体的规律，理解语体的语用意义，按言语特点开展言语活动，是语文能力的重要方面。"[①]根

---

① 李海林. 言语教学论 [M]. 上海：上海教育出版社，2006：401.

据语体规律展开言语活动，就是为了引导学生领悟和运用语体蕴含的言语思维方法和规律。"语体教学的目的，简单地说，就是培养学生利用语言手段使言语更适合语境的能力。"①

　　这种能力的训练，可以调动学生的语体言语思维，使他们懂得斟酌语言、选择语言，使表达得体，促进学生语体言语思维的发展。

---

① 李海林. 言语教学论 [M]. 上海：上海教育出版社，2006：405.

张力言语思维

张力言语思维也可以叫作审美言语思维、技法言语思维或技巧言语思维。文学作品总是善于运用张力言语思维，把事物两极化的差别整合为有机而和谐的艺术整体，使之相互对照，相互衬托，在对比与衬托中，文本的特定意蕴得到最鲜明、最充分的显现，营造出生动感人的艺术效果。张力言语思维常常表现为文本内容和形式方面的各种变化。"物一无文"（《国语·郑语》），行文富于变化，思维具有张力，语言才有文采，文章才有魅力。所以经典文本的内容和形式都会有丰富多彩的变化，如详略、虚实、动静、明暗、隐显、时间、空间、文脉、意脉、矛盾冲突、表达方式等诸多方面，这些就是张力言语思维的教学重点。

《台阶》：从情节细节的对比中走进文本的张力结构

　　《台阶》是统编教材七年级下册第三单元中的一篇课文。这篇小说讲述了一位不知疲倦，吃苦耐劳，生活节俭，坚韧不拔，极为执着的"父亲"的故事。他忙活了大半辈子，倾尽一切，去追寻心中的愿望——造高台阶，提高地位，获得自尊。一年四季，春夏秋冬，从早到晚，他风雨无阻，辛勤操劳，积累财富。可当台阶真正造成后，"父亲"非但没在新台阶上获得满足感、尊严，反而觉得尴尬、窘迫、苦闷。且"父亲老了"已成为铁一般的事实，巨大的心理落差奔涌而来，情感期待发生错位，"拥有"和"失去"的矛盾统一在人物的命运之中。作为当事人，"父亲"自己弄不明白其中的原因。小说结尾，作者借父亲之口留下疑问"这人怎么了"，引发读者展开联想和思考。

　　要理解小说的艺术魅力及其生成，就必须掌握文本张力言语思维的艺术，"无论是塑造人物、安排时空还是编织情节都能合理地把握这一技巧，使小说拥有艺术的完美性"①。作者有意识地拉开台阶造好前后两种时空里父亲的行为与情感的矛盾错位和距离，加强两者之间的冲突，并借此来涵盖小说的主题，孕育出小说的审美意味和审美价值。小说中大量生动的情节、细节在前后文中形成了多重对比与照应，彰显了人物情感态度的变化，呈现出小说叙事的张力。学生在品读情节、细节的过程中，深入小说的张力结构，"父亲"的形象得以逐渐丰满，"台阶"的象征意义得以逐渐丰富。

教学重点：

通过品读情节、细节的对比，习得张力言语思维。

教学过程：

一、捕捉细节，感受"父亲"的形象

1. 文章以儿子的眼光描写了父亲很多细节，如果你是文中的儿子，会对哪个细节印象最深刻？

　　我印象深刻的细节是＿＿＿＿＿＿＿＿＿＿ ，我的感受是＿＿＿＿＿＿＿ 。

（教师板书：细节描写）

————————————

① 马正平 . 高等写作思维训练教程 [M]. 北京：中国人民大学出版社，2010：121.

2.学生思考、交流

①第十五段。父亲砍柴赚钱，磨穿了的草鞋像小山一样，甚至超过了台阶，可见父亲付出了艰辛的劳动，为实现目标坚毅执着。

②第十三段。摇来摇去的柳枝，摇不散父亲专注的目光，父亲可能在想我们家什么时候能建成高台阶啊，父亲对高台阶充满了羡慕和向往之情。

③第二十三段。父亲摸着三块青石板的凹凼惊异道："想不到这么深了，怪不得我的烟枪用旧了三根呢。"凹凼从浅到深，可见时间流逝，父亲为建造台阶准备了很久。

④第二十八段。父亲很轻松地跨过了三级台阶，但到第四级台阶时，身子晃了一下，闪了腰。我的感受是父亲对九级台阶的不习惯。而后来"我"想帮忙却被父亲粗暴地推开，我的感受是父亲虽然老了，但是很倔强，不愿接受"老了"的事实。

⑤第五段。父亲洗脚一年才大洗一次。因为沙子多，父亲甚至用了板刷刷，脚洗好后倒出的是盆泥浆，木盆里还积了沙子，可见父亲吃苦耐劳。

⑥第二十六段。父亲本来坐在九级台阶上想像往常一样磕烟灰，可是突然反应过来，水泥抹的台阶不经磕，愣住了，我感受到了父亲的不自在，不适应。

⑦第二十九、三十段中，父亲不再愿意出去，倔强的头颅埋在膝盖间失去了生机，若有所失的样子。父亲只想待在家里，他老了。"我"不敢让父亲挑水是因为父亲之前挑水上九级台阶闪了腰，在"我"眼中，父亲的身体已经不能负担从前的重荷。这使父亲感到迷茫，无所事事，失去了奋斗目标。

3.教师小结

这篇小说显著的特点是用细节描写来刻画父亲的形象。

二、揣摩细节，品读"父亲"的内心

1.思考：父亲为什么要造九级台阶？请以儿子的口吻介绍

学生经讨论后明确：一方面因为实用，家乡地势低，屋基做高些，就不大容易进水；另一方面是因为精神需求，台阶高，屋主人的地位就相应地变高，高台阶就意味着有了尊严。

2.教师引导：按常理，父亲如此努力，台阶建成了，本应该骄傲满足、扬眉吐气，可小说情节的发展出乎了我们的意料，父亲表现出一副若有所失的模样，为什么呢？

请对台阶建成前后形成对比的情节和细节加以分析说明，努力让同学们认同你的理解。

台阶建成前，父亲_____；台阶建成后_____，所以我认为父亲"若有所失"的原因是_____。

（教师板书：对比照应）

3. 学生交流

①台阶建成前，父亲的生活不仅仅是忙碌，还很紧张。今天、明天都安排得满满当当，在鸡叫三遍时就出发砍柴了，临近黄昏才会归家，疲倦地坐在台阶上，慢慢把磨穿的草鞋垒得超过旧台阶。台阶建成后，父亲闲着没事可干，很是烦躁，所以我认为父亲"若有所失"的原因是没有什么重大的事情要完成了，失去了目标。

（教师板书：失去了目标）

②台阶建成前，父亲可以一口气背起三百来斤的石板，这显示了父亲年轻时力大如牛。台阶建成后，父亲挑水上四级台阶时，身子都晃了晃，还闪了腰，所以我认为父亲"若有所失"的原因是身体衰老了，丧失了劳动力。

（教师板书：身体衰老了）

③台阶建成前，父亲磕烟灰很是自在。台阶建成后，父亲坐在最高一级台阶上磕烟灰时觉得不对劲，想到这是用水泥砌的，不经磕，所以我认为父亲"若有所失"的原因是不自在。

④台阶建成后，父亲总觉得坐在台阶最高处和人打招呼不自在，一级一级往下挪，后来干脆坐到母亲常坐的门槛处，他觉得高了之后和大家的距离疏远了。

⑤台阶建成后的不自在还表现在挑水上。父亲原本很轻松便能跨上三级台阶，可在跨新台阶的第四级时停顿了一下，水洒了出来，腰也闪了，这些地方都可以表现出新台阶建成后父亲生活的不自在、不适应。

⑥台阶建成前，母亲高兴地为父亲端了一大木盆热水洗脚，从这热乎乎的水可以看出母亲热乎乎的心。年幼的"我"也会一蹦一跳地跳上台阶，父亲

会拍拍"我"叮嘱我小心，劳苦功高的父亲很享受这种温馨的生活。台阶建成后，"我"是大人了，再也不会在台阶上蹦跳了，父亲和母亲在台阶上也找不到合适的位置了。

（教师板书：新台阶建成后生活不自在、不适应）

⑦台阶建成前，水泥未干时，父亲会隔几天就按一按、敲一敲、踩一踩，最后激动自豪地说全冻牢了。台阶建成后，预想中邻里的夸赞并没有出现，大家打招呼时仍是"晌午饭吃过了吗"这种日常用语，并没有说"你家真气派"之类的话，所以我认为父亲"若有所失"的原因是没感受到所期待的地位、尊严。

⑧父亲建台阶，除了实用，更是为了获得尊严、地位。台阶建成后，父亲也不愿意和人家聊天，这可能是因为大家和他聊的不是他最想聊的话题，例如夸夸他们家的台阶，所以觉得自己并没有获得所想的尊严，若有所失。

（教师板书：没感受到所期待的地位、尊严）

4.朗读课文第二十四和二十九段，设计重音，揣摩细节，品读心理

第二十四段：父亲按照要求，每天在上面浇一遍水。隔天，父亲就用手去按一按台阶，说硬了硬了。再隔几天，他又用细木棍去敲了敲，说实了实了。又隔了几天，他整个人走到台阶上去，把他的大脚板在每个部位都踩了踩，说全冻牢了。

第二十九段：父亲闲着没什么事可干，又觉得很烦躁。以前他可以在青石台阶上坐几个小时，自那次腰闪了之后，似乎失去了这个兴趣，也不愿找别人聊聊，很少跨出我们家的台阶。偶尔出去一趟，回来时，一副若有所失的模样。

学生在朗读第二十四段时，多将重音落在"每天""隔天""再隔几天""又隔了几天"等时间词上，强调父亲行为的规律性、频繁性，也突出父亲内心等待的焦灼；还有的学生将重音落在父亲的动作、语言细节上，"按一按""敲了敲""踩了踩"，说"硬了硬了""实了实了"，反复手法和叠词的使用，突出父亲对新台阶的期待，激动兴奋，充满了"发现"的欣喜，弥漫着"成功"的快乐与满足。

学生在朗读第二十九段时，多将重音落在两个"也"，两个时间词"很

少""偶尔"，三个心理词"烦躁""不愿""若有所失"上，突出此时的父亲情绪低落，茫然无措，无聊空虚，消沉落寞，与之前相比，精神状态发生了巨大的变化。

三、探究小说主旨

1. 教师提供思维支架

万里长城举世闻名，长城在不同人的心中有着不同的意义。如：

①长城意味着中华民族抵抗外敌入侵的坚固屏障。

②长城意味着中华民族坚毅顽强的民族精神。

③长城意味着源远流长的中国历史，是文明古国的标志。

④长城意味着古代劳动人民改造自然、征服自然的力量与智慧。

⑤长城意味着秦始皇的统一霸业。

⑥长城意味着深受压迫的底层百姓付出的巨大牺牲。

2. 教师提问

文章读到最后我们感慨横生，对父亲而言，台阶意味着_____。

3. 学生讨论交流

①父亲流逝的青春，改变的年龄，老去的见证。

②父亲奋斗的动力、梦想和目标，为之不懈追求的执着坚韧的精神。

③父亲大半辈子的成果，父亲实现的人生价值。

④父亲的物质期待，更是精神追求，是情感寄托的对象。

⑤父亲的自尊倔强，对身份、地位、尊严的向往，改变现状的勇气。

⑥划分人与人之间地位的界线。

⑦父亲的攀比和虚荣心。

⑧父亲的遗憾，引以为傲的劳动能力的丧失。

⑨父亲的精神枷锁，传统观念的束缚。

⑩中国农民自古以来摆脱贫困的愿望。

⑪劳动人民的质朴谦卑，不甘落后，志气昂扬。

⑫普通中国农民一生辛勤劳动的缩影。

⑬社会进步背后有无数艰苦奋斗的农民。

4. 学生讨论问题：你们觉得父亲造这个台阶到底值不值得？学生交流

①这个台阶造得值得，因为它让父亲过了大半辈子充实的生活，有了精

神的追求，而且不造这个台阶父亲也会有遗憾，所以努力还是值得的。建造这个九级台阶是父亲从自卑到自尊的美好追求，满足了自己的愿望。

②我认为父亲造这个九级台阶不值得，因为它耗时长、投入多，不仅最终没有获得自在，还闪了腰，添了麻烦。台阶束缚了父亲大半辈子，他就像个机器一样为此付出。这新台阶造得得不偿失。

5. 教师小结

文章通过生动的情节、细节对比描写，塑造了父亲的形象。小说结尾让我们感慨横生，我们见到了中国式父亲的辛劳、中国农民的勤劳，但我们也看到了农民的艰辛，看到了台阶束缚了父亲的精神，让辛苦了大半辈子的父亲老了。小说的最后一句话"怎么了呢，父亲老了"，这里的"老了"是指父亲的身体老了，心也老了。父亲是可敬可佩的，又是可怜可叹的。

基于文本的艺术张力，我们可揭示出文本内部的主要矛盾：父亲在新台阶造好后本应扬眉吐气，可他为什么却"若有所失"呢？这个矛盾可以有效激发学生阅读探究的兴趣。要解决这个矛盾，学生须深入具有文本张力性的情节结构中去，即台阶建成前后对父亲多方面的对比。学生通过关联前后具有对比性的情节细节，多角度探索父亲"若有所失"的原因，自然地走进"台阶"的意味世界，进而把握文本的主旨。

因此，在本课的初步感知环节，教师需引导学生捕捉文中描写父亲的诸多生动细节，并在表达交流、倾听思考的过程中，加深学生对这些细节的理解，为深入文本张力结构做铺垫。之后，从文本矛盾处切入，引导学生关联前后具有对比性的情节细节，探索父亲"若有所失"的原因。学生发现了父亲劳作的忙与闲，身体的强与衰，台阶上生活的适应与不适应，获得尊严的希望与求而不得的失望，从而走进了父亲的内心世界。最后，教师为学生提供思维支架，以"长城"在不同人心中具有不同的内涵为例，进一步引导学生探寻"台阶"的象征意味。学生从文本张力结构中获得了丰富的感受，体会到台阶既意味着父亲的衰老、执着，父亲对身份、地位、尊严的追求，同时也意味着父亲的负担与压力，束缚与执念，攀比与虚荣等。随着学生开展多角度的言语思维活动，"台阶"的意味逐渐丰富起来。

这对于学生今后阅读小说叙述类的作品，无论是在阅读兴趣、阅读方法，还是在阅读思维能力等方面，都会产生积极的促进作用。当进入文本的张力结构中去，学生便会更容易、准确地把握文本的主旨。如《我的叔叔于勒》中菲利普夫妇态度变化的对比，《变色龙》中警官奥楚蔑洛夫嘴脸不断变化的对比，《范进中举》中范进中举前后境遇的对比等，学生都可从情节细节的对比形成的张力中，探寻到人物言行变化的原因，进而触摸到主旨。再如《陈太丘与友期行》中，友人和元方激烈的话语矛盾冲突形成了文本的张力。教师可立足于矛盾冲突的焦点，设置主问题"友人到底值不值得原谅？"学生由此展开辨析，感知人物鲜明的性格（如陈太丘耿直率性，注重信用，坚持原则；元方聪明勇敢，知礼明义，懂得维护尊严；友人性情急躁，粗鲁无礼，知错能改），进而领悟作者的写作构思及创作意图。

《曹刿论战》：
从人物话语的矛盾冲突和数量变化
领略"记言"的张力艺术

《曹刿论战》是统编教材九年级下册第六单元中的一篇课文，选自《左传》。《左传》主要记载了春秋列国在政治、外交、军事各方面的活动与有关言论。由于春秋战国期间社会变革的影响，《左传》多通过人物言行表现进步思想。记言，是《左传》记史的一大特色。孙绍振认为，艺术作品是一个完整的生命体，要通过还原，揭示出矛盾后才能进行分析。[①]还原矛盾的实质就是揭示文本的张力。《曹刿论战》的矛盾张力主要表现在两个方面。

一、人物话语的矛盾冲突

第一段写战前阶段，先后描写了曹刿与乡人、鲁庄公之间的对话。国难当前，同为鲁国百姓，曹刿与乡人的态度为何迥然不同？地位卑贱的曹刿凭什么认为上层统治者见识浅薄很难打赢此次战役？论战时，在我们的想象中，曹刿本应毕恭毕敬地委婉上谏，可双方意见相左，观点不一。曹刿为何敢直接否定国君"衣食所安，弗敢专也，必以分人""牺牲玉帛，弗敢加也，必以信"的做法，甚至还不留情面地贬低对方？反观鲁庄公，为何愿意面见一个低贱的平民且耐心听完他的意见？面对曹刿的冒犯，又为何没有生气或是惩罚曹刿？以上种种，皆是还原出来的矛盾。在人物话语的矛盾冲突中，人物形象形成鲜明对比，精神性格得以彰显。平民曹刿第一次拜见鲁庄公，因为忧心国事，有责任担当，所以显得比较主动，语言气势也略显单刀直入、咄咄逼人。相反，作为国君的鲁庄公则显得比较憨厚老实，坦诚相待，礼贤下士，一五一十，有问必答。曹刿否定他，他便马上继续补充。最后，曹刿提出"战则请从"，一介平民的他为什么会提出这样的要求？这就顺势推动了故事情节的发展，使情节有悬念、有波澜、有吸引力，故事的审美空间得到了最为充分的扩张和最大程度的拓展。

① 参见孙绍振：孙绍振如是解读作品 [M].福州：福建教育出版社，2007.

二、人物话语的数量变化

作者有意设计曹刿与鲁庄公话语量的失衡。从全文看，曹刿说的话先由多变少，由长变短，后又由少变多，由短变长；鲁庄公的话则变得越来越少，甚至没有。

第一段中，曹刿与鲁庄公的话语量相当，曹刿一问，鲁庄公三答，曹刿三对，整体呈现出平等交流的局面。第二段中，作者干脆不让鲁庄公说话了，只交代了"公将鼓之""公将驰之"的行为。一国之君的鲁庄公本应多说话多指挥，为何全是曹刿在决策，鲁庄公却一句话也没有？为什么曹刿在阻止鲁庄公进攻时却不解释原因？鲁庄公也没有追问而是全部听从？第三段中，作者只用四个字"公问其故"间接提及鲁庄公，其余全是曹刿的话。作为胜利方的君主，鲁庄公本应有自己的言行活动，为何只有曹刿在滔滔不绝地侃侃而谈，鲁庄公却什么也没说？这些也都是还原出来的矛盾。

作家通过对句子或篇幅长短的选择、重复的运用等数量手段映照所要表达的意义，实现特定的修辞目的和创作意图。话语量的调控有助于呈现人物的情绪与态度及地位与权力：一般而言，话语量大往往说明说话者谈话兴致比较高；反之，则说明说话者谈话兴致比较低。话语量大意味着权力大，居于支配地位；而话语量小则意味着权力小，居于被支配地位。可见，曹刿从始至终都拥有较大的话语权，居于支配地位，鲁庄公的话语权较小，居于被支配地位。曹刿拥有高明的战术思想，他才是本场战役的真正指挥者。

此外，人物话语多少、长短的变化呈现出了叙事节奏快慢的变化。从战中到战后，曹刿说的话语由"未可""可矣"这样少而短的，变为"夫战，勇气也。一鼓作气，再而衰，三而竭。彼竭我盈，故克之。夫大国，难测也，惧有伏焉。吾视其辙乱，望其旗靡，故逐之"这样多而长的，可以让读者感受到战争形势由紧急到舒缓的张力变化；从情节上看，对于战中未提及的作战胜利的奥秘，曹刿在战后才开始娓娓道来，前文设置的所有悬念都借人物话语在文末慢慢解开。由此，文本的审美空间得以极大地延伸。

教学重点：

聚焦人物话语矛盾冲突和话语数量的变化，品读张力言语思维在人物塑造、情节设计与主旨表达上的妙处。

课前准备：

1.学生借助书下注释，翻译课文，梳理重点实词、虚词

2. 比较：课文《曹刿论战》记录了一次历史上著名的以少胜多的战役——长勺之战。同样是叙述战争，课文的表达方式与历史课本对"淝水之战"的介绍有何不同？

强大后的前秦，疆域东濒大海，南抵汉水，西至龟兹、北达沙漠，与南方的东晋形成对峙的局面。

383年，符坚不顾一致反对，强征各族人民当兵，拼凑了步兵60余万、骑兵27万，浩浩荡荡南下，企图灭亡东晋，统一中国。出师前，符坚自恃兵多势强，号称自己有百万大军，"投鞭于江，足断其流"。东晋团结一致，从容应对，以8万精兵应战，在淝水与前秦军前锋隔岸对峙。在决战即将爆发时，东晋将领提出要前秦军队稍稍后撤，以便晋军过河交战。符坚认为在晋军渡河时发动突然袭击，定能一举获胜，随即命令军队后撤。不料，当前秦军后撤时，有人在阵后大喊"秦兵被打败了"，前秦军顿时阵脚大乱，自相践踏，一溃而不可收拾。晋军乘机发动猛烈攻击，打败前秦军。符坚中箭负伤，带领残兵逃回北方。

学生交流后明确：历史书上主要记叙了战争事件，《曹刿论战》有很多语言描写。（教师板书：《左传》：记事记言）

3.教师引导学生明确文章写作顺序：按照战前、战中、战后的时间顺序

教学过程：

一、品析话语矛盾冲突

1. 关注人物对话，思考：曹刿请见的目的是什么？请朗读曹刿与乡人的对话，揣摩人物心理，读出人物的语气

其乡人曰："肉食者谋之，又何间焉？"

刿曰："肉食者鄙，未能远谋。"

（1）学生交流

①重读"肉食者"，读出乡人事不关己、漠不关心的语气。一个平民百

199

姓，参与什么国家大事。

②重读"又"，读出乡人震惊、疑惑、担忧的语气。统治者会谋划这件事，为什么还要去蹚浑水？

③重读"何"，读出乡人鄙夷不屑的语气。一个低贱的平民，凭什么去掺和国事？

④重读"鄙""未能"，读出曹刿对统治者昏庸无能、误国亡国的鄙夷和担忧。

（2）教师小结

原来曹刿坚持"请见"是因其心系家国，即使是一介匹夫，也有强烈的责任担当。

2. 朗读曹刿与鲁庄公的对话，揣摩人物心理，读出人物语气。思考：作为平民，曹刿的话语是否得体？学生讨论交流

①不得体。曹刿开口第一句就是"何以战"，很凶地质问鲁庄公凭什么去应战，也不给国君磕头，更没有什么问候的话语，显得很无礼。

②不得体。鲁庄公说的话中反复出现"弗"和"必"，强调自己不独占，不虚夸，公平公正，已经做得很好了。而曹刿却直接反驳他，非常直率。重读"未""弗"，表明曹刿不赞同鲁庄公的观点，有批评的味道。

③不得体。曹刿把鲁庄公的恩惠和威信说成是"小惠""小信"。重读"小"，读出曹刿鄙夷的口气，突出曹刿胆大妄为，以下犯上。

④不得体。当鲁庄公强调自己"小大之狱，虽不能察，必以情"时，曹刿完全可以对鲁庄公大加赞赏，但他只是很平淡地说了句"忠之属也，可以一战"。而且一介平民的他还不知天高地厚地说"战则请从"。

⑤不得体。在作战过程中，鲁庄公做任何决策，曹刿都直接阻止他。重读"未"，突出曹刿很不给鲁庄公面子。

3. 教师引导

我们发现，人物对话中出现大量的否定词，如"弗""未"，构成了重重矛盾，这就形成了激烈的话语冲突。这种话语的冲突，对刻画人物形象、设计故事情节、表现文章主题等有什么作用？

4. 学生分析交流曹刿与乡人之间的话语冲突的作用

①面对强齐攻打鲁国，其乡人一副漠不关心的嘴脸，且让曹刿也不要去

蹚这趟浑水，毕竟打仗这事可不是闹着玩的，一不小心，小命不保。但曹刿却十分爱国，以国家大事为己任，担忧统治者昏庸无能，导致亡国。

②当我们在读到"肉食者鄙，未能远谋"时，心里会产生疑问：曹刿到底想怎么样呢？人物话语的冲突，使情节有悬念、有波澜、有吸引力。

5. 学生分析交流曹刿与鲁庄公之间的话语冲突的作用

（1）战前阶段

①曹刿是一介平民，可他不顾个人安危，勇敢直谏，点破鲁庄公的缺点，突出了曹刿直率的性格、爱国的形象。

②鲁庄公是一国之君，高高在上，而曹刿就是个平民百姓，他两次直接否定了鲁庄公的功绩，评价其"小惠未徧""小信未孚"，可以说是以下犯上。一般的君主早就勃然大怒了，可鲁庄公非但没有生气，还继续耐心地回答问题，可以表现出鲁庄公善于听取意见，礼贤下士，很虚心。

③曹刿问鲁庄公凭什么打仗，鲁庄公把希望都寄托在神明身上，觉得可以凭此战胜齐国，由此可以看出他的目光是很短浅的。鲁庄公说大大小小的案件虽然不能一一明察，但一定会根据实际来判断，曹刿才满意地说可以凭此一战。由此，可看出曹刿深谋远虑，以民为本。

④人物意见不统一，产生了矛盾，推动了故事情节的发展。

⑤在曹刿终于得到满意的答案后，他说"战则请从"。读者不自觉地就会想知道接下来到底会发生什么，曹刿、鲁国的命运到底又如何。作者在话语的冲突中设置了悬念，引出了下文。

（2）战中阶段

①鲁庄公一上来就要击鼓进攻，曹刿说了两次"未可"来阻止鲁庄公冒进，这就突出了鲁庄公是很草率、急躁，也很昏庸愚蠢的，他根本不懂战术和战机。

②鲁庄公很没主见，曹刿说什么他就做什么。从表面上来说，作战指挥的一把手是鲁庄公，但从实质上来看，真正指挥作战的人是曹刿。

③在话语冲突形成的对比中，人物形象更加鲜明了。鲁庄公是那样急躁、鲁莽、愚蠢，曹刿是那样胸有成竹、沉着冷静、睿智机敏。

6. 教师小结

在语言的矛盾冲突中，人物形象形成了对比。在曹刿看来，决定战争胜利的根本是人民的支持，而鲁庄公则认为是神明和权贵近臣的支持，最后才是老百姓。二人的政治目光不同，曹刿能看到问题的本质，鲁庄公则十分肤浅。

二、揣摩话语数量变化

1.与第一段、第三段相比，第二段人物话语的多少、长短发生了怎样的变化？

学生交流后明确：①曹刿说的话先由多变少，由长变短，后又由少变多，由短变长。②鲁庄公的话变得越来越少，甚至没有。在第二段中，作者干脆没让他说话了，只交代了他的行为；在第三段中，作者只用四个字"公问其故"间接地提了一下他。

2. 人物话语多少、长短的数量变化，对于刻画人物、设计情节、表现主题等有何表达作用呢

（1）学生分析交流战中阶段话语冲突的作用及话语多少、长短变化的作用。

①曹刿说得很少，但坚定有力。"未可"，感觉很果断，不含糊，不容置疑；"可矣"，"矣"有"了"的意思，表示战机到了，这就让读者感觉他胸有成竹，自信十足。而且他对自己的每一次判断都不加解释，说明他坚信自己对战机的把握，所以无须解释，体现了他高超的军事才能。

②鲁庄公虽然急躁、目光短浅，但他也有优点，第一，很虚心；第二，曹刿给的意见，他都很认可。因为之前曹刿说"战则请从"，鲁庄公能把曹刿带上，就说明他信任曹刿的能力。在战时，对于曹刿提出的意见，他马上采纳，这就叫"疑人不用，用人不疑"，知人善任。

③取胜后，鲁庄公可能会非常疑惑，他还是不明白曹刿为什么一会儿说不可以，一会儿又说可以，从后文"既克，公问其故"中可以看出。这种简略的语言既是为了突出曹刿的英明，情节设计上又留下了悬念与波澜。

④叙事有详有略。详写战前准备和论战，略写战争经过。通过人物语言，突出曹刿的深谋远虑、以民为本，鲁庄公的目光短浅。

⑤人物话语很少，暗示战事紧张。打仗时，齐强鲁弱，两军已开始交锋，形势非常紧张。

⑥曹刿的话变少变短，与第一段相比，叙述节奏变快，让人感觉打仗的节奏也很快，体现出这场战争打得既紧张又很顺利。曹刿说"可矣"后，马上就写"齐师败绩"，这里快节奏的叙事，说明在鲁国一鼓作气之下，齐国的军队立马就溃败了。"逐齐师"之后，紧跟着"既克"，写鲁国马上就取胜了，都能表

现战事非常顺利，也体现出曹刿杰出的军事才能。

（2）学生分析交流战后阶段话语多少、长短变化的作用

①战后，鲁庄公除了间接的一句"公问其故"，就不再说话了，给人的感觉是那样谦卑，他在虚心地倾听；而曹刿说了一大串话，滔滔不绝的样子，连续的话语，让读者好像看到他此时正眉飞色舞、神采飞扬地介绍自己的作战策略，这表现出曹刿内心的激动兴奋，自鸣得意。

②"吾视其辙乱，望其旗靡，故逐之"，曹刿作为战争的指挥者，很有洞察能力，且十分谨慎，表现出他非凡的军事才能和远见卓识。

③"夫战，勇气也"，"夫战"不只指长勺之战，而是指所有的战争都要靠勇气。"夫大国"也不是只说齐国，而是指像齐国这样的所有大国。曹刿已经把"一鼓作气"上升到了理论的高度，他只是平头百姓，却有一套作战理论，且经实践证明都是正确的，可见他聪明机智。平时他一直关心国事，也可能非常喜欢看史书、兵书，刻苦学习，见多识广。

④曹刿在第一段和乡人的对话中说"肉食者鄙，未能远谋"，说明作为平头百姓的曹刿，平时可能一直在关注国家大事。鲁庄公之前估计就打过败仗，所以曹刿对鲁庄公的性格把握得很到位，总结了失败的原因，表达了自己对本次齐鲁之战的担心。正所谓"天下兴亡，匹夫有责"，曹刿正是出于爱国之心，出于责任担当，才义无反顾地上朝谏言的。

⑤曹刿这段话说了很多、很长，作者进行了详写，叙事节奏相比于第二段，又变得舒缓了。从情节上看，对于上文未提及的作战胜利的秘诀，曹刿现在终于开始娓娓道来，悬念也在慢慢解开。

⑥文章最后，曹刿的话语结束，故事也就结束了。鲁庄公有什么反应，作者只字未提。从情节上说，文章还留下了空白，给读者以大量想象的空间。

⑦从表现主题上看，作者借曹刿的语言，突出了曹刿高明的军事思想和民本思想，即在战前要取信于民，获得广大人民群众的支持，战中要把准战机。

⑧从第一段看，鲁庄公和曹刿的话语多少和长短是相当的，二人还是平等的。但到第二、三段时，鲁庄公的话语实际上已经消失，基本处于倾听的角色，听曹刿说。二人之间的关系发生改变，曹刿掌握了话语权，地位变高了。

三、探究文章主旨

1. 长勺之战获胜，在当天的庆功宴上，鲁庄公要发表简短讲话，请你替

他写好讲话稿。学生思考，讨论交流

①今天的长勺一战，我鲁国以少胜多，以弱胜强，都是因为曹刿用妙计，出奇兵。曹刿的战略思想以及对时机的把握，都十分高明，所以我要重重赏赐曹刿。今后在鲁国，凡是有才之人，都应被发掘，这样才能使国家强大而繁荣昌盛，这是我们的责任。同样，战前曹刿与我对话，也发现了我治国的许多问题。第一，不能迷信，寄希望于神灵；第二，要取信于民。若不是我先前诚心处理政务，百姓也不会支持我们而战胜齐国。今后，我们要共同努力。

②孤在此与诸君共庆长勺之战胜利，吾等以寡胜多，击退齐军，好不痛快！杀得我鲁国军威大振。孤在此谢过诸位将士，回去之后必有封赏，亦杀鸡宰牛向天神庆贺。但此刻，孤更应谢过曹先生。先生真乃神人，三鼓之思，巧取胜利，可谓用兵奇才。今我得先生，胜过千金万银。今鲁国有先生之大才，可谓普天同庆。来，诸君，举起杯中酒，为我鲁国今日之荣耀，共庆！

③此次长勺之战取胜，要感谢各位将士们的同心同力。齐军来时嚣张跋扈，最后被你们用高昂的斗志打得丢盔弃甲，狼狈不堪。打得好啊！我要重点感谢智士曹刿为我出谋划策，他在战前询问我作战的依据，否定了我依托神灵及贵族的思想，让我认识到民本思想的重要性。战中，曹刿镇定谨慎，有勇有谋，果断出击，用他卓越的军事才能指挥作战，以少胜多。曹刿身为一介平民，却忧国忧民，在国家危难时刻挺身而出，这种精神值得我们学习。让我们一起举杯，敬智士与勇士曹刿！也敬在座的每一位浴血奋战的将士！

④关于此次作战，我有几句话想说。第一，这场战役敌众我寡，力量悬殊，看似战局已定，但幸亏曹刿先生的建言献策与战中明智的指挥，让我军力挽狂澜，扭转战局。第二，我也逐渐意识到自己的错误，不能急躁冒进，急于求成，而要静下心来，步步为营。且我不应该把战争胜利的希望寄托在那些神灵和达官显贵身上，我应该取信于民，获得人民的支持。只有这样，我们鲁国才能立于不败之地。第三，我要广纳像曹刿这样能在国家危难之际建言献策的贤士。希望大家以后多多监督我，只有大家积极发表自己的看法，我才能了解真实的自己和真实的鲁国，才能和大家一起将鲁国建设得更强大。

2. 教师小结

同学们在发言中都高度赞扬了爱国志士曹刿敏锐的洞察力及卓越的作战指挥才能。这正是其民本思想与军事思想的体现，也是文章的主旨所在。

四、拓展延伸

曹刿的思想，在中国现代战争史上有无运用的实例？学生讨论交流。

①在鲁庄公准备击鼓进军时，曹刿及时制止了他，等齐军三次击鼓、士气衰竭之后，曹刿才让鲁庄公进军，毛泽东在反国民党围剿时期提出的"敌疲我打"的战略思想与之契合。

②抗日战争时期，解放军制定了"三大纪律八项注意"，其中"不拿群众一针一线"的规定，与曹刿取信于民的民本思想契合。

③中国共产党在解放区颁布《中国土地法大纲》，实行惠民政策，进行土地改革，分给农民土地，以取信于民，最终取得内战胜利。

④陈毅曾深情赞叹："淮海战役的胜利，是人民群众用小车推出来的！""最后一碗米送去做军粮，最后一尺布送去做军装，最后一件老棉袄盖在担架上，最后一个亲骨肉送去战场上。""军队打胜仗，人民是靠山。"可见，中国革命的胜利，是人民战争的胜利。这一切，得益于共产党始终保持和人民群众密切联系，取信于民，谋福于民。

在课前准备环节，学生根据书下注释解决文本中的重点实词、虚词，疏通大意，并与历史课本中对"淝水之战"的介绍相比较，明确《左传》记事且记言的特点，最后明确课文是按照战前、战中、战后的时间顺序来写作的。

环节一，教师引导学生聚焦人物话语矛盾冲突。通过朗读对话，揣摩人物语气，并判断曹刿在鲁庄公面前的话语是否得体，进而发现人物对话中出现的大量否定词"弗""未"，感受到二者之间激烈的矛盾冲突。在话语的矛盾冲突中，人物形象形成鲜明对比，学生对人物性格的把握也逐渐立体丰满。

环节二，引导学生关注人物话语多少、长短的数量变化。品读文本中蕴含的多维度的审美张力，探究其在刻画人物形象、设计故事情节、表现主题等方面的多重作用。学生在这一环节对曹刿和鲁庄公形象的分析理解更为细腻深入，还有的学生发现了人物话语数量变化对叙述节奏快慢及人物地位高低的影响。由此，从话语的艺术张力中，学生理解了《左传》叙事记言的特点及作者对人物的褒贬态度。

环节三，引导学生继续感受文本张力性结构的艺术效果，想象并填补作者在结尾处留下的空白，以鲁庄公的口吻在当天的庆功宴上发表简短讲话。学生在这一环节发散思路，实现了多角度的创意表达。教师引导学生比异求同，提炼总结出同学们拟写的发言内容的共性，如：表达了对众将士保家卫国的感谢，尤其是对爱国志士曹刿政治上的敏锐洞察力及军事上的卓越指挥才能的赞誉，更领悟了"民本思想"的重大意义。由此，学生完成了对文章主旨的把握。此外，学生还创造性地表现出鲁庄公勤勉为政、励志进取的一面，如立志做个重用人才、成就伟业的君主。这与文本张力性结构中塑造的人物形象相呼应，与《左传》作者对人物褒贬的态度也并不矛盾。

环节四，学生需要结合自身的认知经验，找寻曹刿的思想在中国现代战争史上运用的实例。在交流分析的过程中，学生领略了中国的军事文化，同时对曹刿先进的政治军事思想领悟更加深刻。

本课的教学设计，通过对话语矛盾的分析，揭示出故事的艺术张力，有效激发了学生阅读的兴趣与探究的欲望，促进了学生习得阅读此类文本的方法与策略，即学会分析文本中人物话语所蕴含的艺术张力及产生的艺术效果，并在今后的阅读中能够运用这些方法。比如《秋天的怀念》中"我"和母亲之间的话语冲突，表现出母亲对"我"的暴怒无常一直小心翼翼地包容着，而"我"却一直漠视母亲的担忧与关怀，这些也可从人物话语多少、长短的对比中捕捉到，"听说北海的花都开了，我推着你去走走"，"看完菊花，咱们就是'仿膳'，你小时候最爱吃那儿的豌豆黄儿，还记得那回我带你去北海吗？你偏说那杨花树是毛毛虫，跑着，一脚踩扁一个……"母亲说的话多且长，说明母亲一直在努力地开导"我"。"不！我不去！""我可活什么劲儿！""哎呀，烦不烦？""我"说的话少且短，说明内心的消极与痛苦，所以沉默寡言。再如《故乡》里闰土前后话语量的变化呈现出的张力，少年闰土和"我"一起玩时，说的话又多又长，内容丰富，如介绍海边各种新鲜稀奇的事物：沙地捕鸟，五色贝壳，瓜地刺猹，跳鱼儿，等等。而中年闰土与"我"再相见时，他的话语量骤减，话少而短，且话题单一，说的都是生活的苦难，如："非常难。第六个孩子也会帮忙了，却总是吃不够……又不太平……什么地方都要钱，没有定规……收成又坏。"这些都构成了巨大的艺术张力，召唤读者从中品味文本的内涵，探得文本主旨。

此类教学实践，对于学生习得张力言语思维，构建张力言语思维图式，都起到了积极的促进作用。

路径言语思维

谓语化、简略化的内部言语转化为外部言语的过程，是一个对内部言语的语义进行语境化扩展，生成可供阅读的外部言语，以实现交际意图的过程。因为外部言语是由内部言语的语义扩展生成的，所以内部言语的语义就必然保留在外部言语之中，成为外部言语的基本语义，或者说句旨、段旨、篇旨。基本语义行文展开有着多种多样的、不同层级的、复杂的言语思维路径。语句展开的修辞言语思维路径大致有：逻辑化思维路径，如因果联系；具体化思维路径，如分解过程；准确化思维路径，如修饰、限制；节奏化思维路径，如句式选择；生动化思维路径，如比喻、拟人；强化性思维路径，如铺排、复沓等；鲜明化思维路径，如对比、衬托；得体化思维路径，如婉曲；等等。

不同体裁的文章基本语义的展开有不同的言语思维路径，如记叙文用几件事表现人物的精神、性格、思想来展开；对人物行动、外貌、语言、心理等构成要素或过程环节、细节来选择与展开；对环境构成要素来选择与展开；等等。说明文主要通过时间顺序、空间顺序、逻辑顺序、各种说明方法等展开。议论文选择内涵相同的事实论据展开；选择内涵相同的理论论据展开；通过因果思维分析、功能分析、措施分析展开；等等。

《核舟记》：理解通过空间构成展开说明的言语思维路径

　　《核舟记》是统编教材八年级下册第三单元中的一篇课文。作者魏学洢通过细致观察，准确地把握了核舟上的各个细节，按照空间构成言语思维路径展开说明，从多角度表现出雕刻技艺"奇巧"的特点。在"曾不盈寸"的小小核舟上，作者频繁运用大量的空间语词，层层切分空间。船舱、船头、船尾、船背四部分为一级空间，每一层级又可分出二级空间，二级空间下还有三级空间、四级空间，核舟上所刻之人、物数量庞大，细节繁多。

　　核舟的中间部分即为船舱，被切分为上、左、右三部分。上面由箬篷覆盖，左右各有四扇窗子和一条栏杆，右边窗子刻有"山高月小，水落石出"，左边窗子刻有"清风徐来，水波不兴"。船头部分为核舟的主体部分，从左到右依次为鲁直、东坡和佛印。王叔远对三个人物的面部神情、外貌装扮、肢体动作及手中物件都做了精细的雕刻。苏黄共赏一手卷（可能是奇文或字画），平静而专注。佛印倚靠船身，抬头仰望浩瀚的星空，洒脱而沉醉。船尾横卧一楫，楫左右各刻一舟子，一动一静，细致入微。船背空间内有王叔远的题名和篆章，二者黛丹相映，典雅别致。空间语词的频繁运用，使说明的顺序更加清晰，说明的对象愈发具体，表现出说明对象的数量十分繁多，内容极为丰富。无论整体还是局部，处处都表现出核舟雕刻工艺水平的高超，可谓处处"奇巧"，人人"奇巧"，样样"奇巧"。

　　综观对所有空间事物的描述，《核舟记》不是一篇简单的说明文，它带有很强的文学性，是一篇气韵生动的艺术美文。核舟上所雕刻的每一个对象都不是孤立存在的，而是统一在"大苏泛赤壁"的故事之下，充分表现了《赤壁赋》的主旨，即苏轼随缘自适、随遇而安的豁达心胸，这就使核舟具有了灵魂。船舱上的"山高月小，水落石出""清风徐来，水波不兴"，营造出幽远恬淡的意境；船尾横卧的一楫，呈现从流飘荡、自由自在的状态；船头船尾的五人，虽各具情态，但都具有相似的心情，他们平静愉悦、轻松自如、悠闲惬意、自得其乐，所以作者在文末感叹"技亦灵怪矣哉"。

教学重点：

通过空间词语分析，感受核舟之美和匠人之技的"灵怪"，习得空间构成言语思维路径。

教学过程：

一、课前准备

1. 小组合作，借助书下注释及古汉语词典，明确重难点字音字义及停顿节奏，疏通全文大意

（1）重难点字音

①器皿mǐn ②贻yí ③箬ruò ④糁sǎn ⑤椎chuí ⑥篆zhuàn

（2）重难点字义

①罔不因（顺着）势象（模拟）形　　②尝贻（赠送）余核舟一

③雕栏相望（相对）　　　　　　　　④其两膝相比（靠近）者

⑤佛印绝类（像）弥勒　　　　　　　⑥矫（抬，举）首昂视

⑦珠可历历（清清楚楚的样子）数也

⑧钩画了了（清清楚楚的样子）

2. 学生个读，师生齐读，自由练习，熟读成诵

二、聚焦空间语词，绘制思维导图

1. 浏览全文，圈画其中表示空间方位的词语。

2. 教师提醒其中几处易被学生忽略的空间方位词，如：课文第二段中"箬篷覆之""雕栏相望"，船中部是舱，用箬叶做的篷覆盖在舱上方，船舱两旁刻着花纹的栏杆左右相对。第三段中"峨冠而多髯者为东坡""各隐卷底衣褶中"，苏东坡头上戴着高高的帽子，东坡左膝和鲁直右膝，都位于手卷下方，隐藏在衣褶之中。

3. 学生根据文中空间方位语词的提示，画出文章展开说明的思维导图，将核舟上的人、物放入属于自己的空间。

参考示例（图6）：

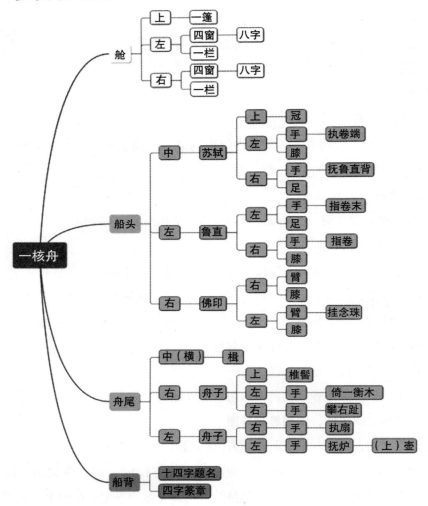

图6　文章展开说明的思维导图示例

4. 学生思维导图（图7）。

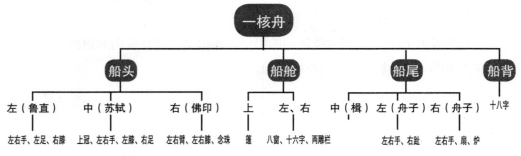

图7　学生根据文中空间方位语词的提示，制成思维导图

5. 文中频繁运用这么多空间方位语词，有何作用？学生交流。

①说明顺序更清晰。

②说明对象更具体。

③说明内容丰富，数量很多，很全面。

④空间感增强了，给人的感觉更立体生动、逼真。

⑤"左""右"二字反复出现，给人以一种对称感。

⑥空间被切分、被放大，感觉能容下如此多事物的空间一定很大，与核舟"曾不盈寸"，形成强烈反差。

⑦凸显雕刻技艺的高超、奇巧。

三、进行现场解说，鉴赏雕刻艺术

1. 从核舟上众多的人、物之中，选择最能表现王叔远雕刻技艺"奇巧"的一点，结合课文具体内容，向同学们解说

学生先讨论如何解说，教师归纳出评价量表（图8）。

评价量表			
用方位词，说清位置	☆	☆	☆
用形容词，说明特点	☆	☆	☆
适当想象，说得生动	☆	☆	☆
用感叹句，分享感受	☆	☆	☆

图8　评价量表

2. 学生交流

①船舱，是整只船最中间的部分，上方被箬蓬覆盖，箬叶片片分明。左右两边各有四扇小巧的窗子，从窗口探向对面，发现左右两边栏杆相对，上面还有精美的花纹，真是细致入微啊。若关上窗子，便能看到左边工工整整地刻着"清风徐来，水波不兴"八个字，右边则刻着"山高月小，水落石出"，这十六个字还用了石青颜料上色，真的是用心之至！能在这么小的核舟上雕刻出如此精细的物与字，也只有技艺精湛、鬼斧神工的王叔远能做到了吧！

②从整体上来看，桃核中间高宽之地便是船舱，其上方被箬竹叶船篷覆盖。下方左右两边各刻出四扇窗子。最令人感到惊奇的是，窗子都是"活"的！开合自如！这究竟是如何雕刻的呢？就像有一股气钻了进去，将轴与窗完

211

美契合。究竟是何等耐心与毅力，又是何等神力，才能将一个普通的桃核雕刻得如此精妙？

③大家看，船头从左到右依次坐着鲁直、东坡和佛印。中间风度翩翩的便是苏轼，他头上高高的帽子十分精巧，精美的花纹也清晰可见，下巴处浓密的胡须都根根分明，好似超凡脱俗的仙人。左侧的鲁直正和他聚精会神地欣赏一手卷，不知是哪位名家的山水画卷，也可能是一篇文采斐然的旷世佳作。总之二人身体微侧，膝盖相贴，亲密无间。人物神态各异，活灵活现，栩栩如生。时间仿佛在这一刻静止，只有水在流，舟在行，真是令人浮想联翩啊！

④大家请看，坐在苏轼右边的是佛印，浑圆的脑袋光溜溜的，身材圆滚滚的，像极了弥勒佛。两侧挂着一对又大又肥的耳朵，眼睛都笑得快眯成月牙了，让人感到亲切随和。他敞开胸襟，恣肆不拘，豪爽尽显，弯曲的右臂，随意地搭在船边，抬头仰望天空，凝望着皎洁的月亮和浩瀚的星辰，十分入神。最精妙的是，佛印的左臂上还挂着一串念珠，且上面的每一颗珠子都可以清清楚楚地数出，十分逼真，甚至感觉可以拨动呢，多么惟妙惟肖的作品呀！王叔远游刃有余地将人和物雕刻得如此细致入微，可真是技艺高超啊！

⑤大家好！核舟上最为奇巧的部分莫过于舟尾了。在船尾，一把船桨横卧在中间，桨的左右各有一个舟子，先看右边那个，他梳着椎形发髻，头发纹路都能看清，左手顺势搭在一根横木上，右手扳着右脚趾上的指甲盖，仰着头，眯着眼，噘着嘴，吹着口哨，好不悠闲快活！再看左边的舟子，右手拿着一把蒲葵扇，扇上的纹路依旧清晰可见，他左手轻抚着火炉，侧耳倾听，神色专注而平静，炉上有一个水壶，壶盖微微翘起，好似茶水即将烧沸。两舟子呈一动一静之态，让人仿佛身临其境啊！王叔远真是将船上的景象刻画得淋漓尽致！这巧夺天工的旷世神作，虽不能说是后无来者，但绝对是前无古人！

⑥最奇巧的难道不是窄小船背上的十八个字吗？整个核舟"曾不盈寸"，船背面积更是狭小局促，上方刻字"天启壬戌秋日，虞山王毅叔远甫刻"，一笔一画，清清楚楚，如黑色游龙般苍劲有力，仿佛要跳脱出船背一般。下方竟还有刻章之地，"初平山人"四字染上朱红印泥，如海棠花绽放，典雅别致。真是精巧至极啊！不足方寸之地上却能有如此纤巧细腻的刻画，岂不神奇？

3.教师小结

文章是按照空间构成展开的，每个空间都由各种大大小小的事物构成。在核舟这"曾不盈寸"的小小空间中，凡雕刻之物、雕刻之人皆各具情态，生动逼真，细致传神，可谓处处"奇巧"，样样"奇巧"，人人"奇巧"。作者从不同的空间角度展开重复渲染，展现了王叔远"奇巧"高超的雕刻艺术。

四、关联历史、文化语境，领悟核舟灵魂

1.教师提问：假如王叔远能把核舟赠给苏轼，你觉得苏轼会喜欢吗？学生讨论交流

①会喜欢。因为核舟虽小，却大有乾坤，处处精巧别致，巧夺天工，工艺水平精湛，收藏价值极高，是一件非常珍贵的礼物。

②会喜欢。核舟上共刻了五人，他们各具情态，栩栩如生，活灵活现，非常有趣，每一处空间，每个人物、事物，都细致生动，值得细细观赏品鉴。

③会喜欢。王叔远在核舟窗户上刻的诗句选自苏轼写的《赤壁赋》，且核舟雕刻的主人公就是他自己，记录了当时的一次游玩的经历，意义特殊。

2.教师出示资料链接，继续引导：结合背景思考，核舟上雕刻的内容，是否符合苏轼贬谪人生中的心情？为什么？

资料链接①：

"大苏泛赤壁"，是千百年来脍炙人口的文人雅事。宋神宗元丰二年，苏轼在湖州任上被人诬陷，说他所作诗文有毁谤朝廷的意图，被捕入狱半年，几次濒临被砍头的境地，这就是"乌台诗案"。次年贬为黄州团练副使，职位相当低微，并无实权。到任后，苏轼心情郁闷，曾多次到黄州城外的赤壁山游览。元丰五年，写下了《赤壁赋》和《后赤壁赋》，元丰六年，写下《记承天寺夜游》，以此寄托谪居时的思想感情。

资料链接②：

纵一苇之所如，凌万顷之茫然。浩浩乎如冯虚御风，而不知其所止；飘飘乎如遗世独立，羽化而登仙……惟江上之清风，与山间之明月，耳得之而为声，目遇之而成色，取之无禁，用之不竭。是造物者之无尽藏也，而吾与子之所共适。（节选自《赤壁赋》）

何夜无月，何处无竹柏，但少闲人如吾两人者耳。（节选自《记承天寺夜游》）

3. 学生讨论交流

①"山高月小，水落石出"和"清风徐来，水波不兴"，这十六个字是王叔远从苏轼的《赤壁赋》中特意挑选出来刻在窗户上的，营造出了一种清风明月相伴的静谧恬淡的典雅氛围。意境开阔旷远，引人遐思，能体现出苏轼遭遇贬谪后依旧持积极乐观的态度面对生活。

②"山高月小，水落石出"和"清风徐来，水波不兴"，让我想到苏轼在经历了贬谪的坎坷之后，迎来了崭新的生活。正所谓"山重水复疑无路，柳暗花明又一村"，在经历了重重阴霾之后，必然会豁然开朗。从这个角度看，王叔远在核舟上也寄托了对苏轼的美好祝愿，或者可以理解为对苏轼高尚品质的赞美，他可以算得上是苏轼的知己了。苏轼看到这枚核舟，想必是会心一笑。

③苏黄共阅一手卷，平静而专注。佛印放浪形骸，仰头赏月，放浪洒脱。舟子心如止水，吹着口哨，自得其乐。这些都表现出一种闲适恬淡的生活状态。王叔远在核舟上雕刻的人物，虽然外貌、表情、动作各有不同，但他们的内心都是轻松愉悦的，非常惬意悠闲，自在洒脱。这与当时苏轼被贬黄州，为排遣苦闷而寄情于山水的豁达乐观的精神状态是相契合的。

④"舟尾横卧一楫"，一叶扁舟在江面上"从流飘荡，任意东西"，世人汲汲于名利，而小舟上的生活"无丝竹之乱耳，无案牍之劳形"。有兴趣相投、品性相近的知己相伴，有山清水秀的自然美景入目，有香茗入口，有清风拂面，惬意自如，怡然自得。核舟上每个空间里的人、物并不孤立，都围绕着"大苏泛赤壁"的故事，也体现了《赤壁赋》的主旨，表现出苏轼贬谪人生中随遇而安、随缘自适的精神世界。

4. 教师小结

可以说，王叔远赋予了核舟神韵、灵魂，这枚核舟不仅是民间传统手艺的代表，更是文化审美的创造。所以作者感叹"技亦灵怪矣哉"，可见其雕刻技艺形神兼备，意蕴丰赡。

5. 文章结尾段为什么用了那么多"为"字？能否删去？

原文：通计一舟，为人五；为窗八；为箬篷，为楫，为炉，为壶，为手卷，为念珠各一；对联、题名并篆文，为字共三十有四。而计其长曾不盈寸。盖简桃核修狭者为之。嘻，技亦灵怪矣哉！

改文：通计一舟，为人五、窗八、箬篷、楫、炉、壶、手卷、念珠各一，字共三十有四。而计其长曾不盈寸。盖简桃核修狭者为之。嘻，技亦灵怪矣哉！

6. 学生诵读比较，讨论交流

①九个"为"字，鱼贯而下，读起来很有节奏感，也很有气势，像排比句一样，突出了核舟上雕刻的事物数量繁多。

②"为"是动词，有"雕刻"的意思。九个"为"字强调了雕刻的过程，给人一种感觉：王叔远一直不停地在雕刻，好像这枚桃核的体积很大，留给王叔远发挥的空间很多，但事实是"而计其长曾不盈寸"，强化了下文"而"字的转折意味，在对比反差中，表现了王叔远雕刻技艺的"奇巧""灵怪"。

③九个"为"字，让我感觉到王叔远一直在雕刻，他精益求精，追求完美，专注而投入。由此，魏学洢在文末情不自禁地发出感叹"嘻，技亦灵怪矣哉！"这不仅是对王叔远雕刻技艺的高度赞美，更是对其精雕细刻、追求完美、执着专一的匠人精神的无限钦佩。

7. 教师引导学生诵读文末最后一句"嘻，技亦灵怪矣哉！"思考应以怎样的语气语调来读。学生交流

①以一种夸张的惊叹语气读，语调上扬，重读"嘻""灵怪""哉"。

②以一种深沉的崇敬语气读，语调浑厚，拖长读"嘻""矣哉"。

③以一种高昂的赞美语气读，声音洪亮，重读"技""灵怪"。

作者魏学洢在介绍王叔远雕刻的核舟时，是从空间构成言语思维路径展开说明的，并通过空间里的多种构成成分来表现主旨。在第一个环节中，教师引导学生聚焦文本显性的言语形式，圈画出文中频繁出现的空间方位词语，绘制思维导图，逐渐理清文章说明的顺序，想象出核舟多层级空间内的多种人、物。由此，作者空间构成言语思维路径展开的过程被巧妙而直观地还原了。

在鉴赏雕刻艺术环节，为了达成更好的解说效果，学生仍需从空间构成角度展开分析，用上方位词，使解说更清晰明了，便于听众想象相应空间里的人和物；用上形容词，捕捉雕刻对象的特点，使解说更具体，给人留下深刻的印象，还可适当展开想象，采用生动形象的语言，使解说更具有感染力。

　　最后，教师抛出问题"假如王叔远能把核舟赠给苏轼，你觉得他会喜欢吗？"并提供助读资料。学生须关联历史、文化语境深入探究，进而发现核舟上空间层级中的每一个人、物，都服务于表现大苏泛赤壁的故事，展露了苏轼贬谪人生中随缘自适，随遇而安的精神状态。最后，聚焦结尾段中的九个"为"字及一句"嘻，技亦灵怪矣哉"，在揣摩品味中再次触摸文本内涵，领悟到核舟不仅是民间传统手艺的代表，更是文化审美的创造。

　　此外，诗歌、散文等文体的创作往往也离不开空间构成展开的路径言语思维。如白居易的《钱塘湖春行》要表达的基本语义是喜爱西湖景美，诗人选择"水面初平""云脚低""早莺""暖树""新燕""春泥""乱花""绿杨阴""白沙堤"等空间意象，构成一幅早春明丽开阔的空间图景。无论远景近景、大景小景、动景静景，每一种意象都集中表现了西湖早春的特点。空间意象的选择与组合，将诗人的"最爱"之情渲染得淋漓尽致。再如茨威格写列夫·托尔斯泰的外貌，基本语义就是托尔斯泰的外貌极为平凡甚至丑陋，作者从面部空间角度展开重复渲染，头发、额头、眉毛、眼睛、鼻子、耳朵、嘴唇、胡须，面部的每一处空间无一不于平凡、普通、丑陋中反衬出他深邃、伟大的精神世界。再如汪曾祺的《昆明的雨》，基本语义是昆明的雨季令人动情，于是作者就在昆明这个空间内选择各种各样的人、景、事、物进行描写刻画，仙人掌、菌子、杨梅、缅桂花、苗族女孩、房东母女、莲花池边酒店里与友人的小酌，重复渲染，突出作者对昆明生活的眷恋。上述通过空间构成展开基本语义的过程，分析总是与综合联系在一起，目的都指向基本语言的强化和表达意图的实现。阅读教学中，要引导学生在把握文本基本语义的基础上，揣摩、体会基本语义展开的思维路径，还原作者言语思维的内容及过程，习得空间构成言语思维路径。

分析综合言语思维

　　言语生成的过程中，无论是形象思维，还是抽象思维，都离不开分析综合言语思维。语句、段落、篇章都有其基本语义，或者说句旨、段旨、篇旨，遣词造句、表达方式、表达技巧、谋篇布局，能否渲染基本语义，达到交际目的，都要经过分析综合言语思维。在具体文本中，综合的结果常常含蓄在作者心里，而蕴含或灌注在文眼之中，这个文眼也就成了言语思维的凝结点、综合点。分析的结果则包含在材料的选择与修辞之中，所以文本不同层次的语言点就成了言语思维的发散点。阅读教学抓住言语思维的凝结点、综合点设计教学活动，引导学生的言语思维向文本各个层次的语言点发散，也就成了一种有效的教学思路，这种教学思路可以培养学生分析综合言语思维。

《雁门太守行》：在品析意象组合中聚焦主旨

在诗歌的创作过程中，诗人"感官所触形色声嗅味触等感觉，可以成为种种意象，做思想的材料，而不尽有语言可定名或形容。情感中有许多细微的曲折起伏，虽可以隐约地察觉到而不可直接用语言描写。这些语言所不达而意识所可达的意象思致和情调永远是无法全盘直接地说出来"①。因此，"言不尽意，立象尽意"就成了古典诗歌创作的一般言语思维规律。"象，即客观物象，包括自然界以及人身以外的其他社会联系的客体，是思维的材料；意，即作者主观方面的思想、观念、意识，是思维的内容；言，即以词语为单位的人类语言的记录，是思维的直接结果和书面表现形式。"②物质世界的"象"蕴含了诗人的主观的"意"，便成了一种心灵化了的意象。这种内心的意象还需要言语思维择取出契合心意的语词，才能生成特定语境中可供阅读的言语形式。所以王弼在《周易略例·明象篇》中说："夫象者，出意也；言者，明象也。尽意莫若象，尽象莫若言。"③

然而，古典诗歌又是十分讲究凝练、含蓄的，作为意象载体的语词，要能以少总多，给读者以丰富的联想和想象，所以它绝不同于日常生活中的语词。日常生活中说"天上起了黑云"，"黑云"就是黑色的云，说明天气晴转多云，或要下雨了等，这些意义一般人都知道。因为日常生活中的语词高度概括，揭示事物的共性，便于人们达成共识。但在"黑云压城城欲摧"中，"黑云"就有了独特而丰富的象征、隐喻、暗示含义，读者需要根据特定的语境联想、想象才能体会到。这是因为，作为诗歌意象的语词，总是共性与个性、概括性和具体性、情感性与形象性的统一，而且必须侧重表现事物的个性、特殊性、具体性，力求意义的多样性、模糊性，这样才能含蓄有致，耐人寻味。所

---

① 朱光潜.诗论[M].合肥：安徽教育出版社，1997：81.
② 陈植锷.诗歌意象论[M].北京：中国社会科学出版社，1990：15.
③ 陈植锷.诗歌意象论[M].北京：中国社会科学出版社，1990：17.

以"一首诗歌的艺术性的高低，取决于语言意象化的程度"①，作为意象载体的语词，它要能"状难写之景，如在目前；含不尽之意，见于言外"（欧阳修《六一诗话》），这样才承当得起诗人立象尽意的艺术追求。所以钱锺书先生说："夫诗自是文字之妙，非言无以寓言外之意。水月镜花，固可见不可捉，然必有此水而后月可印潭，有此镜而后花可映影。"②

正因为如此，诗人不仅要苦心经营意象，同时还要反复搜索、斟酌语词。历代诗话中如"推敲"一类的典故，都是很好的证明。这种凭借思维寻找契合心意的语词，生成言语形式、表达思想感情的言语思维能力，正是语用的核心能力，语文的核心素养。

《雁门太守行》这首诗，为了艺术地表现唐军将士忠君报国、视死如归这一主旨，创造了令人惊心动魄的意象组合，描写了一场震撼人心的悲壮战争，其中蕴含着诗人意象经营与言语生成的言语思维规律。具体说，就是由主旨到意象组合的综合分析言语思维规律：诗中从不同角度创造了一群蕴含丰富的象征、隐喻和暗示意义的色彩斑驳的意象，如黑色、金色、紫色、红色、白色等，这些意象的杂乱组合，暗示了战争的诡谲、惨烈、悲壮；自然景物意象层层叠加，如"黑云""秋色""夜""水""霜"等，暗示气候十分寒冷，充分渲染了悲壮的氛围；意象组合形成对比衬托，呈现时空跳跃，暗示了战斗时间长、范围广，突出战争风云变幻、艰苦卓绝；又运用"i"韵脚意象，如"紫""起""死"等，增强了压抑感和悲壮感。全诗所有意象都服务于表达主旨，形成意象组合内在意蕴的一致性，忠君报国、视死如归的精神即全诗言语思维的凝结点、综合点。文中意象的安排即言语思维的发散点、分析点。

教学《雁门太守行》，遵循文本分析综合言语思维规律，引导学生展开联想和想象，品读语言，品味意象，感受、体会、领悟战争的悲壮，还原诗人言语思维的内容和过程，实现由言到象、到意的转换，可以促进学生习得古典诗歌围绕主旨经营意象的分析综合言语思维规律。笔者教学这首诗，在指导学生反复诵读，读准字音，读出节奏的基础上，设计了如下三个环节，取得了理想的教学效果。

---

① 陈植锷. 诗歌意象论 [M]. 北京：中国社会科学出版社，1990：64.
② 钱锺书. 谈艺录 [M]. 北京：中华书局出版社，1984：100.

一、想象品味，感受意象蕴含的悲壮

结合注解，感知诗意，展开联想和想象，在描述的战争场景中，感受意象蕴含的悲壮：我从"＿＿＿＿＿＿＿＿"一句，想象到了＿＿＿＿＿＿＿；我从中感受到了＿＿＿＿＿＿＿。学生想象交流，具体内容从略。教师引导学生结合语境，品析重点意象的丰富含义，将学生的感受由朦胧导向清晰，由狭窄导向开阔，由肤浅导向深刻。要点如下：

1. 首联

（1）"黑云"（结合"压""摧"引导）：①范围：黑云密布，充塞天空；②动态：滚滚而来；③重量：千钧之重，或千吨之重；④用比喻形容：如大海里层层翻涌的恶浪；如一群群怪兽蜂拥而来等；⑤用拟人形容：如同巨大的凶残的怪兽要将城池吞噬等；⑥象征、比喻：敌人嚣张的气焰；⑦暗示：敌人大军压境，兵临城下，城池危如累卵，千钧一发。

（2）"甲光"（结合"金鳞""开"引导）：①光芒：金光闪闪，划破乌云；②范围：照亮城池，照亮天空；③暗示：我军战士严阵以待；④象征、比喻：我军战士精神饱满，斗志昂扬，英勇无畏。

2. 颔联

（1）"角声"（结合"满""秋色"引导）：①作用：激励战士冲锋；②范围：由大雨满天、大雪满天，想象角声传遍天空的每一个角落；③温度：由"秋色"运用通感，联想到角声的苍凉；④暗示：战斗紧张、激烈，我军战士前赴后继，奋勇杀敌。

（2）"燕脂"（结合"凝""夜""紫"引导）：①比喻：塞上满是血迹；②流血范围：由"塞上"想象流血范围广；③流血时间：由"夜"推想，从白天到夜晚，流血时间长；④流血多少：由"凝""紫"想象血染边塞、血流成河；⑤暗示：战争惨烈，我军遭遇挫折，付出巨大牺牲。

3. 颈联

（1）"红旗"（结合"红"和"红旗"文化背景引导）：①作用：指引军队；②象征：传说中的炎帝被称作中国的太阳神，红色象征威武和勇气；中共成立的第一支军队就被命名为"中国工农红军"，使用的旗帜就是"红旗"。在这首诗中，我军虽然惨遭失败，但红旗永远不倒，显示了我军英勇不屈、战斗到底的精神。

（2）"易水"（结合荆轲刺秦王的典故引导）：①暗示：由"风萧萧""寒"，暗示风冷水寒；②烘托：用寒冷烘托悲壮的氛围；③象征：我军战士抱定必死的决心。

（3）"鼓（声）"（结合"霜重""声不起"引导）：①作用：进军的号令，激励士气；②暗示：我军顽强奋斗；由"寒""声不起"，鼓被冻实，失去弹性，推想环境恶劣，战斗失利；③烘托：用严寒烘托战争的悲壮。

4. 末联

（1）"黄金台"（结合燕昭王的典故、"报君"以及黄金的珍贵引导）：①象征：君主深厚的知遇之恩，君主恩德的高贵；②暗示：报答知遇之恩。

（2）"玉龙"（结合"提携""为君死"以及玉的珍贵、纯洁引导）：①象征：我军战士忠心一片、精神高贵；②暗示：我军战士舍生取义，为国捐躯；③诗眼：蕴含忠君报国、视死如归的主旨。

5. 归纳式总结

这首诗从不同角度创造了一群意象，描写了一场悲壮的战争，从而表现了我军战士忠君报国、视死如归的精神。

二、因声求气，体会"i"韵脚蕴含的悲壮

1. 比较开口大小：学生自由诵读全诗，说说"开、紫、起、死"四个韵脚，哪个开口最大？哪个开口最小？

"开"，开口最大；"死"，开口最小；"紫""起"，开口也很小。

2. 比较发音难易：把手按在腹部，看看哪个发音最顺畅，哪几个发音困难？

"开"，气流最顺畅；"死"，气息最压抑；"紫""起"，也很压抑。

3. 体会"i"韵对表达感情的作用

（1）"开"，体现出战士们精神饱满，斗志昂扬，英勇无畏。

（2）"紫""起""死"，增强压抑感、悲壮感；"死"，好像还憋着一股气，冲向敌人，强化了战士视死如归的精神。

4. 学生齐读，深化体会

三、探究发现，领悟意象组合蕴含的悲壮

1. 列举文中描写的意象

"黑云""城""甲光""日""金鳞""角声""秋色""胭脂""夜""红旗""易水""霜""鼓""黄金台""玉龙"，还有隐含在典故里的"风"（象外之象）。

2. 品味自然景物意象的组合艺术效果

（1）列举自然景物意象。

"黑云""秋色""夜""易水""霜"（"风"）。

（2）这些意象组合对表现战争的悲壮有什么作用呢？说说你的发现与感悟。

秋天给人一种悲凉感，黑云遮天又增一层悲凉，"夜"又增一层悲凉，"易水寒"又增一层悲凉，再加寒风又增一层悲凉，再加"霜重"又增一层悲凉。这样层层渲染，强化了浓厚的悲凉氛围，烘托了战争的悲壮。

3. 品味色彩斑驳意象组合的艺术效果

（1）假如我们为了纪念这场战争，创作一幅巨型油画，画面上会出现哪些色彩呢？

黑色、金色（金鳞、黄金）、红色、紫色、灰色（秋的色彩）、白色（霜、玉龙）等。

（2）从这些意象的色彩变化中，你能发现哪些变化？又是如何表现战争悲壮的？说说你的发现与感悟。

①时间的变化：从白天到黑夜，到（霜重）凌晨，暗示我军战士坚持长时间战斗，表现了我军英勇不屈；②空间变化：从城池到塞上、到易水，暗示我军坚持作战的空间范围广，突出了顽强不屈；③气温变化：从白天到夜里、到凌晨，越来越寒冷，渲染了悲凉的氛围，暗示了战争环境非常的艰苦，烘托了战争的悲壮；④战争形势的变化：暗示了我军城池从被包围，到突围，再遭遇挫折，最后失败并慷慨捐躯的悲壮战斗过程。

（3）这些色彩哪一种给你印象最深呢？为什么？（强化学生的悲壮感）

如"紫色"，整个塞上血雨腥风，鲜血凝成一片紫色，暗示战斗十分惨烈；"金色""白色"（"玉"），以金玉的珍贵，象征我军战士的高贵精神。（具体内容略）

（4）这些斑驳的色彩组合在一起有什么表达效果呢？

悲壮感更加强烈，更加深刻，更能突出我军战士忠心报国、视死如归的精神。

4.演绎式板书总结

（1）教师板书

忠君报国、视死如归 ⟶ 悲壮战争 ⟶ 意象组合 ⟶ 悲凉的意象氛围
斑驳的意象色彩
压抑的"i"韵脚

（2）师生总结

全诗表现我军战士忠君报国、视死如归的精神，为了充分表现主旨，诗人描写了一场敌强我弱的悲壮战争；为了突出战争的悲壮，诗人从不同的角度创造了色彩斑驳的意象组合，营造了悲壮的氛围，还运用了压抑的"i"韵脚营造悲壮的意境。

人类言语活动和思维活动并不总是一致的，言语活动不能涵盖人的思维活动，更不能涵盖人的一切精神活动，而且言语常常难以表现思维内在的精神活动。这样，"思想不仅与词不相符合，而且与表达思想的词的意义也不一致"[①]。因此，负载意象的语词，总是有着特定的丰富的语境含义。每一个意象及意象组合中，必定蕴含着诗人的言语意图。

《雁门太守行》这首诗，作者经营意象，完全服务于表现一场悲壮的战争，表达"忠君报国，视死如归"的主旨。全诗全部意义都灌注在最后一联的诗眼之中，换句话说，最后一联吸收了全诗的意义。

教学环节一，引导学生想象诗歌描写的场景，感受意象蕴含的悲壮；通过深入理解意象的象征、隐喻、暗示意义，引导学生理解诗歌的主旨，即"忠君报国，视死如归"的悲壮精神。学生可以从音韵之中，感受到诗人的分析言语思维，即诗人为了表现一场悲壮的战争，而通过分析选择这些"i"韵母韵脚。

教学环节二，因声求气，通过体会"i"韵脚，进一步感受战争的悲壮和战士视死如归的精神。

---

① 维果茨基.维果茨基教育论著选[M].余震球，译.北京：人民教育出版社，2013：354.

教学环节三，探究意象组合的作用，一是自然意象的组合，"黑云""秋色""夜""易水""霜"（"风"），引导学生感受这些意象一层又一层地增添悲凉，渲染强化了浓厚的悲凉氛围，烘托出战争的悲壮。二是品味意象中斑驳的色彩，黑色、金色（金鳞、黄金）、红色、紫色、灰色（秋的色彩）、白色（霜、玉龙）等，意在引导学生理解这些意象不仅暗示了作战时间长，作战区域广，战争风云诡谲，更渲染了浓烈的悲壮气氛，突出诗歌的主旨。

三个教学环节，层层深入，引导学生体会意象的悲壮性，感悟全诗主旨，理解意象的选择与主旨的关系，从中习得分析综合言语思维规律。

《河中石兽》：紧扣一字，解读一篇

《河中石兽》选自纪昀的《阅微草堂笔记》。书中的狐鬼怪谈、奇闻逸事，很多都包含着作者的寄托和感慨，其中不少故事是对讲学家的批评。"所谓讲学家，是指那些职业的理学教育家。从北宋开始到清代，一直有这样一群人，以圣贤自居，宣扬理学。"纪昀批评他们"虚伪，道貌岸然却内心肮脏，没有真才实学却喜欢标榜门户"，"抨击讲学家只是一味空谈，不研究治国理政的可行策略，不探求抵御灾难的实际方案；他们只是耍弄伎俩，大谈那些根本不可能实施的学说，让人无法试验、不敢试验，在他们的高谈阔论之下，包藏着叵测的祸心"。①《河中石兽》讲述僧人寻找水中石兽的故事，讽刺了脱离实际，空谈理论的讲学家，表达了注重实践、崇尚实证的思想。

作者是怎样表达这一思想的呢？他创作了一个故事寄托自己的思想，生动形象地诠释自己的思想。中国人擅长具象言语思维，善于用故事来说明道理。《河中石兽》开头先交代地点、时间、人物和起因，尤其是"阅十余岁"，暗示石兽掉到水里时间已经很久，这就为下文"断"（石兽在水中的位置）的相关情节开展，做了必要的铺垫。接着从行动、心理、神态、语言等方面，多用副词、语气词、短句、反问句，依次描写僧人、讲学家、老河兵关于石兽在河中位置的判断，展开故事情节，展现他们的形象，创造了一个完整的故事。我们完全可以把这个故事看作一个"象"，故事之"意"就寓于这个"象"中。为了让普通民众也能读懂他的故事，作者最后还是点明了写作用意："然则天下之事，但知其一，不知其二者多矣，可据理臆断欤？"这句话就是故事的眼目，也就是作者"意"之所在。全篇言语思维的综合点、凝结点就是这句话中的"断"字。

作者正是围绕"断"这一思维关键，展开言语思维，建构故事情节，使

---

① 纪昀. 阅微草堂笔记：卷十七 [M]. 韩希明，译注. 北京：中华书局出版社，2018：1301.

人物形象得到了生动的塑造。故事中三种人物身份不同，他们对河中石兽位置的判断也各不相同，但都显得十分自信。这就使故事有矛盾，有悬念，有张力；不同人物认识世界的态度和方法，也就从中直观地显现出来。因此，这个"断"是把故事思路连贯起来的隐形线索，是全篇的文眼、矛盾的焦点，是作者言语思维的关键。聚焦"断"这个言语思维的关键，也就是抓住了作者言语思维的枢纽，抓住了故事展开的逻辑关联。

教学中，在整理感知故事内容的基础上，围绕全文的核心词语"断"，依次品析作者生动描写故事中三个形象的词句，就能循着故事展开的思路，还原作者的言语思维过程和内容，理解作者完成主题思想表达的言语思维历程，汲取文本分析综合言语思维的规律。笔者教学本文，在疏通词句、了解内容的基础上，主要设计了四个教学环节。

一、品析"断"中蕴含的自信心理

画出描写僧人、讲学家、老河兵的语句，仔细品析。思考：关于石兽在河中的位置，人们先后有过四次判断，每次判断时，做出判断的人自信吗？请根据课文内容依次分析说明。

首先，僧人的第一次判断是自信的。"阅十余岁，僧募金重修，求石兽于水中，竟不可得"，他们先是下意识地判断石兽就在掉下河的原地上，所以才"求石兽于水中"。"竟不可得"中的"竟"，暗示僧人寻找石兽用了很长的时间，付出了艰苦的努力。这就更说明他们起先确信自己的判断，并没有想到要到别处寻找。苏教版初二下册语文教参，将这里的"竟"解释为"竟然"，暗示僧人出乎意料的心理，也同样可以证明他们是自信的。

在不可得的情况下，僧人"以为顺流下矣"，做出这样的第二次判断也是自信的。这从"棹数小舟，曳铁钯，寻十余里，无迹"一句可以看出。"棹数小舟"，说明出动的船只之多；"曳铁耙"，交代运用的工具。这都说明，他们确信在下游全面搜索，一定能寻找到。"寻十余里"，是说寻找路途之长，可以想象，寻找时间也一定很久。只有他们确信石兽确定在下游，才会有如此大规模、长时间的行动。

第三次是讲学家的判断，他显得更加自信。课文是这样描写讲学家的："一讲学家设帐寺中，闻之笑曰：'尔辈不能究物理，是非木柿，岂能为暴涨携之去？乃石性坚重，沙性松浮，湮于沙上，渐沉渐深耳。沿河求之，不亦颠乎?'众服为确论。""闻之笑曰",用"闻之"衔接上文;"笑",描写讲学家的神态,流露出他对僧人的嘲笑和对自己判断的自信。讲学家称僧人为"尔辈",这与文言文中称呼"公等"意味截然相反,带有轻蔑的意味。先用一个反问句,以夸张的语言,嘲笑僧人似乎把石兽当木柿看,而"不能究物理",强调了石兽不可能被暴涨的河水冲击到下游。中间讲述物理,"乃",是,表判断,显得十分肯定;"耳",语气词,"罢了",是说其中道理极其简单,应该轻而易举就能断定。后一反问句,"沿河求之,不亦颠乎?"是在讲述所谓"物理"的基础上,强调僧人的做法,完全颠倒错乱了,更显出自己十足的把握。又用"众服为确论",从侧面表现他一番看似无疑的言论,博得了众人的信任。

第四次是老河兵的判断,他的判断令人不容置疑。老河兵"又笑曰:'凡河中失石,当求之于上流'","又笑",用"又"紧承上文;"笑",既是嘲笑讲学家只知其一,不知其二,又显示出自己胸有成竹。"凡……当……"是说无一例外,表现自己见多识广。"盖石性坚重,沙性松浮,水不能冲石,其反激之力,必于石下迎水处啮沙为坎穴,渐激渐深,至石之半,石必倒掷坎穴中。如是再啮,石又再转,转转不已,遂反溯流逆上矣。""盖",表原因。接着就讲述道理,详细分析石、沙、水三者相互作用的原理,陈陈相因,头头是道。"矣",表示肯定的语气,既强调了石兽"逆上"是一种必然的结果,又表现出十分得意的心理。"求之下流,固颠;求之地中,不更颠乎?""固颠""固",本来,突出僧人判断显然错误;"不更颠乎?"用反问句,对讲学家的判断表示了强烈的否定和讽刺;"更",突出讲学家所谓"物理"简直就是无稽之谈。"如其言。果得于数里外。""果",展现了众人惊奇的心理,从侧面衬托老河兵言之确凿,言之可信。

二、评价三种人物的判断

请结合故事内容,分别对僧人、讲学家、老河兵判断石兽位置的依据做简要评价。

1. 僧人:他们一开始打捞石兽,没有考虑到石兽位置的变化,说明他们是依靠常规思维直觉判断。等到"竟不可得",就"以为顺流下矣",这其实也是一种直觉判断。可见僧人的自信是凭借直觉,因此他们的判断有些盲目。

2. 讲学家：依据自己的"物理"进行判断，然而他自信的理论并不符合实际。可见他其实只知其一，不知其二，喜欢纸上谈兵。另外，他所讲的一番"物理"，又是在僧人找寻未果的情况下做出的推测，所以他的自信还有一定的虚伪性，因此讲学家的判断属于主观臆断。

3. 老河兵："老"，暗示了他治河时间很长，经验丰富，他的判断依据是自己的实践经验。因此，他的判断是客观的，最终结果也证明了这一点。

三、提炼阅读启示

故事中描写了不同的人物形象，我们从不同的角度思考，可以获得丰富的启示。你从故事中获得了哪些启示呢？

1. 从老河兵的角度看，可以获得的启示：实践出真知，考虑问题要全面。

2. 从讲学家的角度看，可以获得的启示：对天下之事，不能只知其一，不知其二，要避免纸上谈兵、主观臆断。

3. 从僧人的角度看，可以获得的启示：不能盲目判断。

4. 从"众服为确论"看，可以获得的启示：不能迷信、盲从。

四、探究作者的写作用意

阅读下列材料，说说作者的写作用意。

1. 链接阅读材料

纪昀所处的时代，阶级矛盾尖锐，当时社会进步的思潮深深影响了纪昀的思想。他崇尚实证，蔑视宋明理学的空洞和虚妄。用文字讽刺了那些只知空谈的道学家，抨击了那些假道学。①

2. 探究作者的写作用意

作者的写作用意是，讽刺当时的社会脱离实际，空谈理论的现象，抨击了以讲学家为代表的假道学，表达了崇尚实证、实践出真知的思想。

发展言语思维，既要遵循文本一般言语思维规律，又要遵循文本特有的言语思维方法。作者创作一个故事，在塑造的形象中表达自己的思想感情，"意以象尽，象以言著"，这是文本的一般言语思维规律。作者以遮蔽石兽的河水为道具，以如何"断"作为建构故事的言语思维关键和展现人物形象的矛盾焦点。在生动形象的描写之中，有意识地突出僧人的盲目判断、讲学家的主观臆断、老河兵的客观判断，体现了他们不同的思维方式，代表了不同的人生

---

① 纪昀. 阅微草堂笔记 [M]. 北京：团结出版社，2017：1.

态度和价值取向，使这些形象都具有了典型意义，从而表达了注重实践、崇尚实证的思想，这是本文特有的言语思维方法。教学中设计"做出判断的人自信吗？"这一问题，聚焦全文的言语思维综合点，将故事的写作构思、悬念的设置与推进、人物形象的塑造和蕴含的寓意都统摄其中。学生回答这一问题，需要循着故事的思路，将言语思维的触角伸进每一个词语，深入文本言语思维的分析点、发散点，多角度品味言语表达的内容，进入故事之"象"，再通过情节和细节的关联与推理，对三种人物的"断"做出评价，在分析言语思维的过程中，获取有益的人生启示，而逐渐深入作者之"意"。在由综合点到文本具体分析点的品读过程中，学生以个人经验还原作者言语思维的过程，从而潜移默化地习得分析综合言语思维规律。

后 记

　　教育者首先必须是一个思想者，要在思想中学会思想，在思想中拥有思想。正如帕斯卡所说："人只不过是一根苇草，是自然界最脆弱的东西；但他是一根能思想的苇草。""我们的全部尊严就在于思想。""我们要努力好好地思想；这就是道德的原则。"语文课程关涉十分复杂的因素，当下更是概念迭起，花样百出，迷人眼目，所以尤其需要我们思考，需要我们探索它的本质，追索它的真谛。

　　2015年，北京师范大学张秋玲教授在《中学语文教学》第3期发表《言语思维：语文课程的核心价值》。作者认为，言语思维是语文课程的核心价值，对语文课程本质属性的认知，迫切需要由语用发展至言语思维。近四十年来语文教学经历的坎坷、积累的丰富经验和面临的诸多困惑，让我心头一亮：语文教学确实应该由语用走向言语思维。

　　于是，我们开始了言语思维教学研究。2017年，我们青阳港学校申报立项了江苏省教育规划课题"初中语文言语思维校本课程开发研究"，结题后又申报立项了江苏省"十四五"教育规划课题"初中语文言语思维教学方法研究"。研究至今，在言语思维教学方法尤其是言语思维规律的教学研究方面取得了较为丰富的成果。起初，我们的研究局限在言语与思维的结合，比如从教材梳理联想和想象的各种类型。我们研究的思维，就是现在《课程标准》所说的联想想象、分析比较、归纳判断等，这是各个学科都要培养的一般思维，但正如四川师大李华平教授所言，"没有明确提出语文学科所要培养的独特目标"[1]。

　　不久，我们又寻找到了新的角度。叶圣陶先生说："思维活动绝不是空无依傍的，必须依傍语言材料才能想"，"思维活动的固定形式，也就是写在

----

[1] 李华平. 语文课到底要培养什么思维？[J]. 中学语文教学参考，2020（10）.

纸面上的语言——文字"。①那么，言语规律，就是言语思维规律。比如我们对词语语用规律的研究，就是出于这种认知。

在不断的反思中，我们又认识到，我们的研究还是停留在静态的言语内容和言语形式上，没有深入到动态的言语思维与语境言语思维。于是，我们重新学习维果茨基的言语思维理论，同时阅读了四川师大马正平教授的《高等写作学引论》，获得了丰富的收获。从思想到词（包括词到思想）的复杂运动过程中，理解言语思维发挥机能的作用，开拓了研究的新思路。思想由内部言语转化为外部言语，受到语境的制约。在言语生成的各种语境制约因素中，最主要的是读者。所以言语思维研究应该研究语境言语思维规律，以及与之相关的渲染言语思维、相似言语思维、具象言语思维、体式言语思维、张力言语思维、路径言语思维、分析综合言语思维等。这样，我们的研究就深入到动态的言语思维、语境言语思维。言语的生成总是为了明人、服人、感人，为此，我们专门进行了言语思维规律的课例研究。

近两年，受北师大张秋玲教授指导，我们把研究内容进一步拓展到脑科学方面，使研究深入到了最根本的地方。大脑里有一块后天开发出来的区域，位于大脑左侧的枕叶和颞叶之间，科学家称之为视觉词形区，也叫文字盒子区，它专司阅读与写作，或者说言意之间的转换与翻译。这就是大脑中书面阅读的言语思维区，是言语思维的工作室。文字的刺激，使这一区域本用来识别面孔、形状、物体的神经元联系被剪断，而被用来识别文字，建立文字神经元之间的联系。随着阅读量的逐渐增加，视觉词形区的神经元数量不断增多，连接不断丰富，空间也随之扩大，形成了丰富的阅读神经网络，大脑就这样被改变了。

我们的研究认为，改变大脑的语文课，要丰富学生的语言储备，给学生的言语思维注入源头活水；要丰富学生的言语（语篇）形式，其实质是让学生拥有丰富多样的阅读神经元连接；要注重言语思维规律教学，促进言语思维向抽象的高级形态发展，建立言语思维图式，这是最关键的方面；要注意举一反三，"举三反一"，强化和巩固视觉词形区神经元的连接，以便阅读和写作时被灵活利用。

总是想起顾城的诗句："黑夜给了我黑色的眼睛，我却用它寻找光

---

① 叶圣陶.叶圣陶语文教育论集[M].北京：教育科学出版社，1980：672—673.

明。"语文教学究竟如何高屋建瓴，以简驭繁，是我们一直在探索的命题。近十年的言语思维教学研究曲折而艰辛，已有的一点收获也来自行进途中的泥泞和坎坷，但我们愿意继续我们的研究，因为言语思维时刻在深情地召唤着我们！

在开展言语思维教学研究的过程中，我们得到众多专家、领导、同仁的指导和帮助，在此表示衷心的感谢！

徐德湖

二〇二四年二月　于昆山简界空谷斋